Lourdes Ros-El Hosni | Olga Swerlowa | Dr. Sylvia Klötzer | Dr. Sabine Jent
Kathrin Sokolowski | Prof. Dr. Kerstin Reinke (Phonetik) | Jørn Precht (Hör
Angelika Lundquist-Mog (DVD) | Angelika Reicherter (DVD)

Aussichten A2.1

Kurs- und Arbeitsbuch
mit 2 Audio-CDs und DVD

Ernst Klett Sprachen
Stuttgart

Die Symbole bedeuten:

KB   AB

Sie arbeiten mit Ihrer Lernpartnerin / Ihrem Lernpartner zusammen.

Sie arbeiten in der Gruppe.

Sie gestalten etwas (schreiben, zeichnen, …).

1 _1   _1   Sie hören mit der Audio-CD.

_3   Sie hören und sehen mit der DVD.

Sie lernen eine Strategie kennen.

Die Aufgabe ist für Ihr Portfolio.

Die Aufgabe bereitet Sie auf die Prüfung vor.

AB 1   Das sind passende Aufgaben im Arbeitsbuch,

KB 1   im Kursbuch und

IS 2 / 1   in Integration Spezial.

1. Auflage   1 ⁵ ⁴ ³ | 2015

Autorinnen / Autor: Lourdes Ros-El Hosni, Olga Swerlowa, Dr. Sylvia Klötzer, Dr. Sabine Jentges, Kathrin Sokolowski, Prof. Dr. Kerstin Reinke (Phonetik), Jørn Precht (Hörspiel), Angelika Lundquist-Mog (DVD), Angelika Reicherter (DVD)
Beratung: Prof. Dr. Britta Hufeisen (TU Darmstadt), Alexandra von Rohr (Sprachinstitut Treffpunkt, Bamberg), Andrea Witt (VHS Bonn)

Projektteam: Renate Weber, Enikö Rabl, Annette Kuppler
Redaktion: Renate Weber, Enikö Rabl, Annette Kuppler
Layoutkonzeption: Beate Franck-Gabay, Claudia Stumpfe
Herstellung: Claudia Stumpfe
Gestaltung und Satz: Eva Mokhlis, Stuttgart; Kathrin Romer, Hamburg
Illustrationen: Vera Brüggemann, Bielefeld
Umschlaggestaltung: Silke Wewoda
Druck und Bindung: LCL Sp. z o.o. • Printed in Poland

ISBN: 978-3-12-676215-1

9 783126 762151

Wie arbeiten Sie mit Aussichten?

Kursbuch

Die Einstiegsdoppelseite stellt Schauplätze und Themen der Lektion vor.

Jede Lektion besteht aus drei thematischen Einheiten, die in den Handlungsfeldern privat – beruflich – öffentlich spielen.

Zu jedem wichtigen sprachlichen Phänomen (Wortschatz, Grammatik, Phonetik) gibt es eine Infobox.

Die Ausklang-Doppelseite bietet Projekte, Spiele, Lieder und Gedichte an.

Im Strategietraining werden die Fertigkeiten noch einmal Schritt für Schritt trainiert. In den Strategierezepten sind Redemittel und Tipps für die alltägliche Kommunikation übersichtlich zusammengestellt.

Im Anhang gibt es eine Grammatik zum Nachschlagen und eine komplette alphabetische Wortliste.

Arbeitsbuch

Jede Lektion beginnt mit einer Übersicht über den Basiswortschatz.

Viele Übungen, Fokus-Kästen mit wichtigen Informationen zu Grammatik, Landeskunde und Strategien sowie ein Überblick über das neue Sprachmaterial unterstützen beim Lernen.

In Lust auf mehr gibt es weiterführende Themen, Texte und Bilder zur Lektion.

Das kann ich schon! – Eine Wiederholung nach jeder zweiten Lektion und ein Wiederholungsspiel nach jeder fünften Lektion bringen Sicherheit.

DVD

Die DVD zeigt Filmporträts realer Personen in den deutschsprachigen Ländern. Zu jedem Porträt gibt es eine Doppelseite mit passenden Aufgaben im Arbeitsbuch.

Audio-CDs

Die CDs enthalten alle Texte zum Kurs- und Arbeitsbuch: Hörspiel, Übungsdialoge, Ausspracheübungen, Lieder und Gedichte.

Integration Spezial

Jedes Modul greift passend zu den Lektionen Themen des öffentlichen Lebens in Deutschland auf und vertieft diese.

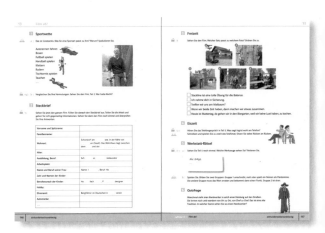

Wortschatz und Strukturen	Strategien	Phonetik

- Musikinstrumente und -stile
- Kleidung und Aussehen
- *gefallen / mögen / lieben*
- Fragewort *Was für (ein/e)?*
- *dass*-Satz
- Adjektive vor Nomen (Nominativ)
- Wortbildung: mehrfach zusammengesetzte Nomen

- Textabschnitten Überschriften zuordnen
- einen Text auf bestimmte Fragen hin analysieren und das Wichtige mit unterschiedlichen Farben markieren

- phonetische Mittel zum Ausdruck der Begeisterung und der Ironie
- Auslassungen in der gesprochenen Sprache
- Unterscheidung von stark gespannten und schwach gespannten Konsonanten <p–b, k–g, t–d, f–w>

- Möbel und Einrichtungsgegenstände
- Ausflugsziele und Aktivitäten
- Präpositionen mit Dativ oder Akkusativ: *in, an, auf, neben, ...*
- *würde / könnte / möchte* + Infinitiv (Wünsche und Vorschläge)
- Wortbildung: Adjektive auf *-bar*
- Wortbildung: Nomen und Verben

- mithilfe von Stichpunkten eine Anfrage schreiben
- mit der Stimme und kleinen Wörtern zeigen, ob man für oder gegen etwas ist

- Satzakzente und Gliederung
- lange und kurze Vokale

- Sportarten
- Werkzeuge
- Präpositionen: *gegen, für*
- *sich*-Verben
- lautmalerische Wörter
- Temporaladverbien: *schon, noch, erst*
- *damit*-Satz
- Wortbildung: vom Verb zum Nomen

- wichtige Redemittel für ein Telefonat systematisieren
- beim Sprechen Emotionen einsetzen
- Smalltalk-Themen und -Redemittel verwenden
- Zeitangaben zur Orientierung im Text nutzen

- Aussprache [ks]-Laute

Inhaltsverzeichnis Kursbuch

	Handlungsfelder	Kommunikation

- Wechsel in die weiterführende Schule
- Mehrsprachigkeit
- berufliche Pläne

- Mitteilungen aus der Schule verstehen
- in einem Gespräch zustimmen, widersprechen, nachfragen
- Sprecherwechsel organisieren
- über die eigene Sprachenbiografie sprechen
- über berufliche Pläne sprechen
- sich in einem kurzen Schreiben bewerben
- einen tabellarischen Lebenslauf schreiben
- auf eine Stellenanzeige anrufen
- Berufswünsche angeben

- Planung von Festen
- Notdienst
- Organisation der Elternzeit

- nach einem Auftrag fragen
- ein Fest organisieren
- Missverständnisse klären
- Vermutungen anstellen
- telefonisch Informationen bei einem ärztlichen Notdienst erfragen
- Wunsch / Aufforderung einer anderen Person wiedergeben
- um Rat fragen / Ratschläge zur Gesundheit geben
- einem Sachtext über Elternzeit Informationen entnehmen
- aktiv zuhören

Inhaltsverzeichnis Arbeitsbuch

Wortschatz und Strukturen	Strategien	Phonetik
<ul><li>Schultypen und Schulabschlüsse</li><li>Demonstrativartikel *dieser, dieses, diese*</li><li>*wenn*-Satz</li><li>Verben mit Präposition: *sich interessieren für, sich bewerben bei,* ...</li><li>*werden* + Nomen</li></ul>	<ul><li>im Wörterbuch Verben mit Präposition nachschlagen</li><li>mithilfe eines Textrasters schreiben</li></ul>	<ul><li>phonetische Mittel für überzeugende Sprechweise: Akzentuierung, Melodisierung, Stimmklang</li></ul>
<ul><li>Feste</li><li>Krankheiten und Notdienste</li><li>Mutterschutz und Elternzeit</li><li>Modalverb *sollen*: Aufträge, Aufforderungen</li><li>*werden* + Adjektiv</li><li>Modaladverbien: *vielleicht, wahrscheinlich,* ...</li><li>Temporalangaben: Präpositionen mit Dativ</li></ul>	<ul><li>Füllwörter benutzen, wenn man ein Wort nicht weiß</li><li>Redemittel für peinliche Situationen kennen</li><li>vor dem Lesen Erwartungen an einen Text klären</li></ul>	<ul><li>stimmlose Konsonanten an Silben- und Wortgrenzen</li></ul>

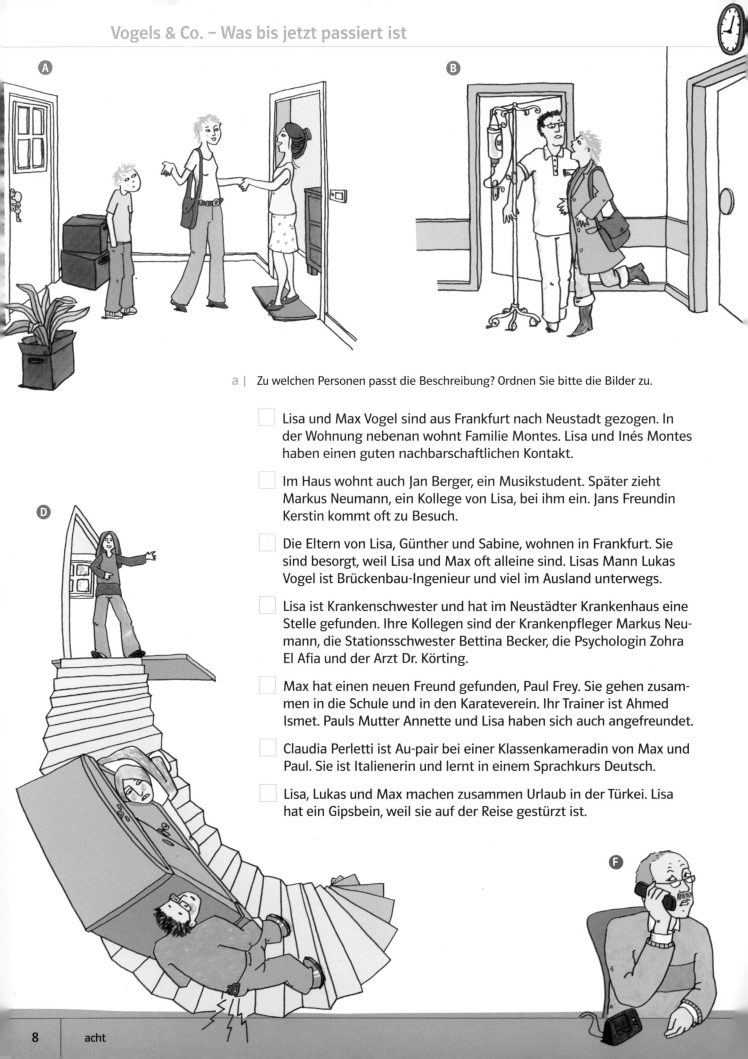

a | Zu welchen Personen passt die Beschreibung? Ordnen Sie bitte die Bilder zu.

Lisa und Max Vogel sind aus Frankfurt nach Neustadt gezogen. In der Wohnung nebenan wohnt Familie Montes. Lisa und Inés Montes haben einen guten nachbarschaftlichen Kontakt.

Im Haus wohnt auch Jan Berger, ein Musikstudent. Später zieht Markus Neumann, ein Kollege von Lisa, bei ihm ein. Jans Freundin Kerstin kommt oft zu Besuch.

Die Eltern von Lisa, Günther und Sabine, wohnen in Frankfurt. Sie sind besorgt, weil Lisa und Max oft alleine sind. Lisas Mann Lukas Vogel ist Brückenbau-Ingenieur und viel im Ausland unterwegs.

Lisa ist Krankenschwester und hat im Neustädter Krankenhaus eine Stelle gefunden. Ihre Kollegen sind der Krankenpfleger Markus Neumann, die Stationsschwester Bettina Becker, die Psychologin Zohra El Afia und der Arzt Dr. Körting.

Max hat einen neuen Freund gefunden, Paul Frey. Sie gehen zusammen in die Schule und in den Karateverein. Ihr Trainer ist Ahmed Ismet. Pauls Mutter Annette und Lisa haben sich auch angefreundet.

Claudia Perletti ist Au-pair bei einer Klassenkameradin von Max und Paul. Sie ist Italienerin und lernt in einem Sprachkurs Deutsch.

Lisa, Lukas und Max machen zusammen Urlaub in der Türkei. Lisa hat ein Gipsbein, weil sie auf der Reise gestürzt ist.

b | Was sagen die Personen auf den Bildern?
Spielen Sie Dialoge.

1 ⬤_1

c | Wer spricht?
Hören Sie und ergänzen Sie die Nummer.

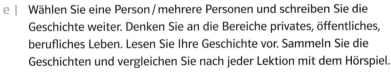

	Lisa Vogel und Markus Neumann bei der Arbeit
	Lisa Vogel und ihr Vater Günther am Telefon
	Jan, Markus und Kerstin im Treppenhaus
	Lisa, Max und Inés Montes im Treppenhaus
	Lisa und Max, Annette und Paul Frey, Ahmed Ismet im Karatekurs
	Lisa und Lukas im Urlaub
	Claudia Perletti im Deutschkurs

d | Wer kennt die Vogels und Co. schon? Was finden Sie an den Personen noch interessant? Schreiben Sie drei Sätze, die anderen erraten die Person.

- ▪ Sie / Er sagt / denkt / ist / … Wer ist das?
- ▫ Ich glaube, das ist …

e | Wählen Sie eine Person / mehrere Personen und schreiben Sie die Geschichte weiter. Denken Sie an die Bereiche privates, öffentliches, berufliches Leben. Lesen Sie Ihre Geschichte vor. Sammeln Sie die Geschichten und vergleichen Sie nach jeder Lektion mit dem Hörspiel.

11 Gute Musik hier!

1 Orchesterprobe

 1_2

a | Welches Instrument hören Sie? Kreuzen Sie an.

b | Wie heißen die Instrumente? Ordnen Sie zu. Raten Sie eventuell.

die Gitarre   die Trompete   das Schlagzeug   das Saxofon   das Klavier

die Geige   das Cello   die Mundharmonika   die Querflöte   die Klarinette

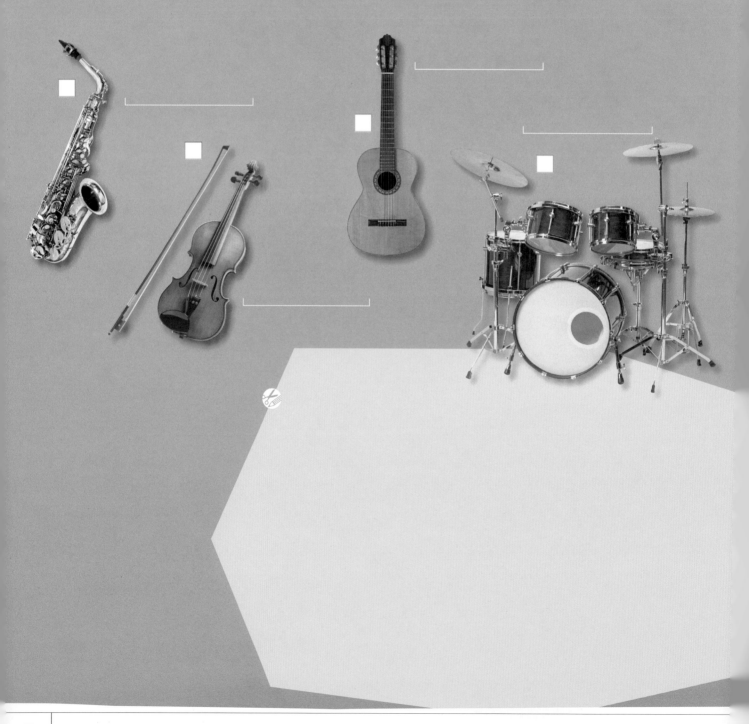

c | Welches Instrument ist für Sie noch wichtig? Was spielen Sie? Was mögen Sie?
Gestalten Sie das leere Feld und tauschen Sie sich mit Ihren Lernpartnerinnen / Lernpartnern aus.

- Ich kann ein bisschen Gitarre spielen.
- Ich kann Sitar spielen.
- Mir gefällt Didgeridoo. Das möchte ich lernen.
- Ich höre gern Mandoline.

↳ AB 1–2

Kommunikative Lernziele:

- Gefallen und Missfallen ausdrücken
- einen Vorschlag für gemeinsame Aktivitäten annehmen / ablehnen
- nachfragen, wenn man etwas nicht versteht
- die Meinung ausdrücken
- eine Jobanzeige schreiben
- jemanden ansprechen und Smalltalk führen
- Komplimente machen und darauf reagieren
- Hoffnungen und Ängste ausdrücken

Wortschatz und Strukturen:

- Musikinstrumente und -stile
- Kleidung und Aussehen
- *gefallen / mögen / lieben*
- Fragewort *Was für (ein/e)?*
- *dass*-Satz
- Adjektive vor Nomen (Nominativ)
- Wortbildung: mehrfach zusammengesetzte Nomen
- phonetische Mittel zum Ausdruck der Begeisterung und der Ironie

Zusatzmaterial: Lieblingslieder auf CD (Ausklang)

2 Klassik, Pop oder Rock?

1 🔘_3 **a |** Sehen Sie die Plakate an. Hören Sie die Musikausschnitte.
Ordnen Sie die Plakate zu.

1 Pop	2 Hip-Hop	3 Jazz	4 Klassik	5 Volksmusik	6 Rock

b | Hören Sie noch einmal. Wie klingt die Musik? Sammeln Sie Adjektive und beschreiben Sie die Musik.

> rhythmisch | melancholisch | feierlich | fröhlich | langsam | harmonisch | …

- Die Musik ist sehr | ziemlich | etwas …
- Ich finde die Musik …

Fragewort Was für (ein/e)

Was für Musik gefällt Ihnen / gefällt dir?
Was für ein Stil ist das?   (m)
Was für ein Instrument ist das?   (n)
Was für eine Band ist das?   (f)
Was für Konzerte gefallen Ihnen / dir? (Pl.)

c | Wählen Sie ein Konzertplakat. Lesen Sie genau und tauschen Sie sich
dann mit Ihrer Lernpartnerin / Ihrem Lernpartner aus.

- Was für Musik | Was für ein Musikstil | Was für eine Band ist das?
- Was für ein Musiker / eine Musikerin ist das? Woher kommt er / sie?
  Was für ein Instrument spielt er / sie?   ⮕ AB 3–4
- Wann spielt …? Wo findet … statt?

D „Musikantengrüsse"
Blaskapelle LUBLASKA

Böhmische und mährische Musik aus der Schweiz

Unter der Leitung von
Kapellmeister Benno Peter

21. März, Frühlingsfest Willisau

E NACHTSPAZIERGANG
AUS DER FERNE

Rock aus Stuttgart
von soliden Rocknummern bis zu honigsüßen
Akustikballaden – Nachtspaziergang hat alles drauf!

Gesang, 6- und 12-String-Gitarre: Jan Harnisch;
Gitarre, Gesang: Matze Bauch; Bass: Thomas
Schwinge; Schlagzeug: Tom König

7. März im Scala Ludwigsburg

F YOKO

Eigene Songs und Covertitel
Yokopop ist Pop vom Feinsten
aus Berlin

Yoko – Gesang
Sigmund Kiesant – Gitarre
Simon Anke – Piano und Bass
Christian Radtke – Hammond
Jürgen Schötz – Schlagzeug

3.Februar im Club Bett,
Stuttgart

3 Was für Musik mögen Sie?

a | Gehen Sie im Kurs umher und fragen Sie. Bilden Sie Gruppen nach Musikstilen.

- Was für Musik mögen Sie / magst du?
- Ich mag Popmusik | Volksmusik aus … | …

- Mögen Sie / Magst du Jazz | …?
- Nein, das gefällt mir gar nicht.

b | Warum gefällt Ihnen die Musik? Finden Sie gemeinsam so viele Gründe wie möglich.
Stellen Sie den anderen Ihre Musik vor.

- Uns gefällt Popmusik, weil sie fröhlich ist, weil man gut dazu tanzen kann, weil …

4 Wirklich begeistert?

 1_4 a | Wer ist begeistert ☺ / ☺☺ und wer ist nicht begeistert ☹? Hören Sie und kreuzen Sie an.
Erkennen Sie auch, wer ironisch spricht?

	☺	☺☺	☹
1. Ich mag Reggae. Der Rhythmus macht total gute Laune.	☐	☐	☐
2. Mir gefällt Fado. Der ist so schön melancholisch.	☐	☐	☐
3. Ich mache mir nichts aus Klassik. Die finde ich langweilig.	☐	☐	☐
4. Ich liebe Samba. Tolle Musik und herrlich zum Tanzen.	☐	☐	☐
5. Ich hasse Hip-Hop. Einfach nur laut und schrecklich.	☐	☐	☐
6. Ich liebe Blasmusik. Da tun mir immer die Ohren so schön weh.	☐	☐	☐

b | Sprechen Sie einen Satz aus a nach. Imitieren Sie auch die Begeisterung. Variieren Sie dann.
Erkennen die anderen, ob Sie begeistert sind?

- Ich liebe Klassik. Da kann man so gut träumen.

c | Woran erkennen Sie Ironie? Diskutieren Sie.

Begeisterung ausdrücken

☺ Ich mag / Mir gefällt Klassik.
☺ ☺ Ich liebe Klassik.
(sehr langes [i:] und große Melodiebewegung)

5 Ein bisschen laut?

1 🔘_5 a | Sehen Sie das Bild an und hören Sie die Geräusche.
Was ist die Situation? Erzählen Sie bitte.

1 🔘_6 b | Hören Sie. Stimmen Ihre Vermutungen?

c | Welche Personen haben etwas gemeinsam?
Hören Sie noch einmal und verbinden Sie.

Wer fährt Bus? ○   ○ Lisa ○   ○ Wer geht zum Konzert?

○ Jan ○

Wer hört iPod? ○   ○ Wer arbeitet zusammen?

○ Markus ○

Wer mag Yoko? ○   ○ Claudia ○   ○ Wer wohnt zusammen?

d | Hören Sie unterwegs Musik? Oder stört Sie laute Musik in Bussen / Bahnen? Diskutieren Sie im Kurs.

> Laute Musik stört die anderen Leute im Bus.

> Im Auto höre ich immer Radio.

> Ich höre oft Musik mit Kopfhörer. Das entspannt mich.

6 Wer kommt mit zum Konzert?

Sie haben zwei Karten für ein Konzert Ihrer Wahl gewonnen.
Ergänzen Sie zuerst die Karte. Fragen Sie dann im Kurs,
wer mitkommt. Jeder kann nur bei einem Konzert „Ja" sagen.
Bei allen anderen muss er / sie mit einer Begründung ablehnen.

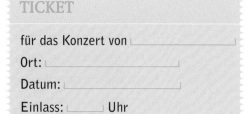

☺   Ja, sicher, sehr gern! | Das ist ja toll! Da komme ich gern mit. | ...

☹   Das geht leider nicht, weil ich da ... habe. | Ich kann leider nicht mitkommen,
ich muss nämlich ... | Danke, aber nein, die Musik mag ich gar nicht. | ...

⮕ AB 5

7 **Lust auf einen Kaffee?**

a | Wer ist Claudia? Was wissen Sie über Claudia? Sammeln Sie bitte.

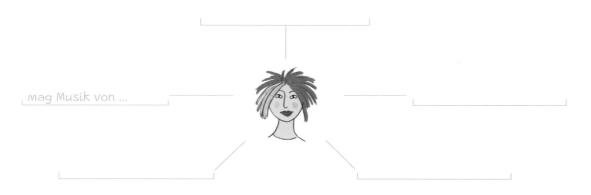

mag Musik von ...

1 🔘_7   b | Hören Sie. Was erfahren Sie noch über Claudia? Vergleichen Sie mit Ihren Notizen und ergänzen Sie.

c | Welche Wörter hören Sie im Dialog? Hören Sie noch einmal genau und markieren Sie.

Studienberatung | Datenbank | Studium | Stipendium | BAföG | EU-Bürgerin | Antrag |
MensaCard | Angebot | Anzeige | Schwarzes Brett

d | Welche Wörter kennen Sie? Was bedeuten sie? Sprechen Sie mit Ihrer Lernpartnerin / Ihrem Lernpartner.

- EU-Bürger? – Das sind Menschen aus ...

- Studienberatung? – Da bekommt man bestimmt Tipps für ...

- BAföG? – Keine Ahnung.

- Schwarzes Brett? – Da kann man ...

8 Das Studium finanzieren

a | Lesen Sie den Informationstext: Welche Überschrift passt zu welchem Textteil? Ordnen Sie bitte zu.

> Studentenwerke – Ihre Partner rund ums Studium | An wen muss ich mich wenden? |
> Stipendien – Förderung für alle Fächer | Was ist BAföG? | Wie finde ich Stipendien?

Studienfinanzierung in Deutschland

Mit dem Bundesausbildungsförderungsgesetz (BAföG) können Studierende und auch Schüler eine Ausbildung oder ein Studium finanzieren, wenn die Eltern nicht die finanziellen Möglichkeiten haben. Auch Nicht-Deutsche können unter bestimmten Voraussetzungen BAföG bekommen. In der Regel muss man die Hälfte vom BAföG zurückzahlen. Damit beginnt man meist fünf Jahre nach Studienabschluss.

In jeder Universitätsstadt gibt es ein Amt für Ausbildungsförderung (BAföG-Amt) beim Studentenwerk. Das BAföG-Amt berät und hilft bei der Antragsstellung. Die Antragsformulare gibt es auch im Internet unter www.bafoeg.bmbf.de.

Neben dem BAföG-Amt gibt es viele Institutionen und Stiftungen, die Stipendien vergeben. Man kann Zuschüsse für Lebensunterhalt, Sprachkurse, Studiengebühren, Sachkosten oder für Auslandsaufenthalte bekommen. Für Stipendien können sich Studierende aller Fächer bewerben.

In der Datenbank des Karrierenetzwerks E-Fellows unter www.stipendien-datenbank.de gibt es rund 700 Stipendien für das Bachelor-, Master- und Promotionsstudium. Auch auf der Homepage des DAAD (www.daad.de) gibt es in einer Stipendiendatenbank Informationen über Fördermöglichkeiten für das Studium in Deutschland: www.funding-guide.de.

In Deutschland gibt es 58 Studentenwerke. Sie sind für die wirtschaftliche, soziale, gesundheitliche und kulturelle Förderung der Studierenden zuständig. Sie kümmern sich zum Beispiel um Mensen und Cafeterien, Zimmer und Wohnungen in den Studentenwohnheimen, BAföG, Rechtsberatung, Kindertagesstätten, kulturelle Angebote und vieles mehr.
Die Adressen der einzelnen Studentenwerke finden Sie unter www.studentenwerke.de.

b | Fassen Sie die Informationen zusammen.

_____ ist eine staatliche finanzielle Hilfe für Studierende und Schüler. Ein

BAföG-Amt gibt es in jeder _____. Eine andere Möglichkeit, Zuschüsse zu

bekommen, sind _____. Im Internet findet man viele Informationen über

_____ für das Studium in Deutschland. _____ haben viele

Aufgaben. Sie vergeben zum Beispiel Zimmer in _____.

9 Was bedeutet . . . ?

a | Verstehen Sie diese Wörter aus dem Text? Fragen Sie. Ihre Lernpartnerin / Ihr Lernpartner antwortet.

Bundesausbildungsförderungsgesetz	ein Wohnheim für Studenten
Studienabschluss	eine Stadt mit einer Universität
Ausbildungsförderung	eine finanzielle Hilfe für die Ausbildung
Antragsformular	ein Gesetz zur finanziellen Unterstützung
Universitätsstadt	von Studierenden
Studiengebühren	ein Aufenthalt im Ausland
Auslandsaufenthalt	die Kosten für ein Studium
Stipendiendatenbank	das Ende vom Studium
Studentenwohnheim	eine Datenbank für Stipendien
…	ein Formular für einen Antrag
	…

> Was ist das Bundesausbildungsförderungsgesetz?

> Das ist ein Gesetz zur …

> Und was bedeutet …?

Nachfragen

Ich habe eine Frage: Was ist …?
Entschuldigung, was bedeutet …?
Was heißt …? Können Sie das
bitte erklären?
Wie schreibt man das? Können Sie das
bitte buchstabieren?

b | Markieren Sie in den Wörtern schwierige Konsonanten.
Schlagen Sie die Aussprache in der Lauttabelle in Band 1 nach.
Üben Sie und sprechen Sie dabei jeden Konsonanten deutlich.

Stipendiendatenbank
Universitätsstadt   ➡ AB 6

10 Wählen Sie eine Aufgabe.

▪ Das längste Wort: Bilden Sie ein möglichst langes deutsches Wort (z. B. Deutschsprachkursteilnehmerin).
  Präsentieren Sie Ihr Wort im Kurs. Beantworten Sie Fragen nach der Bedeutung des Wortes.
  Wer hat das längste Wort? Wer erklärt die Bedeutung gut?

▪ Sie möchten in Deutschland studieren, haben aber noch viele Fragen dazu. Bereiten Sie ein Gespräch im
  Studentenwerk vor: Formulieren Sie Ihre Fragen.

> Guten Tag, ich möchte hier studieren und habe Fragen zum Studium. Können Sie mir helfen?

Wie kann ich … bekommen?
Kann ich … bekommen?
Wo bekomme ich …?
Wo ist …?
…

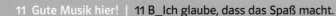

11 Eine Radiosendung über Minijobs

a | Was wissen Sie bereits über Minijobs? Was vermuten Sie? Sammeln Sie im Kurs.

1 ⊙_8   b | Hören Sie den Beitrag. Was erfahren Sie über den Minijob? Notieren Sie bitte Schlüsselwörter.

c | Was sagen die Anrufer? Hören Sie noch einmal und kreuzen Sie an.
(Mehrere Antworten können richtig sein.)

Helga Schmidt findet:

☐ „Minijobs sind für Rentner praktisch."

☐ „Rentner können keinen Minijob haben."

☐ „Minijobs sind schlecht bezahlt."

Helga Schmidt meint:

☐ „Man bleibt nützlich."

☐ „Man hat keine Langeweile."

☐ „Man verdient ein bisschen dazu."

Frank Busch sagt:

☐ „Ein Minijob ist ein guter Nebenverdienst."

☐ „Man zahlt keine Steuern."

☐ „Minijobs in Fitnessstudios sind nicht gut."

Johanna Hermann denkt:

☐ „Minijobs sind unbürokratisch."

☐ „Babysitten und Kellnern sind keine Minijobs."

☐ „Studenten können keinen Minijob machen."

> **dass-Satz**
>
> Die Frau sagt: „Der Job macht Spaß."
> Die Frau sagt, dass der Job Spaß macht.

d | Ergänzen Sie bitte.

Helga Schmidt findet, dass Minijobs für Rentner _____ sind.

Helga Schmidt meint, dass man so _____ bleibt

und dass man ein bisschen _____ .

Frank Busch sagt, dass ein _____

und dass man _____ .

Johanna Hermann denkt, _____ .

e | Was denken Sie über Minijobs?

Ich glaube, dass …

Ich denke, dass …

↪ AB 7–8
↪ IS 11/1

12 Suche und biete

Fahrer (m/w) gesucht
Sushi For You sucht Fahrer mit eigenem PKW für Lieferservice, flexible Arbeitszeiten, faire Vergütung.
Interessenten bitte anrufen: 0173 579634

Geschenke einpacken für Weihnachten!
Ich packe Ihre Geschenke ein. Nehme 60 Cent/Stück.
Papier und Tesa sind gratis.
Bei Interesse bitte anrufen unter 0162 963468 (Fabian)

Mini-Job
Kleine Online-Schuhboutique sucht Mitarbeiter/in im Schuhlager, 2 x 3 Stunden, Vergütung 6,50/Stunde.
Bewerbung bitte per Mail an mail@pfennigabsatz.de

Klavierunterricht für Kinder: Biete professionellen Klavierunterricht bei Ihnen zu Hause an! Bin sehr geduldig und kinderlieb. Honorar nach Vereinbarung.
Ich freue mich auf Ihren Anruf. Tel.: 0163/328-566

Muttersprachlerin mit sprachwissenschaftlichem Abschluss und langjähriger Erfahrung bei vielen Übersetzungsagenturen bietet **Übersetzungen ins Spanische** aus dem Deutschen oder Englischen.
Bewerbung, Webseite, Untertitel. Arbeite schnell, sorgfältig u. günstig. Preis n. V. übers@spanisch.de

Flexible Putzkraft
Hallo, ich heiße Corine und ich bin 22 Jahre alt. Ich mache gern Ihre Wohnung oder Ihren Laden sauber.
PS: Ich gehe noch in einen Deutschkurs. Ich habe auch eine Lohnsteuerkarte. Danke!
Corine@Emailservice.com

a | Welche Anzeige finden Sie interessant? Begründen Sie.

- Ich möchte gern als Fahrer für „Sushi For You" arbeiten, weil ich gern Auto fahre | weil ich flexible Arbeitszeiten gut finde | ...
- Ich suche Klavierunterricht für meine Tochter, weil sie Klavier lernen möchte | weil ...

b | Analysieren Sie eine Anzeige. Markieren Sie die Antworten mit unterschiedlichen Farben.

Was für ein Job? Was muss man machen? Für wen? Was muss man können/haben?
Wo arbeitet man? Wie viel kann man verdienen? Wie kann man einen Kontakt herstellen?

Flötenunterricht
Suche für meine Kinder (4, 6 und 7): Geduldige Person für Flötenunterricht bei uns zu Hause! Honorar nach Vereinbarung. Wir wohnen im Zentrum!
Wir freuen uns auf Ihren Anruf. Tel.: 328-566

c | Wählen Sie und schreiben Sie selbst eine Anzeige:

- Sie suchen einen Job: Was für eine Arbeit suchen Sie? Was können Sie?
- Sie bieten einen Job: Was für eine Arbeit möchten Sie nicht selbst machen?
  Wobei brauchen Sie Hilfe?

d | Hängen Sie Ihre Anzeigen im Kursraum auf. Welche Anzeigen finden Sie interessant?

AB 9 – 10

13 Ich verstehe dich nicht!

a | Sehen Sie das Bild an. Was ist die Situation?

b | Lesen Sie. Ergänzen Sie den Dialog mit den Sätzen
in den Sprechblasen.

Markus: **Habe ich dir schon erzählt, dass ich im Bus …**

Jan:

Markus: **Ich habe eine Frau getroffen.**

Jan:

Markus: **Im Bus habe ich eine Frau getroffen.**

Jan:

Markus: **Eine Frau, die hat … Oh Mann, da ist sie.**

Jan:

Markus: **Nee. Das Mädchen aus dem Bus. Die da.**

Jan:

Markus: **Nein, die da mit den blauen Haaren.**

Jan:

Markus: **Ja.**

Jan: **Dann sprich sie doch an.**

Markus: **Du bist gut. Wie denn?**   ➥ AB 11

1 💿_9   c | Hören Sie und vergleichen Sie mit Ihrem Dialog.

d | Was können Sie sagen, wenn Sie etwas nicht verstehen? Sammeln Sie passende Redemittel.

- ▪ Entschuldigung, ich …
- ▪ Wie bitte? Können Sie das noch einmal …?

e | Das Flüsterspiel: Gehen Sie im Kursraum umher. Sprechen Sie die anderen an. Stellen Sie Fragen.
Aber sprechen Sie ganz leise, flüstern Sie. Fragen Sie nach, wenn Sie etwas nicht verstehen.

14 Keine Angst vor Unbekannten

a | Was meinen Sie: Wie kann Markus Claudia ansprechen? Was passt nicht? Ordnen Sie zu.
Ergänzen Sie eigene Ideen.

○ Darf ich mich vorstellen? ○
○ Tolle Stimmung hier. ○
○ Bist du öfter hier? ○
○ Ziemlich heiß hier! ○
○ Coole Haarfarbe! ○
○ Schönes Wetter heute! ○
○ Darf ich mich zu dir setzen? ○
○ Gute Musik hier! ○
○ Kann ich dich mal was fragen? ○
○ Du siehst aber gut aus! ○

b | Vergleichen Sie. Sind Sie gleicher Meinung? Diskutieren Sie im Kurs.

1 💿_10   c | Hören Sie. Was sagt Markus?

   d | Sehen Sie die Fotos an. Was können die Personen in diesen Situationen sagen?

↪ AB 12
↪ IS 11 / 2

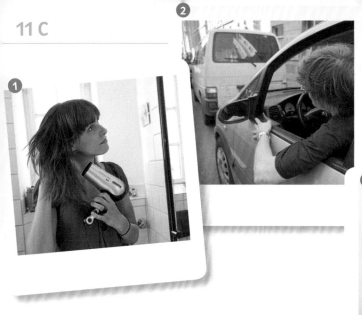

15 Erste Verabredung

a | Was denken die Personen vor der Verabredung? Lesen Sie und ordnen Sie die Bilder zu.

☐ Hoffentlich mag er meine Frisur!
☐ Er hat mich bestimmt vergessen.
☐ Hoffentlich gefallen ihr die Blumen!

☐ Hoffentlich gibt es jetzt keinen Stau!
☐ Hoffentlich gefällt ihm das Kleid!
☐ Meine Brille ist doch total unmodern!

b | Wer hofft und befürchtet was? Formulieren Sie Sätze.

▪ Die Frau hofft, dass er ihre Frisur mag.

▪ Der Mann hofft, dass …

▪ Sie befürchtet, dass …

▪ Er befürchtet, dass …

↪ AB 13

16 Komplimente

a | Was können die Personen sagen? Kombinieren Sie.

Schöne Blumen! ○   ○ Die steht dir gut!
Schickes Kleid! ○   ○ Ist die neu?
Hübsche Frisur! ○   ○ Ich liebe Vergissmeinnicht!
Tolle Jacke! ○   ○ Die gefällt mir.
Coole Brille! ○   ○ Er ist sehr elegant!
Das T-Shirt ist schön! ○   ○ Sehr modern.
Elegante Uhr! ○   ○ Es sitzt perfekt.
Schicker Anzug! ○   ○ Es hat so fröhliche Farben!

Adjektive vor Nomen

Der Anzug ist elegant!
Eleganter Anzug!   (m)
Das T-Shirt ist schön!
Schönes T-Shirt!   (n)
Die Jacke ist schick!
Schicke Jacke!   (f)
Die Schuhe sind bequem!
Bequeme Schuhe!   (Pl.)

1 ○_11   b | Hören Sie und vergleichen Sie mit Ihren Ideen.

↪ IS 11/3

17 Was ziehe ich an?

a | Lesen Sie. Welche Kleidungsstücke kennen Sie noch? Welche sind für Sie wichtig? Ergänzen Sie.

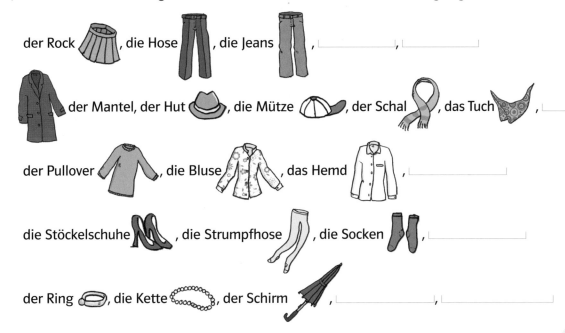

der Rock ____ , die Hose ____ , die Jeans ____ , |_____| , |_____|

der Mantel, der Hut ____ , die Mütze ____ , der Schal ____ , das Tuch ____ , |_____|

der Pullover ____ , die Bluse ____ , das Hemd ____ , |_____|

die Stöckelschuhe ____ , die Strumpfhose ____ , die Socken ____ , |_____|

der Ring ____ , die Kette ____ , der Schirm ____ , |_____| , |_____|

b | Was ziehen Sie zu einer ersten Verabredung an?
Wählen Sie aus und schreiben oder zeichnen Sie in die Figur.

 c | Tauschen Sie die Bücher. Was hat Ihre Lernpartnerin / Ihr Lernpartner an?
Machen Sie sich Komplimente. ➡ AB 14, 16

18 Kleidungsstücke und gereimte Komplimente

 1 💿_12 a | Hören Sie und markieren Sie. Ist der betonte Vokal lang (_) oder kurz (.)?

der Hut | der Schal | der Ring | der Rock | die Uhr | das Hemd | das Tuch |
der Mantel | der Anzug | der Pullover | die Hose | die Bluse | die Mütze |
die Tasche | die Kette | die Brille | die Frisur | die Figur

b | Lesen Sie die Wörter vor. Machen Sie bei jedem Wort eine passende Geste für die Vokallänge.

1 💿_13 c | Hören Sie und sprechen Sie nach. Spielen Sie mit Mimik und Gestik.

Toller Hut! Steht dir gut.   Das Shirt ist schick. Macht gar nicht dick.
Schicker Schal! Schau doch mal!   Und der Ring! Ein tolles Ding!
Das Kleid ist schön! Und so bequem.   Schöne Uhr! Passt zur Frisur.
Und die Frisur passt zur Figur.   Cooler Schal! Phänomenal!
Alles toll und wundervoll!   So elegant und sehr charmant!

➡ AB 15

Projekt: Lieblingslieder

Machen Sie einen Liederabend mit Musik aus Ihren Ländern. Bringen
Sie Lieblingslieder aus Ihrer Heimat mit. Stellen Sie Ihr Lieblingslied
den anderen vor. Erzählen Sie kurz auf Deutsch, was für ein Lied das ist
(Inhalt und Musik). Begründen Sie, warum Ihnen das Lied gefällt.

Ausländische Studierende in Deutschland

Sehen Sie das Schaubild an. Aus welchen Ländern gibt es viele, aus welchen wenige
Studierende in Deutschland?
Wie viele Studierende aus Ihrem Land sind in Deutschland? Studieren Sie vielleicht
selbst oder kennen Sie Studenten aus Ihrem Land? Berichten Sie.

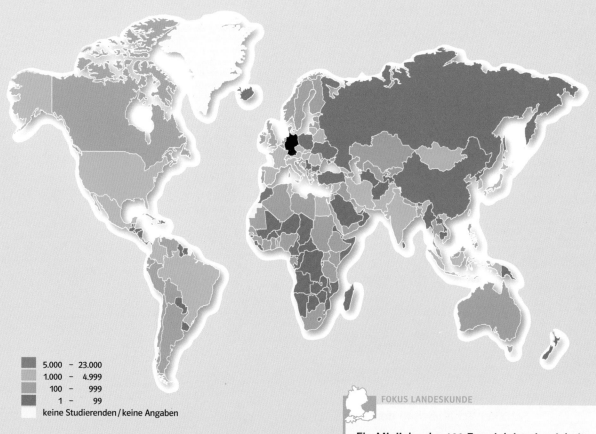

5.000	– 23.000
1.000	– 4.999
100	– 999
1	– 99
keine Studierenden / keine Angaben	

FOKUS LANDESKUNDE

Ein Minijob oder 400-Euro-Job ist eine Arbeitsstelle, bei der man monatlich maximal 400 Euro
verdient. Der Arbeitnehmer muss keine Steuern
oder Sozialabgaben zahlen, er erhält brutto für
netto. Der Arbeitgeber zahlt Pauschalbeiträge an
die Minijob-Zentrale.

Ein Lied von Yoko

a | Lesen Sie den Liedtext. Ergänzen Sie die Wörter.

> Weg | fahre | heute | geschrieben | Tage | gelacht | Tag

Gestern Hamburg, └─────────┘ Berlin, Louie.

Zwei └─────────┘ hier – der └─────────┘ ist das Ziel.

Louie, du fehlst mir.

Wollte mich melden, der Tag wurde Nacht, Louie.

Hab dir └─────────┘, die Nacht wurde └─────────┘.

Louie, du fehlst mir.

...

Viel └─────────┘, zu viel geraucht, Louie.

Hallo Taxi, ich └─────────┘ zu dir.

Louie, du fehlst mir, ... Louie, du fehlst mir so.

Song "Louie" / Band YOKO
Text: Sigmund Kiesant / Yoko
Musik: Sigmund Kiesant

1 ⊙_14   b | Hören Sie das Lied und vergleichen
Sie mit Ihrem Liedtext.

c | Welche Sprache außer Deutsch
spricht Yoko im Lied noch?
Erkennen Sie sie?

12 Gar nicht so einfach!

1 Schilderwald

a | Sehen Sie die Schilder an. Wo findet man sie? Was bedeuten sie?

in Kaufhäusern | in Bürogebäuden | in Krankenhäusern | bei Seniorenheimen | bei Kindergärten | auf Flughäfen | auf Bahnhöfen | in U-Bahnen | an Bushaltestellen | in Unterführungen | auf Parkplätzen | in Spielstraßen | in Parks | …

- Schild 1 habe ich … gesehen | findet man …

  Es bedeutet, dass es   eine Rolltreppe   für Rollstuhlfahrer   gibt.

  einen Parkplatz   für Menschen mit einer Behinderung

  eine Toilette   für Menschen mit kleinen Kindern

  einen Wickelraum   …

  …

- Schild … bedeutet, dass hier ältere Menschen | Kinder | … spielen | parken | … können.

b| Welche Schilder gibt es auch an Ihrem Wohnort / in Ihrem Land?

c| Gestalten Sie das leere Feld: Entwerfen Sie eigene Schilder. Wo kann man sie aufstellen?
Warum? Vergleichen Sie Ihre Ideen.

 AB 1

Kommunikative Lernziele:

- Schilder verstehen
- Netzpläne lesen
- den Fahrtweg erklären
- Möbelangebote im Internet
  verstehen
- über die Einrichtung sprechen
- Vorschläge und Wünsche äußern
- Meinung äußern und begründen
- einen Prospekt verstehen
- eine Anfrage schreiben

Wortschatz und Strukturen:

- Möbel und Einrichtungsgegenstände
- Ausflugsziele und Aktivitäten
- Präpositionen mit Dativ oder Akkusativ:
  in, an, auf, neben, vor, hinter, über, unter,
  zwischen
- *würde / könnte / möchte* + Infinitiv
  (Wünsche und Vorschläge)
- Wortbildung: Adjektive auf *-bar*
- Wortbildung: Nomen und Verben
- Satzakzente und Gliederung

Zusatzmaterial: Netzpläne der öffentlichen Verkehrsmittel in Ihrer Stadt / Region (Aufgabe 3)
Prospekte aus einem Möbelkaufhaus (Aufgabe 8)

2 Gleich bin ich ihn los!

a | Sehen Sie das Bild an und beschreiben Sie die Situation.

1 ⊙_15   b | Hören Sie. Wen / Was ist Lisa gleich los? Wohin fährt sie?

c | Hören Sie noch einmal. Welche Probleme hat Lisa unterwegs? Kreuzen Sie bitte an.

☐	Der Aufzug ist kaputt.	☐	Der Aufzug bleibt stehen.
☐	Die U-Bahn ist nicht pünktlich.	☐	Lisa verpasst die U-Bahn.
☐	Lisa stürzt auf der Rolltreppe.	☐	Die Rolltreppe ist außer Betrieb.

d | Welche Probleme haben die Leute auf den Bildern? Erzählen Sie.

- ... funktioniert nicht | ist kaputt | ...

- Es kommt kein/e ...

e | Hatten Sie oder andere Menschen unterwegs schon einmal ähnliche Probleme? Erzählen Sie.

- Einmal bin ich ... gefahren. Ich wollte ..., konnte aber nicht ...

➥ IS 12 / 1

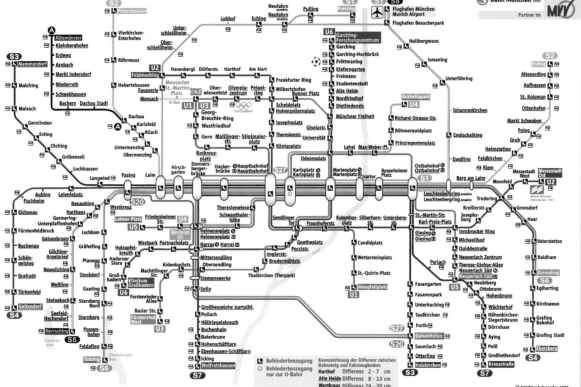

3   Nehmen Sie die Linie …

a | Sehen Sie den Netzplan von München an. Welche Informationen finden Sie auf dem Plan?
Für wen sind diese Informationen wichtig?

1 ◉_16   **b |**   Wohin wollen die Leute fahren? Hören Sie und markieren Sie die Start- und Endstationen auf dem Plan.

c | Hören Sie noch einmal. Ergänzen Sie die Tabelle.

Ziel	Linie	Richtung	umsteigen	Linie	Richtung	Stationen
Poccistraße		Messestadt	am …			

d | Spielen Sie ähnliche Dialoge. Benutzen Sie die Netzpläne der öffentlichen Verkehrsmittel Ihrer Stadt / Region.

- ▪ Entschuldigung, wie komme ich …?
- ▫ Nehmen Sie die Linie … in Richtung …
  Fahren Sie bis …
  Steigen Sie am … | an der … in die Linie … um.
- ▪ Ist das weit? | Wie viele Stationen sind das? | Ist das die Endstation?
- ▫ Ich weiß nicht genau, etwa …
- ▪ Gibt es dort einen Aufzug | …?
- ▫ Ich glaube, …
- ▪ Danke.
- ▫ Keine Ursache. | Bitte, gern.

↪ AB 2

4 Mit Kinderwagen oder Rollstuhl unterwegs

a | Lesen Sie und ergänzen Sie den Chat.

> mit meinem Kinderwagen | mit ihrem Kinderwagen | mit Koffern und Taschen |
> auf keiner Rolltreppe | mit einem Aufzug

AnnaLena: Heute Morgen wollte eine junge Frau |_____| in die Straßenbahn einsteigen. Aber da waren schon zwei Kinderwagen. Und da musste sie zu einer anderen Tür rennen. Mit ihren Taschen, dem Kinderwagen und einem Kind auf dem Arm.

Dora: Ich bin auch viel mit meiner kleinen Tochter unterwegs und habe es auch schon erlebt, dass ich |_____| keinen Platz im Bus bekommen habe und auf den nächsten Bus warten musste.

SigmundB: Ich bin Rollstuhlfahrer und fahre oft mit der U-Bahn. Es gibt fast überall Aufzüge für Menschen mit Behinderung, für ältere Menschen, für Mütter mit Kindern. Das finde ich auch sehr wichtig! Mit einer Rolltreppe kann ich nicht fahren. Aber |_____| schaffe ich es problemlos nach oben. ☺

Meier: Aufzüge in U-Bahnhöfen sind leider oft außer Betrieb. Und mit einer Gehbehinderung fühlt man sich doch |_____| sicher.

Paul22: Auch für Reisende sind Aufzüge und Rolltreppen wichtig. Denn nicht nur mit Kinderwagen, auch |_____| kommt man nur schwer eine Treppe hoch.

b | Markieren Sie weitere Dativstrukturen im Text. Wie viele finden Sie?

c | Wie bewegen Sie sich an Ihrem Wohnort? Welche Probleme haben Sie (oder Menschen, die Sie kennen) manchmal dabei? Schreiben Sie einen Beitrag zum Chat. Hängen Sie die Beiträge im Kursraum auf.

➥ AB 3–4
➥ IS 12/2

Artikelwörter im Dativ

mit d**em** Kinderwagen
mit ein**em** Rollstuhl
mit kein**em** Aufzug
mit mein**em** Gepäck
mit (d**en**) Koffern und Taschen

5 Wählen Sie eine Aufgabe.

- Notieren Sie Nomen auf Kärtchen (Fahrrad, Koffer, Kinderwagen, Rollstuhl, Gipsbein, Skateboard, iPod, Radio, Eis, Pommes, …). Ziehen Sie ein Kärtchen und formulieren Sie einen Satz wie im Beispiel.

> Mit einem Gipsbein kann man keine Treppen steigen.

- Die U-Bahn ist außer Betrieb. Sie müssen ein anderes Verkehrsmittel nehmen und kommen später. Schreiben Sie eine SMS nach Hause / ins Büro / an einen Geschäftspartner / …

- Spielen Sie: Ein Freund kommt nach Deutschland. Sie können ihn nicht abholen, weil Sie einen wichtigen Termin haben. Sie rufen ihn an und erklären ihm den Weg vom Flughafen zu Ihnen nach Hause. Ihr Freund hat viele Fragen: Welche Richtung? Wie viele Stationen? Wo umsteigen? Aufzug fürs Gepäck?

6   Ach Mensch!

1 🔘_17   a | Hören Sie das Telefongespräch zweimal.
Was meinen Sie: Wie klingen die Personen? Warum?

| fröhlich | besorgt | begeistert | wütend | enttäuscht | ruhig | … |

Lisa klingt am Anfang _____, weil der Gips endlich ab ist | weil …

Max klingt _____, weil _____.

Lisas Vater klingt _____, weil _____.

b | Vergleichen Sie Ihre Lösungen.

c | Hören Sie noch einmal. Was hat Lisas Vater zum Geburtstag bekommen? Wie ist das Geschenk?
Kreuzen Sie an.

☐ einen Stuhl   ☐ einen Sessel   ☐ ein Sofa

☐ elegant   ☐ bequem   ☐ modern   ☐ vollautomatisch   ☐ verstellbar

7   Endlich! Ich bin so froh!

1 🔘_18   a | Hören Sie und sprechen Sie nach.

A Endlich Samstag! Endlich Wochenende! Endlich ausschlafen! Herrlich!
B Endlich Montag! Endlich wieder Schule! Endlich wieder hier! Mensch toll!

b | Und worüber sind Sie froh? Sprechen Sie mit Mimik und Gestik.

8 Neu oder gebraucht?

a | Sehen Sie die Möbel an und ordnen Sie die Bezeichnungen zu. Welche Möbel sind neu?

> Kleiderschrank | Fernsehsessel | Stehlampe | Sofa | Esstisch | Stuhl | Regal

1 schick und originell, ausziehbar und höhenverstellbar

109,95 + 18,95 Versand
Möbelversand Meyer
sofort lieferbar

2 bequem und pflegeleicht, modernes Design, sehr guter Zustand, 2 Jahre alt

VP 120,- an Selbstabholer,
Raum Dresden
Sascha Frank

3 praktisch und modern, weiß/braun, überall aufstellbar
Maße: 120 x 196 x 35

99,- + 23,99 Versand
Möbeldiscounter Holzmann

4 gemütlich und farbenfroh, ausklappbar

Angebot 599,- 399,-
Lieferzeit 2 Wochen

5 im Landhausstil, aus massivem Holz – mit kleinen Kratzern

VB 200,-
nur an Selbstabholer (Abholort Niederkassel bei Köln)
Novak

6 Designerklassiker aus Metall und Glas, höhenverstellbar

99,-
Antiquitäten Klein

7 4 modern und praktisch, aus Metall, klappbar – fast wie neu

4 für 80,-
Versand jederzeit möglich
Caro

b | Welche Möbel gefallen Ihnen? Welche nicht? Warum?

> ... gefällt mir nicht, weil es zu bunt ist.

> ... finde ich sehr praktisch, weil es verstellbar ist.

Adjektive auf *-bar*

Man kann den Tisch verstellen.
Er ist verstellbar.
Man kann das Sofa ausklappen.
Es ist ausklappbar.

c | Bringen Sie Prospekte aus einem Möbelkaufhaus mit. Was gefällt Ihnen? Warum?

⮕ AB 5–6

9   So schöne Möbel!

1 🔘_19   **a |**   Hören Sie und markieren Sie. Ist der betonte Vokal lang (_) oder kurz (.)?

der Schr**a**nk | der St**uh**l | der T**i**sch | das B**e**tt | das B**i**ld | der S**e**ssel | der T**e**ppich |

der H**o**cker | der Sp**ie**gel | die L**a**mpe | das S**o**fa | die M**ö**bel | das R**e**gal |

die L**e**selampe | die G**a**rdinen | der K**ü**chenschrank | das B**ü**cherregal

1 🔘_20   **b |**   Wörter zum Bewundern: Hören Sie die Beispiele. Kombinieren Sie dann weiter.

N**e**tt! T**o**ll! Kl**a**sse! <u>O</u>h! <u>A</u>h! Sch**ö**n! S**u**per!

> Oh! Toll!

c | Spielen Sie: Schreiben Sie die Wörter aus b groß auf Zettel. Jemand nennt ein Möbelstück und hält einen Zettel hoch. Alle anderen rufen das Wort im Chor. Achten Sie auf den Vokal und verwenden Sie Mimik und Gestik.

- ▪ Da, das B**e**tt!
- ▫ N**e**tt!
- ▪ Hier, das S**o**fa!
- ▫ S**u**per!

1 🔘_21   **d |**   Steigern Sie bitte die Bewunderung! Hören Sie zuerst die Beispiele und variieren Sie dann.

A Da, das Sofa.
B Schön!
C Wirklich schön!
D Wirklich superschön!
E Toll, echt toll!

A Hier, die Lampe!
B Oh!
C Oh!!!
D Oh! Schön!!!
E Oh!!! Toll! Super!!!

➥ AB 7

10   Secondhand-Möbel: pro und contra

1 🔘_22   **a |**   Pro oder contra? Welche Argumente nennen die Personen zu Qualität, Preis und Zustand der Möbel? Hören Sie zweimal und ergänzen Sie die Tabelle.

	pro oder contra?	Argumente
Andrea Berger		
Johann Kleinmeier		

b | Was ist Ihre Meinung? Begründen Sie bitte.

c | Woher haben Sie Ihre Möbel? Wo kann man Möbel günstig bekommen? Tauschen Sie sich im Kurs aus.

➥ AB 8

11 Das Schlafzimmer – ein Abstellplatz?

1 ⊙ __23 **a |** Was befindet sich wo?
Hören Sie und vergleichen
Sie mit dem Bild.

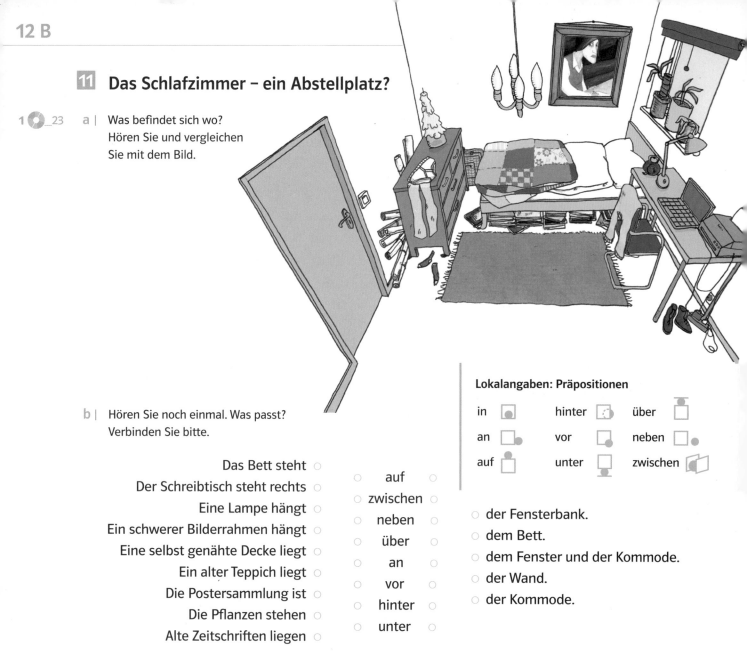

Lokalangaben: Präpositionen

in ⬚	hinter ⬚	über ⬚
an ⬚	vor ⬚	neben ⬚
auf ⬚	unter ⬚	zwischen ⬚

b | Hören Sie noch einmal. Was passt?
Verbinden Sie bitte.

Das Bett steht ○	○ auf ○	
Der Schreibtisch steht rechts ○	○ zwischen ○	
Eine Lampe hängt ○	○ neben ○	○ der Fensterbank.
Ein schwerer Bilderrahmen hängt ○	○ über ○	○ dem Bett.
Eine selbst genähte Decke liegt ○	○ an ○	○ dem Fenster und der Kommode.
Ein alter Teppich liegt ○	○ vor ○	○ der Wand.
Die Postersammlung ist ○	○ hinter ○	○ der Kommode.
Die Pflanzen stehen ○	○ unter ○	
Alte Zeitschriften liegen ○		

c | Welche Ratschläge gibt die Einrichtungsberaterin? Lesen Sie und ergänzen Sie dann die Tipps.

DIE TIPPS DER EINRICHTUNGSBERATERIN

Wollen Sie sich in Ihrem Schlafzimmer erholen, entspannen und den Arbeitsalltag hinter sich lassen? Dann werfen Sie als Erstes den Schreibtisch aus Ihrem Schlafzimmer! Drehen Sie das Bett und ziehen Sie es rechts an die Wand. Da ist jetzt genügend Platz. Nehmen Sie den schweren Bilderrahmen von der Wand und hängen Sie stattdessen Ihre Lieblingsbilder an die Wand. Legen Sie eine schöne Decke und bunte Kissen auf Ihr Bett. Das bringt Stimmung und gute Laune in Ihr Schlafzimmer.

Die Lampe über Ihrem Bett ist viel zu groß. Stellen Sie lieber eine Stehlampe neben das Bett. Die blendet nicht und gibt Ihnen zielgerichtetes Licht.

Der alte Teppich hat nun wirklich ausgedient. Kaufen Sie sich einen neuen, modernen Teppich und legen Sie ihn vor Ihr Bett. Und bitte räumen Sie nichts mehr hinter die Kommode, das vergessen Sie sowieso. Was unter dem Bett liegt, staubt auch nur ein. Werfen Sie die alten Zeitschriften in die Mülltonne – oder haben Sie sie in den letzten fünf Jahren vermisst?

Ziehen Sie das Bett _____.

Hängen Sie Ihre Lieblingsbilder _____.

Legen Sie eine schöne Decke _____.

Stellen Sie eine Stehlampe _____.

Räumen Sie nichts mehr _____.

Werfen Sie die alten Zeitschriften _____.

d | Suchen Sie zu jedem Verb ein Beispiel. Vergleichen Sie. Was stellen Sie fest?

⊗	↗
… steht …	Stellen …
… liegt …	Legen …
… hängt …	Hängen …

➡ AB 9–13

Lokalangaben mit Akkusativ oder Dativ

Wir hängen das Bild **neben den** Schrank.
Das Bild hängt **neben dem** Schrank.

Ich lege den Teppich vor das Bett.
Der Teppich liegt vor dem Bett.

Stell den Tisch **in die** Küche.
Der Tisch steht / ist **in der** Küche.

12 Im Rhythmus durch die Wohnung

1 ◉ __24 **a |** Hören Sie und sprechen Sie nach. Achten Sie auf die Betonungen und die Pausen.

Im **Flur** / unter dem **Stuhl** / neben dem **Fenster** / stehen die **Hausschuhe**.
In der **Küche** / an der **Wand** / unter dem **Fenster** / hängt ein **Kalender**.
Im **Kinderzimmer** / hinter dem **Regal** / auf dem **Kissen** / liegt eine **Katze**.

b | Schreiben Sie Kärtchen, legen Sie Sätze und lesen Sie sie rhythmisch vor. Wer kann es am lustigsten?

13 Ihr Lieblingszimmer

Was ist Ihr Lieblingszimmer in der Wohnung? Warum? Beschreiben Sie es. Ihre Lernpartnerin / Ihr Lernpartner macht dabei eine Skizze. Geben Sie sich auch Einrichtungstipps. Tauschen Sie dann die Rollen.

▪ Mein Lieblingszimmer ist … Hier kann ich … Die Wände sind … Auf / An / … steht / liegt / hängt … Ich hätte gern noch …

▫ Häng / Leg / Stell doch … neben / vor / …

14 Ein guter Vorschlag?!

a | Sehen Sie das Bild an.
Was machen die Personen?
Worüber sprechen sie?
Wie ist die Stimmung?

1 🔘_25   b | Hören Sie und vergleichen Sie mit Ihren Vermutungen.

c | Hören Sie noch einmal. Wer macht welchen Vorschlag? Verbinden Sie bitte.

Frau Becker ○   ○ möchte das neue Automobilmuseum besichtigen.

Markus Neumann ○   ○ will zum Neustädter Volksfest gehen.

Dr. Körting ○   ○ würde gern eine Wanderung im Neustädter Wald machen.

d | Mit welchen Redemitteln kann man Vorschläge machen und auf Vorschläge reagieren? Sortieren Sie bitte.

> Ich würde gern … | Wir könnten … | Das ist eine gute Idee! | Ich weiß nicht. |
> Super! | Nein, auf keinen Fall. | Ich habe eine Idee: Wir fahren … | Mir ist es egal. |
> Ich möchte … | Das finde ich nicht so gut. | Ich schlage vor, dass wir …

Vorschlag machen	positiv reagieren	negativ reagieren	keine Meinung haben

 e | Kettenspiel: Machen Sie so viele Vorschläge
für einen Kursausflug wie möglich.

Ich würde gern … besichtigen. – Wir könnten nach … fahren. –
Ich schlage vor, dass wir … – Ich möchte …

↪ AB 14

würde / könnte / möchte + Infinitiv

Ich würde gern eine Party feiern.
Wir könnten doch ins Kino gehen!
Sie möchten aber schlafen.

15 Meinungen

a | Lesen Sie die Meinungen über den Betriebsausflug.
Welcher Meinung stimmen Sie zu?

> Ich finde es wichtig, dass alle Mitarbeiter am Betriebsausflug teilnehmen. Das stärkt das Teamgefühl.

> Ich finde, Betriebsausflüge sind für das Arbeitsklima sehr gut.

> Es ist wichtig, dass die Mitarbeiter bei einem Ausflug auch mal privat miteinander sprechen können und nicht immer nur über die Arbeit reden.

> Ich meine, dass man privat und beruflich trennen muss. Betriebsausflüge sind unnötig.

b | Wie kann man die Meinung sagen? Suchen Sie Beispiele in a und ergänzen Sie weitere Möglichkeiten.

Ich finde es richtig / falsch, dass …   Es ist …

 c | Formulieren Sie Ihre Meinung über Betriebsausflüge.

> Ich finde es richtig, dass man …

IS 12 / 3

 1 🔊 _26 d | Meinungsverschiedenheit: Hören Sie und sprechen Sie leise mit.
Was meinen Sie: Worüber sprechen die Personen?

Ich finde es **richtig**.
    Das ist doch nicht **wichtig**.
Das ist doch **normal**.
    Mir ist es **egal**.
Dir fehlt nur der **Mut**.
    Ich find' es nicht **gut**.
Jeder macht's – **überall**.
    Auf gar keinen **Fall**!
Es ist deine **Pflicht**.
    Ach, ich **weiß** es nicht.
Komm doch bitte mit **rein**.
    Mensch, jetzt lass es doch **sein**!

 e | Spielen Sie mit Gesten und sehr emotional und nachdrücklich. Erweitern Sie dann das Gespräch.

■ Ich finde es richtig, dass man sich auch privat kennen lernt und besucht.
□ Nein, das ist doch nicht wichtig. Wir sehen uns schon den ganzen Tag hier im Kurs.

16 Ausflugsziele

a | Überfliegen Sie die Prospekte. Welches Ausflugsziel finden Sie interessant? Wählen Sie einen Text.

Das Zeppelin Museum in Friedrichshafen ist ein Erlebnisort der besonderen Art. Es bietet die weltweit größte Sammlung zur Geschichte und Technik der Zeppelin-Luftschifffahrt. Außerdem zeigt das Museum Kunstwerke der letzten 500 Jahre aus der Region Bodensee und verbindet damit als einziges deutsches Haus Technik und Kunst.

Den Besuchern bietet das Museum Gruppenführungen, Führungen zu bestimmten Themen und Audio-Führungen. Jeden Donnerstagabend Kulturprogramm, außerdem Teilnahme an Familienprogrammen und Projekte für Schulklassen.

Für Menschen mit eingeschränkter Mobilität geeignet.

Wie das Leben auf einem Bio-Hof aussieht, das können die Besucher auf dem Mühlenhof miterleben und dabei in entspannter Atmosphäre viel Interessantes über den ökologischen Landbau und Bio-Lebensmittel erfahren.

Mögliches Programm:
Betriebsrundgang und Stallbesichtigung, Spaziergang über Felder und Wiesen, Besuch im Hofladen, gemütliche Brotzeit auf dem Hofgelände.

Für Rollstuhlfahrer geeignet.

Die bekannte Herreninsel am Chiemsee ist etwa 240 ha groß und bietet mit dem Königsschloss, den Parkanlagen und Wasserspielen sowie dem Museum und den beiden Galerien im Augustiner-Chorherrenstift zahlreiche Sehenswürdigkeiten.

Möglicher Tagesausflug: Eintritt und Führung im Königsschloss und durch den Park, Mittagessen in einer typischen bayerischen Wirtschaft, Besichtigung der Galerien.

b | Sie sind die Expertin / der Experte: Die anderen stellen Fragen zu Ihrem Text, Sie antworten.
Bereiten Sie sich auf mögliche Fragen vor: Wo? Wie? Was kann man machen?

> Was kann man auf dem Bio-Hof machen?

> Man kann den Betrieb und den Stall besichtigen.

Nomen und Verben

der Spaziergang – spazieren gehen
der Besuch – besuchen
die Besichtigung – besichtigen

c | Wohin würden Sie gern fahren? Warum? ⟹ AB 15

- Ich würde gern zum Bio-Hof fahren, weil ich etwas über Bio-Lebensmittel erfahren will.

17 Eine Anfrage schreiben

a | Was? Wann? Lesen Sie die Anfrage. Markieren Sie die Schlüsselwörter.

> Sehr geehrte Damen und Herren,
>
> unsere Firma macht am 5. Juni einen Betriebsausflug zum Chiemsee. Wir möchten bei Ihnen einen Reisebus für 50 Personen mit Klimaanlage und WC bestellen. Der Bus muss barrierefrei sein, weil ein Kollege Rollstuhlfahrer ist.
> Wir möchten um 9:15 Uhr in der Firma (Leopoldstr. 48B) losfahren. Die gewünschte Rückfahrtzeit ist ca. 17:30 Uhr.
> Bitte schicken Sie uns ein Angebot bis Ende der Woche.
>
> Vielen Dank im Voraus
>
> Firma Bach & Co

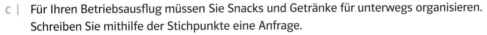

b | Lesen Sie noch einmal. In welcher Reihenfolge stehen folgende Informationen?

☐ Anrede ☐ Bitte um eine Antwort (bis + Termin)
☐ Detailangaben (Uhrzeiten, Orte) ☐ Grund des Schreibens
☐ Dank ☐ Unterschrift

c | Für Ihren Betriebsausflug müssen Sie Snacks und Getränke für unterwegs organisieren. Schreiben Sie mithilfe der Stichpunkte eine Anfrage.

- Bringen Sie die Stichpunkte in eine Reihenfolge.

- Ergänzen Sie weitere Details.

- Formulieren Sie die E-Mail. ➡ AB 16

> Termin für den Ausflug
> man braucht: alkoholfreie Getränke, ...
> Geschirr, Besteck, Gläser
> Angebot bis ...
> 30 Personen

18 Kursausflug

Sie wollen nach dem Kursende einen Tagesausflug machen. Planen Sie den Ausflug in Kleingruppen. Diskutieren Sie:

- Wann und wohin fahren Sie?
- Wie kommen Sie dahin?
- Was machen Sie dort?
- Wie organisieren Sie Ihr Mittagessen?
- Wann kommen Sie zurück?

Stellen Sie Ihren Ausflug vor. Welche Gruppe hat den interessantesten Vorschlag?

Barrierefreier Ausflug in meiner Stadt

Sie planen einen Tagesausflug in Ihrer Stadt / Region mit einem Freund, der im Rollstuhl sitzt.

- Legen Sie mögliche Ziele fest: Was wollen / können Sie in Ihrer Stadt unternehmen?
- Recherchieren Sie im Internet (z.B. www.muenchen.de/Rathaus/soz).
- Schreiben Sie eine Liste mit Aktivitäten, Daten, Preisen.

Stellen Sie alle Informationen auf einem Plakat zusammen.
Hängen Sie alle Plakate auf und vergleichen Sie.

Wer hat Lust wozu?

1 ⊙_27   a | Erkennen Sie es an der Sprechweise? Hören Sie und kreuzen Sie an.

Wer?	Wozu?	... hat Lust	... hat keine Lust
Anton	Museum		
	Achterbahn		
Tanja	Wandern		
	Zuckerwatte		
Felix	Lesen		
	Tanzen		

1 ⊙_28   b | Hören Sie, was Anton, Tanja und Felix noch sagen. Überprüfen Sie Ihre Lösung.

   c | Schreiben Sie zwei Wörter auf. Sprechen Sie jedes Wort so, dass die anderen erkennen, ob Sie dazu Lust haben oder nicht.

Projekt: Barrieren finden und überwinden

- Welche Barrieren „sehen" Sie in Ihrer Straße / in Ihrem Stadtviertel?
- Welche Probleme gibt es für Menschen mit Rollstuhl oder Kinderwagen?
- Welche Gefahren gibt es für kleine Kinder?
- …

Machen Sie Fotos. Sammeln Sie Verbesserungsvorschläge.
Präsentieren Sie die Ergebnisse im Kurs.

Mein Lieblingsmöbelstück

a | Lesen Sie den Text.

Mein liebstes Möbelstück ist seit kurzer Zeit mein phantastischer neuer, weiß gepolsterter "Poäng"-Sessel von IKEA. Bisher hatte ich aus Platzgründen (1-Zimmer-Appartement!) keinen Sessel.
Der Bürostuhl, die beiden Stühle am Küchentisch und mein Bett mussten als Sitzgelegenheiten ausreichen. Mittlerweile habe ich aber dem ständigen Genörgel meiner Freunde ("Christoph, du liest doch sooooo viel! Und wer sooooo viel liest, der braucht auch einen Sessel!") nachgegeben und mir einen "Poäng"-Sessel gekauft.
Auch wenn meine Freundin - eine Innenarchitektin - nicht ganz von dem Sessel begeistert ist, liebe ich ihn bereits jetzt heiß und innig.
Es ist ein ganz wunderbares Gefühl, abends in dem leicht wippenden Sessel zu versinken und einen anstrengenden Tag mit einer Tasse Tee und einem guten Buch ausklingen zu lassen.

🖨 Drucken | ✉ Versenden | 💬 Newsletter

aus: Woistwalter, jetzt.de http://sueddeutsche.de/jetztpages/Woistwalter

b | Was ist Ihr Lieblingsmöbelstück? Seit wann haben Sie es? Warum gefällt es Ihnen?
Erzählen Sie und bringen Sie ein Foto / ein Bild mit.

13 In Bewegung

1 Im Fußballfieber

a | Wer macht was? Verbinden Sie und beschreiben Sie die Fotos.

der Sportreporter ○   ○ die Spieler anfeuern
die Fußballspielerin ○   ○ das Spiel anpfeifen
der Trainer ○   ○ auf der Wiese Fußball spielen
der Schiedsrichter ○   ○ über ein Spiel berichten
die Fans ○   ○ Fanartikel verkaufen
die Kinder ○   ○ ein Tor schießen
der Verkäufer ○   ○ die Mannschaft trainieren

b | Für wen gehört Fußball zum Beruf und für wen ist es Freizeit? Diskutieren Sie.

c | Ist Fußball für Sie / in Ihrem Land wichtig? Gestalten Sie das leere Feld und tauschen Sie sich mit Ihren Lernpartnerinnen und Lernpartnern aus.

- Fußball interessiert mich gar nicht | wenig | sehr | …
- Bei uns ist Basketball | Baseball | Eishockey | … sehr beliebt.
- Der Nationalsport in … ist …
- Ich bin ein Fan von …
- Ich spiele …

 AB 1

Kommunikative Lernziele:

- über Sport und Sportergebnisse sprechen
- sich verabreden
- ein Zeitungsinterview lesen
- über Vorurteile sprechen
- am Telefon etwas bestellen
- über ehrenamtliches Engagement sprechen
- ein Ziel angeben

Wortschatz und Strukturen:

- Sportarten
- Werkzeuge
- Präpositionen: *gegen, für*
- *sich*-Verben
- lautmalerische Wörter
- Temporaladverbien: *schon, noch, erst*
- *damit*-Satz
- Wortbildung: vom Verb zum Nomen
- Aussprache: [ks]-Laute

Zusatzmaterial: Spielübersicht von Fußball- oder anderen Sportvereinen (Aufgabe 3)

2　Guck mal!

a | Spekulieren Sie: Wer ist das? Wo ist das? Was ist die Situation?

1 🔊 _29　b | Hören Sie und vergleichen Sie mit Ihren Vermutungen.

c | Wer spielt gegen wen? Wie steht das Spiel? Hören Sie noch einmal und ergänzen Sie bitte.

> Bayern München | Schalke 04 | Eintracht Frankfurt | Real Madrid | zwei zu eins

_____ spielt gegen _____ .

Es steht am Ende _____ für

_____ .

Max war früher für _____ , Paul ist

für _____ .

Präpositionen *für, gegen*

Bayern München spielt gegen den HSV.
Es steht zwei zu eins für Bayern München.

3　Sind Sie für oder gegen ...?

a | Welche Mannschaften spielen am Wochenende? Wer spielt gegen wen? Recherchieren Sie bitte.

- Werder Bremen spielt gegen Borussia Dortmund.

b | Was ist Ihre Lieblingsmannschaft im Fußball oder in einer anderen Sportart?
Machen Sie eine Liste der Favoriten und fassen Sie die Ergebnisse zusammen.

> Für wen sind Sie / bist du?

- Einige finden ... gut. Viele sind für ... Aber die meisten sind für ...

> Ich bin für ...

➡ AB 2

4 Vor dem Sport und nach dem Sport

a | Was machen Max und Paul? Sehen Sie die Bilder an und bringen Sie sie in eine Reihenfolge.

b | Was passt? Verbinden Sie bitte und erzählen Sie die Geschichte.

Max und Paul beeilen sich, ○   ○ und föhnt sich die Haare.

Max zieht sich nicht um, ○   ○ und die beiden verabschieden sich von Ahmed.

Max und Paul gehen in die Halle ○   ○ weil er seine Sportsachen vergessen hat.

Paul steht unter der Dusche ○   ○ und zieht sich an.

Er trocknet sich ab ○   ○ und langweilt sich.

Er kämmt sich ○   ○ weil sie spät dran sind.

Max wartet ○   ○ und wäscht sich die Haare.

Endlich ist Paul fertig ○   ○ und laufen sich warm.

sich-Verben

Ich beeile mich.
Langweilst du dich?
Er / Sie läuft sich warm.
Wir beeilen uns.
Duscht ihr euch?
Sie waschen sich schnell.

mit Akkusativ-Ergänzung

Ich kämme mir die Haare.
Föhnst du dir die Haare?

c | Was macht Max nicht? Erzählen Sie.

Er zieht sich nicht um, ...

➥ AB 3 – 5

5 Sorgen am Morgen: Wasch dich, zieh dich an, ...!

1 ⬤ _30   a | Hören Sie und markieren Sie in jedem Satz das betonte Wort. Sprechen Sie beim zweiten Hören nach.

A Er wäscht sich nicht. Er wäscht sich
einfach nicht.
Nun wasch dich doch endlich. Wäschst
du dich jetzt?
B Okay. Ich wasche mich gleich.

A Sie zieht sich nicht an. Sie will sich
einfach nicht anziehen.
Nun zieh dich bitte an. Zieh dich doch
endlich an.
B Ja, ja, ich ziehe mich gleich an.

b | Spielen Sie die Szenen. Variieren Sie dann.

6 Das Tor ins Leben

a | Sehen Sie das Foto an und lesen Sie den Einleitungstext. Was ist das Thema des Artikels?

Fatmire „Lira" Bajramaj wird am 1. April 1988 in Gjurakovc (im ehemaligen Jugoslawien) geboren. Im Alter von fünf Jahren flieht sie mit ihrer Familie aus dem Kosovo nach Deutschland, wo sie eine Kindheit zwischen Armut und Rassismus erlebt. Heimlich und gegen den Willen ihres Vaters beginnt sie, Fußball zu spielen. Schnell erkennt der jedoch ihr Talent, und eine große Karriere beginnt. Mit 21 Jahren ist die erste Muslima der deutschen Frauenfußball-Nationalmannschaft bereits Welt- und Europameisterin.

SZ: Sie sind Muslima und als Flüchtling nach Deutschland gekommen. Heute sind Sie Welt- und Europameisterin. War der Fußball Ihr Tor ins Leben?

Bajramaj: Durch den Fußball habe ich viele Freunde gefunden. Er hat mir geholfen zu verstehen, wie die Leute hier leben und ticken. Deshalb ist es so wichtig, dass ausländische Kinder in Sportvereine gehen. Sport bezieht alle ein. Da bleibt keiner zurück.

SZ: Bekommt man durch den Sport mehr Respekt?

Bajramaj: Ja, das habe ich selbst erlebt. Durch gute Leistungen im Sport bekommt man Respekt.

SZ: Mit welchen Vorurteilen und Problemen mussten Sie kämpfen?

Bajramaj: Vor allem damit, dass Fußball kein Frauensport ist. Besonders mein Vater war am Anfang sehr dagegen. Ich konnte nur heimlich spielen. Irgendwann kam alles raus, das war richtig schlimm. Aber seitdem er mein Talent entdeckt hat, ist er mein größter Fan.

SZ: Was braucht Frauenfußball, damit Mädchen ihn „cool" finden?

Bajramaj: Vor allem viel Fernsehpräsenz. Damit die Leute Frauenfußball sehen können und auch, wie gut wir inzwischen sind. Dann ist es logisch, dass junge Mädels in einen Verein gehen, weil sie das cool finden und so wie ihre Vorbilder sein wollen.

SZ: In Ihrer Kindheit wurden Sie manchmal als „Zigeunerin" beschimpft, ihr Bruder Fatos als „Scheiß-Ausländer". Ist das heute auch noch so?

Bajramaj: Eigentlich nicht. Vielleicht, weil ich durch den Sport anerkannt bin.

SZ: Sagen Sie uns: Wie können sich Flüchtlingskinder möglichst schnell in Deutschland integrieren?

Bajramaj: Das sollte schon in der Schule anfangen, dass ausländische Kinder nicht nur unter sich sind. Ich selber hatte zum Beispiel viele deutsche Freunde und so kam ich auch zum Sport. Da habe ich die Sprache besser gelernt und gesehen, wie die anderen Kinder sich verhalten. Das geht sehr gut im Sportverein.

SZ: Als Fußballerin treten Sie extravagant auf, spielen auch mal mit pinken Schuhen. Im Sportstudio haben Sie mit Pumps auf die Torwand geschossen. Wie wichtig ist Ihnen dieses Image?

Bajramaj: Das Image ist mir egal. Mein Aussehen ist mir dagegen sehr wichtig. Ich überlege jeden Tag lange, was ich anziehe. Kleidung, Make-up, Haare, alles muss passen. Auch auf dem Spielfeld will ich gut aussehen.

SZ: Man hört, Sie schminken sich vor dem Training?

Bajramaj: Ja, das stimmt (lacht). Weiblichkeit gehört zum Frauenfußball. Ich mache das aber für mich, nicht für andere.

SZ: Wollen Sie irgendwann ins Kosovo zurück?

Bajramaj: Ich werde das Kosovo immer in meinem Herzen tragen. Aber zurückkehren – nein, das kann ich mir nicht vorstellen. Meine Heimat ist jetzt Deutschland.

aus: Süddeutsche Zeitung

b | Was erfahren Sie im Interview über Lira Bajramaj? Lesen Sie und ergänzen Sie den Steckbrief.
Vergleichen Sie dann mit Ihrer Lernpartnerin / Ihrem Lernpartner.

Name?   Fatmire „Lira" Bajramaj

Geburtsdatum?

Geburtsort?

Wohnort?

Ihr größter Fan?

Ihr Image?

Sportliche Erfolge?

c | Lesen Sie die Sätze und vergleichen Sie mit dem Text. Korrigieren Sie die falschen Aussagen.

Lira Bajramaj ist als Flüchtling nach Deutschland gekommen.
Sie hatte eine glückliche Kindheit in Deutschland.
Sie findet es sehr wichtig, dass ausländische Kinder in Sportvereine gehen.
Ihre Familie hatte nichts dagegen, dass sie Fußball spielt.
Durch ihre Leistungen im Sport bekommt sie heute viel Respekt.
Sie will auch auf dem Spielfeld gut aussehen.
Sie möchte später in ihr Heimatland zurückkehren.

➥ AB 6–7

7 Vorteil und Vorurteil

a | Was bedeutet Vorteil? Was bedeutet Vorurteil? Ordnen Sie die Definitionen zu.

negative Meinung über etwas,
bevor man es kennt

etwas, was jemandem oder
einer Sache nützt

b | Wählen Sie eine Frage und suchen Sie Antworten im Text. Vergleichen Sie dann in Gruppen.

▪ Welchen Vorteil sieht Lira Bajramaj im Vereinssport?

▪ Von welchen Vorurteilen und Problemen berichtet Lira Bajramaj?

c | Was ist Ihre Meinung? Diskutieren Sie eine Frage.

Ballett ist nur etwas
für Mädchen.

▪ Welche Vorteile bringt Sport?

▪ Welche Vorurteile kennen Sie im Sport?

Das finde ich nicht.
Ich denke, …

8 Für jeden die richtige Sportart

a | Sehen Sie die Bilder an. Welche Sportart machen Sie / haben Sie schon einmal gemacht?

| Tischtennis | Schwimmen | Boxen | Rudern | Handball |

| Joggen | Schifahren | Volleyball | Tanzen | Schlittschuhlaufen |

- Als Kind bin ich viel geschwommen | habe ich … gespielt | …
- Ich habe 5 Jahre lang geboxt.
- Ich spiele regelmäßig …
- Im Winter | Im Sommer …

b | Um welche Sportart geht es in den Texten? Lesen Sie und wählen Sie das passende Nomen aus a.

„Im Wasser fühle ich mich wohl. Deshalb ist _____ für mich der ideale Sport.
Eine Badehose und eine Schwimmbrille – mehr brauche ich nicht. Und Schwimmbäder
gibt es in der Stadt genug.“

„Viele sagen, dass _____ brutal ist. Aber das finde ich nicht.
Beim _____ gibt es strenge Regeln, einfach jemanden k.o. schlagen,
das darf keiner.“

„Ich liebe _____. Man ist den ganzen Tag draußen in der winterlichen
Bergwelt, das ist sehr erholsam.“

„Ich treffe mich zweimal in der Woche zum _____ mit einer Laufgruppe.
Alleine laufe ich immer zu schnell und in der Gruppe macht es einfach mehr Spaß.“

„Manchmal nehme ich einfach meinen Schläger und einen Ball und gehe in den Park. Da finde ich
immer Leute zum _____spielen_____.“

c | Warum ist Ihre Sportart für Sie wichtig?
Schreiben Sie einen kurzen Text.

↪ AB 8–9

Vom Verb zum Nomen

Ich fahre Schi.	Ich liebe (das) Schifahren.
Ich schwimme oft.	Ich gehe oft zum Schwimmen
Spielst du gern Tennis?	Ja, beim Tennisspielen kann ich mich gut entspannen.

9 X wie in Boxen

1 🔘 _31 a | Sie hören [ks] – aber was schreiben Sie? Hören Sie und ergänzen Sie.

Bo___en | Ta___i | monta___ | se___ | du trin___t | Ke___

> **Der Trick zum [ks]**
>
> Üben Sie erst langsam, dann schneller:
> Montag + s = montags
> trink + st = trinkst

b | Ergänzen Sie die Regel.

Wie [ks] spricht man die Buchstaben

- ▪ | X | : | Boxen, _____ |
- ▪ | ___ | : | _____ |
- ▪ | ___ | : | _____ |
- ▪ | ___ | : | _____ |

(Achtung: Bei -ngs in *Jungs* und *chs* in *möglich-st*, *lach-st* spricht man kein [ks].)

c | Markieren Sie alle [ks]-Laute in dem Witz. Überlegen Sie, welche Wörter man betonen muss, und lesen Sie ihn möglichst lustig vor.

Der Boxer sitzt fix und fertig in der Ecke und wartet auf den Gong zur sechsten Runde. Der Trainer sagt: „Weißt du was? Wenn der andere jetzt wieder zuschlägt, schlägst du endlich mal zurück!"

↳ AB 10

10 Ihr Sportprofil

a | Füllen Sie bitte den Fragebogen aus.

Welche Sportart finden Sie gut?	
Welche Sportart finden Sie nicht gut?	
Welche Sportart möchten Sie gern ausprobieren?	
Was mögen Sie: Einzelsport oder Mannschaftssport?	
Mögen Sie lieber Wintersport oder Sommersport?	
An welchem Ort / In welchem Land machen Sie gern Sport?	
Sehen Sie gern Sport im Fernsehen? Was?	
Gehen Sie zu Sportveranstaltungen? Zu welchen?	

b | Gehen Sie im Kursraum umher und suchen Sie eine Person mit einem ähnlichen Sportprofil.

c | Sie möchten gemeinsam Sport machen / Sport ansehen. Verabreden Sie sich.

- ▪ Wollen wir zusammen …? | Ich würde gern … Kommst du mit?
- ▫ Ja, gern. Wann | Wo treffen wir uns?
- ▪ Um … vor dem Stadion | am Schwimmbad | …

↳ AB 11

11 Komische Geräusche

a | Sehen Sie das Bild an. Was ist die Situation? Beschreiben Sie.

1 ●_32   b | Hören Sie und beantworten Sie die Fragen.

1. Wem gehört die Werkstatt?
2. Was ist passiert?
3. Wie kann man das Problem lösen?

c | Hören Sie noch einmal. Welche Geräusche macht das Auto?
Wählen Sie die passenden Sprechblasen aus.

1 ●_33   d | Hören Sie die Verben. Ordnen Sie sie den Geräuschen in c zu.

klirren | klappern | brummen | summen | knacken | knirschen |
blubbern | pfeifen | knallen | quietschen

e | Geräuschorchester – haben Sie Lust? Schreiben Sie Kärtchen mit Geräuschwörtern und verteilen Sie sie.
Jeder macht sein eigenes Geräusch. Sie können auch einen Dirigenten wählen – er / sie zeigt, wer sein
Geräusch machen soll.

➡ AB 12 – 13

12 In der Werkzeugkiste

a | Welches Werkzeug brauchen Sie? Wählen Sie eine Situation und füllen Sie Ihre Werkzeugkiste.

der Hammer

der Schraubenschlüssel

die Säge

die Bohrmaschine

die Zange

der Pinsel

die Schraube

der Schraubenzieher

der Dübel

die Mutter

der Nagel

die Farbe

- Sie müssen Ihre Wohnung renovieren / streichen.
- Sie wollen ein Regal aufbauen.
- Sie möchten ein Bild aufhängen.
- Sie müssen Ihr Fahrrad reparieren.
- …

 b | Vergleichen Sie in der Gruppe.

- Zum Renovieren brauche ich …

13 Was brauchen Sie?

Was brauchen Sie in Ihrem Beruf? Schlagen Sie nach. Erzählen Sie dann.

- Ich bin … In meinem Werkzeugkasten sind …
- Ich arbeite im Labor. Ich brauche ein Mikroskop, …
- Als Krankenschwester arbeite ich oft mit einem Blutdruckmessgerät, mit einem …
- Ich brauche nur einen Computer. Ich muss …
- …

14 Die Schrauben sind alle!

1 ○_34   a | Hören Sie. Worum geht es in den Bestellungen? Wählen Sie aus und verbinden Sie.

	Was?	**Warum?**
	○ Zangen ○	○ Die Packung ist schon halb leer.
Situation 1 ○	○ Hammer ○	○ Es ist die letzte Packung.
Situation 2 ○	○ Pinsel ○	○ Es gibt gar keine mehr.
	○ Schrauben ○	○ Es gibt nur noch eine.
	○ Muttern ○	○ Die Lieferung ist noch nicht da.

b | Ordnen Sie den Dialog. Lesen Sie ihn dann mit Ihrer Lernpartnerin / Ihrem Lernpartner vor.

☐ Ich habe doch erst gestern eine Packung mitgebracht.
☐ Brauchen Sie etwas aus dem Lager?
☐ Gut, dann bringe ich Ihnen noch eine Packung.
☐ Ja, ich brauche dringend Nägel.
☐ Ja, aber sie sind schon wieder fast alle.

➡ AB 14 – 15

> **Temporaladverbien** *schon, noch, erst*
>
> Die Schrauben sind schon wieder alle.
> Ich habe nur noch eine Packung.
> Ich habe sie erst letzte Woche bestellt.

c | Spielen Sie ähnliche Dialoge.

15 Können Sie das bitte prüfen?

1 ○_35   a | Was ist das Problem? Hören Sie und kreuzen Sie bitte an.

☐ Die Firma hat die Bestellung nicht bekommen.
☐ Die Firma konnte die Ware erst vor einer Stunde verschicken.
☐ Die Firma hat die falsche Ware geliefert.

b | Welche Redemittel kann man in der Situation verwenden? Wählen Sie bitte aus.

▪ Die Lieferung ist noch nicht da. Was ist
  denn bei Ihnen los?

▪ Ich habe … bestellt, aber sie sind noch nicht da.
  Können Sie das bitte prüfen?

▪ Ich rufe wegen der Bestellung an. Die Ware ist
  noch nicht gekommen.

▪ Wo bleibt meine Bestellung?

▫ Ich kann nichts dafür.

▫ Wir haben leider ein Problem: …

▫ Es tut uns leid, aber Ihre Bestellung
  ist bei uns nicht angekommen.

▫ Das ist doch nicht mein Problem.

c | Warum passen die anderen Sätze nicht?

➡ AB 16

16 Rollenspiel: etwas bestellen

a | Wählen Sie eine Situation. Verteilen Sie die Rollen.
Machen Sie Notizen, sammeln Sie passende Redemittel.

Ware:

Menge:

Liefertermin:

...

1.

A Sie sind Sekretärin. Sie sehen, dass das Druckerpapier fast alle ist. Sie rufen einen Papiergroßhändler an. Sie möchten noch heute 20 Packungen Papier bekommen.

B Sie sind Papiergroßhändler. Ihr Fahrer ist krank. Sie finden eine Lösung.

2.

A Sie sind Maler. Sie brauchen 10 Eimer (à 10 l) Latexfarbe. Ihr Auto ist in der Werkstatt.
Sie rufen im Baumarkt an und fragen, ob der Baumarkt die Farbe liefern kann.

B Sie arbeiten im Baumarkt. Sie erklären, dass Sie nur ab 200 l Lieferservice anbieten.

3.

A Sie haben ein Restaurant. Der Lieblingsrotwein Ihrer Gäste ist fast alle. Sie rufen Ihren
Weinhändler an und bitten ihn, mindestens 5 Kisten noch vor dem Wochenende zu liefern.

B Sie sind Weinhändler. Der Wein ist ausverkauft. Sie bieten einen anderen Wein an.

b | Spielen Sie das Telefongespräch.

AB 17

17 Wählen Sie eine Aufgabe.

- Sie haben etwas bestellt, aber die Ware ist nicht da. Fragen Sie in einer E-Mail nach.

- Sie reparieren etwas und brauchen dringend ein Werkzeug. Leihen Sie es bei Ihrem Nachbarn aus.
Spielen Sie die Situation.

- Welches Werkzeug hören Sie? Machen Sie ein Geräusch, die anderen raten.

Was ist ehrenamtlich?

18 Umsonst

1 🔘 _36   a | Was ist die Antwort auf Max' Frage?
Hören Sie und kreuzen Sie die passende Definition an.

☐ Man arbeitet umsonst, weil man keine andere Möglichkeit hat.
☐ Man arbeitet freiwillig und umsonst, weil man es wichtig findet.
☐ Man arbeitet in der Freizeit für ein Amt.

b | Was sagt Ahmed über das Karatetraining? Hören Sie noch einmal und wählen Sie aus.

Es macht Spaß. | Es macht keinen Spaß.

Es bringt kein Geld. | Man bekommt etwas Geld.

Er macht es beruflich. | Er macht es ehrenamtlich.

c | Lisa räumt Max' Zimmer umsonst auf. Was meint sie damit?

19 Ehrenamt: Was sagt die Statistik?

a | Lesen Sie die Statistik und beantworten Sie die Fragen:

■ Wie viel Prozent der Bewohner in Deutschland
haben ein Ehrenamt?
■ Wo engagieren sich die Leute besonders stark?
■ Wo engagieren sie sich nicht so stark?

b | Wie ist es in Ihrem Land? Wer engagiert sich wofür?

Für das Gemeinwohl:
Helfen und unterstützen
So viel Prozent der Bundesbürger...*

...helfen zur Zeit

Verwandten   42
Freunden   41
Nachbarn   30

...engagieren sich ehrenamtlich

16   in einem Verein
7   im sozialen Bereich
7   in der Kirche/Gemeinde
3   in einer Partei/Gewerkschaft

*ab 14 Jahren

Quelle: BAT Freizeit-Forschungsinstitut 2008

© Globus   2335

20 Umfrage: Warum arbeiten Sie ehrenamtlich?

a | Lesen Sie die Berichte. Markieren Sie: Was machen die Personen? Wie oft?

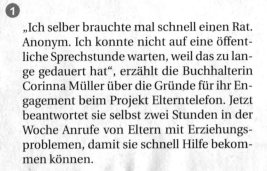

① „Ich selber brauchte mal schnell einen Rat. Anonym. Ich konnte nicht auf eine öffentliche Sprechstunde warten, weil das zu lange gedauert hat", erzählt die Buchhalterin Corinna Müller über die Gründe für ihr Engagement beim Projekt Elterntelefon. Jetzt beantwortet sie selbst zwei Stunden in der Woche Anrufe von Eltern mit Erziehungsproblemen, damit sie schnell Hilfe bekommen können.

③ Vor vier Jahren gründeten in Schwalmtal-Waldniel 20 erfahrene Führerscheinbesitzer den Verein „Bürger fahren Bürger", weil es keinen öffentlichen Nahverkehr gab. Damit auch Bürger ohne eigenes Auto zum Arzt, zum Supermarkt oder zum Bahnhof kommen können, bieten sie werktags von 8 bis 20 Uhr einen Fahrservice an. Hans-Josef van der Meulen, 62, stellt den Schichtplan auf und fährt auch selbst, weil „man 'ne Menge nette Leute kennen lernt".

② Lothar Stügelmaier hilft einmal wöchentlich in der Stadtmission für Obdachlose in Berlin aus. Den unbezahlten Job macht der 65-jährige Ex-Außendienstler seit vier Jahren, immer mittwochs. „Ich mache das, damit ich etwas für Leute tun kann, denen es nicht so gut geht. Mir geht es ja gut." Er hat ein eigenes Häuschen, ein neues Auto und macht zweimal im Jahr Urlaub. Seine beiden Kinder sind schon groß.

b | Welches Projekt gefällt Ihnen am besten? Warum?

c | Welches Motiv haben die Leute? Ordnen Sie die Gründe und Ziele den Personen zu.

☐ Ich mache es, weil es keinen öffentlichen Nahverkehr gibt.
☐ Ich mache es, weil ich selbst zu lange auf einen Rat warten musste.
☐ Ich mache es, weil man viele nette Leute kennen lernt.
☐ Ich mache es, damit Eltern schnell Hilfe bekommen.
☐ Ich mache es, damit die Leute zum Arzt oder zum Bahnhof kommen.
☐ Ich mache es, damit ich etwas für die Leute tun kann.

Ziel angeben: *damit*

Ich engagiere mich, damit es anderen Menschen besser geht.

d | Was könnte man an Ihrem Wohnort machen? Sammeln Sie Ideen.

▪ Ich möchte etwas machen,
  damit kranke Kinder lachen und Spaß haben.
  damit alte Menschen …
  damit … schön aussieht | sauber ist | …

▫ Sie könnten / Du könntest
  als Clown im Krankenhaus arbeiten |
  im Seniorenheim etwas vorlesen.
  …

↪ AB 18 – 19
↪ IS 13 / 1

Sport und Spiel

Über 25 Millionen Deutsche sind in Sportvereinen aktiv.
Die beliebtesten Vereinssportarten

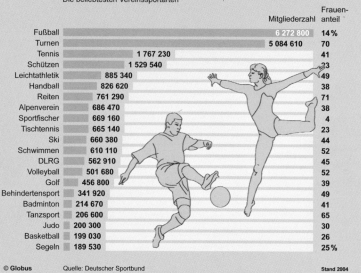

	Mitgliederzahl	Frauenanteil
Fußball	6 272 800	14%
Turnen	5 084 610	70
Tennis	1 767 230	41
Schützen	1 529 540	23
Leichtathletik	885 340	49
Handball	826 620	38
Reiten	761 290	71
Alpenverein	686 470	38
Sportfischer	669 160	4
Tischtennis	665 140	23
Ski	660 380	44
Schwimmen	610 110	52
DLRG	562 910	45
Volleyball	501 680	52
Golf	456 800	39
Behindertensport	341 920	49
Badminton	214 670	41
Tanzsport	206 600	65
Judo	200 300	30
Basketball	199 030	26
Segeln	189 530	25%

G
0085

© Globus   Quelle: Deutscher Sportbund   Stand 2004

Sportarten in Deutschland

Welche Sportarten sind in Deutschland beliebt?
Vergleichen Sie mit Ihrem Land.

Vereine

- Welche Sportvereine gibt es an Ihrem Wohnort?
- Wer kann Mitglied werden?
- Was kostet eine Mitgliedschaft?
- …

Recherchieren Sie im Internet und berichten Sie.

Post von Lukas

a | Lesen Sie die Postkarte. Wo ist Lukas gerade? Was macht er dort?

> Hallo, meine Lieben,
> hier kommt die versprochene Karte vom Baseballstadion. Baseball ist in den USA so beliebt wie Fußball bei uns. Aber es ist ganz anders. Schon vor dem Spiel, auf dem Parkplatz, gibt's Partys mit Essen und Getränken. Beim Spiel dann hab ich mich ein bisschen gelangweilt. Wahrscheinlich habe ich die Regeln nicht richtig verstanden... Ich muss mich unbedingt vor dem nächsten Spiel informieren! Bis bald.
> Gruß und Kuss   Lukas
>
> Familie Vogel
> Elisabethplatz 9
> D-87654 Neustadt

b | Welche Sportart ist für welches Land typisch? Sammeln Sie weitere Beispiele.

Ein Gedicht: Alltag

a | Lesen Sie. Schlagen Sie unbekannte Wörter im Wörterbuch nach.

b | Zu welcher Zeile fallen Ihnen Emotionen ein?
Überlegen Sie und lesen Sie das Gedicht emotional vor.

Ich erhebe mich.
Ich kratze mich.
Ich wasche mich.
Ich ziehe mich an.
Ich stärke mich.
Ich begebe mich zur Arbeit.
Ich informiere mich.
Ich wundere mich.
Ich ärgere mich.
Ich beschwere mich.
Ich rechtfertige mich.
Ich reiße mich am Riemen.
Ich entschuldige mich.
Ich beeile mich.
Ich verabschiede mich.
Ich setze mich in ein Lokal.
Ich sättige mich.
Ich betrinke mich.
Ich amüsiere mich etwas.
Ich mache mich auf den Heimweg.
Ich wasche mich.
Ich ziehe mich aus.
Ich fühle mich sehr müde.
Ich lege mich schnell hin:

Was soll aus mir mal werden,
wenn ich mal nicht mehr bin?

Robert Gernhardt

Aus: Robert Gernhardt, Gedichte 1954–1997,
Haffmans Verlag AG Zürich 1999

c | Wie sieht Ihr Alltag aus?
Schreiben Sie ein Gedicht.

Gründe für ein Ehrenamt

Sie gründen einen Verein und möchten Leute
für ehrenamtliche Arbeit gewinnen.
Gestalten Sie einen Prospekt.
Stellen Sie Ihren Verein vor.
Wer hat die besten Argumente?

FOKUS LANDESKUNDE

In Deutschland gibt es fast 600.000 eingetragene
Vereine. Statistisch gesehen ist somit jeder Deutsche in mindestens einem Verein Mitglied. Es gibt
für alles Vereine – vom Kaninchenzüchterverein bis
zum Dritte Welt e.V. Man braucht mindestens sieben Personen, um einen Verein zu gründen. Wichtig
ist das gemeinsame Ziel. Darüber hinaus kann
man hervorragend soziale und berufliche Kontakte
knüpfen.

➡ IS 13 / 2

14 Wie geht es weiter?

1 Was machen Sie gerade?

a | Welche Person macht gerade was? Lesen Sie die Aussagen und tragen Sie bitte die Nummer ein.

Person ☐ hat gerade Abitur gemacht.
Person ☐ sucht gerade eine Arbeitsstelle.
Person ☐ macht gerade einen Sprachkurs.
Person ☐ studiert.
Person ☐ macht gerade ein Praktikum.
Person ☐ macht gerade eine Umschulung.
Person ☐ macht eine Ausbildung.

Zurzeit bin ich arbeitslos. Aber morgen habe ich ein Vorstellungsgespräch.

Ich möchte erste praktische Erfahrungen in diesem Beruf sammeln und arbeite hier sechs Wochen mit.

Mein letzter Schultag, endlich!

Im Betrieb lerne ich viel und verdiene auch schon Geld.

b | Welche Situation kennen Sie, haben Sie schon erlebt? Erzählen Sie.

- Mein letzter Schultag war total schön | spannend | traurig | …
- Ich bin zurzeit arbeitslos. Aber ich hoffe, dass …
- Ich habe eine Ausbildung als … gemacht. Das war …
- Ich habe ein Praktikum bei … gemacht.
- Eigentlich bin ich …, aber jetzt lerne ich …

c | Was machen Sie gerade? Gestalten Sie das leere Feld. → AB 1

> Ich bin zweisprachig aufgewachsen und lerne jetzt noch eine Fremdsprache.

> Noch vier Semester, dann habe ich mein Diplom in der Tasche.

> Ich muss mich beruflich neu orientieren, weil ich in meinem alten Beruf nicht mehr arbeiten kann.

Kommunikative Lernziele:

- Mitteilungen aus der Schule verstehen
- in einem Gespräch zustimmen, widersprechen, nachfragen
- Sprecherwechsel organisieren
- über die eigene Sprachenbiografie sprechen
- über berufliche Pläne sprechen
- sich in einem kurzen Schreiben bewerben
- einen tabellarischen Lebenslauf schreiben
- auf eine Stellenanzeige anrufen
- Berufswünsche angeben

Wortschatz und Strukturen:

- Schultypen und Schulabschlüsse
- Demonstrativartikel *dieser, dieses, diese*
- *wenn*-Satz
- Verben mit Präposition: *sich interessieren für, sich bewerben bei,* …
- *werden* + Nomen
- phonetische Mittel für überzeugende Sprechweise: Akzentuierung, Melodisierung, Stimmklang

Zusatzmaterial: Stellenanzeigen (Aufgabe 15 c)

2 Eine Mitteilung aus der Schule

a | Lesen Sie die Notizen im Hausaufgabenheft.
      Wem gehört das Heft?

b | Warum wollen sich Frau Kramer und Frau Frey treffen?

→ AB 2

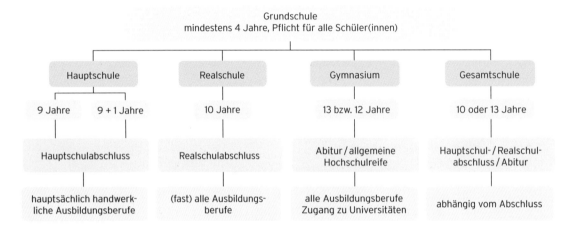

AUFGABEN

Fächer   Dienstag, den   12. Januar

Mathe: S. 24, 43, 4 und 5
Deutsch: Diktat korrigieren
Kunst: Winterbild fertig malen
Liebe Frau Frey,
wir können uns gerne über den bevorstehenden Schulwechsel von Paul unterhalten. Haben Sie am 19.02. oder
am 21.02. um 14 Uhr Zeit? Geben Sie mir bitte Bescheid.
wann es Ihnen am besten passt. Viele Grüße, Susanne Kramer

Fächer   Mittwoch, den

3 Schulen in Deutschland

a | Sehen Sie das Schaubild an. Wie viele Schultypen gibt es in Deutschland?

b | Welcher Schultyp ist das? Ergänzen Sie bitte.

1. Diese Schule dauert 5–6 Jahre und ermöglicht praktische Ausbildungen. _____
2. An dieser Schule lernen alle Schüler die ersten vier Jahre zusammen. _____
3. Dieser Schultyp führt zum Abitur. Danach kann man studieren. _____
4. Bei diesem Schultyp erreicht man nach 6 Jahren den mittleren Schulabschluss.
   _____
5. Diese Schulform bietet nach der Grundschule gemeinsamen Unterricht und gleichzeitig
   individuelle Förderung in Kursen. _____

c | Wie ist das Schulsystem in Ihrem Land? Vergleichen Sie.

   ▪ In … lernen alle Schüler … Jahre zusammen. Danach kann man …

   ▪ … gibt es … Schultypen. Nach der … geht man …

   ▪ In … macht man nach der …ten Klasse die Abschlussprüfung,
     sie entspricht dem Hauptschulabschluss / Realschulabschluss / Abitur.

   ▪ In … kann man erst nach einer Prüfung an der Universität studieren.

Demonstrativartikel

Diese Schule führt zum Abitur.
An dieser Schule lernen alle
Kinder zusammen.
Bei diesem Schultyp erreicht man
den mittleren Schulabschluss.

→ AB 3–5
→ IS 14/1

4 Die richtige Schule

1 ⟳_37   a | Hören Sie das Elterngespräch. Welches Bild passt? Warum?

b | Hören Sie noch einmal. Was erfahren Sie über Paul? Fassen Sie zusammen.

> ▪ Paul ist … und … Er hat … Aber er ist … Er geht nach der vierten Klasse auf …
>
> Seine Klassenlehrerin … / Seine Mutter …

5 Wie meinen Sie das?

1 ⟳_37   a | Hören Sie das Elterngespräch noch einmal. Welche Sätze hören Sie? Kreuzen Sie an.

☐ Das finde ich auch.   ☐ Habe ich Sie richtig verstanden?
☐ Entschuldigen Sie bitte, aber …   ☐ Wirklich?
☐ Wie meinen Sie das?   ☐ Na ja, ich sehe das ein bisschen anders.
☐ Nein, das stimmt nicht.   ☐ Da haben Sie Recht.
☐ So ein Unsinn!   ☐ Genau.
☐ Das müssen Sie mir genauer erklären.   ☐ Das stimmt.

b | Sortieren Sie bitte die Redemittel aus a.

zustimmen	widersprechen	nachfragen
	Nein, das stimmt nicht.	

c | Ein Redemittel ist unhöflich. Welches?   ⇨ IS 14 / 2

6 Wer darf sprechen?

1 _38   a | Hören Sie und lesen Sie den Dialog. Achten Sie auf den Sprecherwechsel. Was fällt Ihnen auf?

> A Sag mal, was hast du eigentlich in der Ukraine studiert?
>
> B Wirtschaft. Und ich war schon mit 22 fertig mit dem Studium, stell dir vor!
>
> A Wie das? War dein Studium so kurz?
>
> B Nein, nein, aber die Schule war kurz. Ich war 10 Jahre auf der Mittelschule und
>   dann bin ich mit 16 auf die Universität gegangen.
>
> A Ist die Mittelschule dann wie bei uns die Realschule?
>
> B Bei uns waren früher alle 10 Jahre auf der Mittelschule.
>   Und für ein Studium musste man eine Prüfung direkt an der Universität machen.
>
> A Also die Prüfung war dann wie das Abitur?
>
> B Ja, genau, meine Uniprüfung entspricht dem deutschen Abitur.
>
> A Das ist ja interessant!

1 _39   b | Sie hören jetzt den Dialog noch einmal etwas verändert. Vergleichen Sie die Dialoge.

Die Personen ...	Dialog 1	Dialog 2
sprechen interessiert und engagiert.		
unterbrechen sich und sind unhöflich.		
sprechen ganz normal.		
sprechen zu schnell.		
sprechen ...		

7 Eine Diskussion

a | Wählen Sie ein Thema.

- Das Gymnasium ist die beste Schule.

- Mit Abitur muss man auch studieren.

- Für die Arbeit ist lebenslanges Lernen sehr wichtig.

b | Diskutieren Sie:

- Schreiben Sie fünf Redemittel aus Aufgabe 5 auf je ein Kärtchen.

- Reagieren Sie auf die verschiedenen Meinungen mit den
  Redemitteln auf Ihren Kärtchen. Wenn Sie ein Redemittel
  benutzt haben, drehen Sie das Kärtchen um.

- Die Diskussion ist beendet, wenn alle Kärtchen umgedreht sind.

↳ AB 6

8 Cappuccino & Co.

a | Sehen Sie das Bild an. Was glauben Sie:
Welche italienischen Wörter hören Sie gleich?

1 ⊙_40 b | Hören Sie und überprüfen Sie Ihre Vermutungen.

c | Hören Sie noch einmal und verbinden Sie bitte.

	○ war nicht ganz pünktlich.
Claudia ○	○ möchte in dem Café arbeiten.
	○ flirtet ein bisschen.
Markus ○	○ findet das Café schön.
	○ findet die Leute sympathisch.
	○ mag deutschen Kaffee.

d | Warum lachen Claudia und Markus am Ende?

9 Mehrsprachigkeit weltweit

a | Ist Mehrsprachigkeit die Ausnahme oder die Regel? Lesen Sie bitte.

Die Zwei- und Mehrsprachigkeit ist so alt wie die Menschheit, denn zu allen Zeiten kamen immer Menschen aus verschiedenen Kulturen und Sprachen zusammen. 70 % der Menschen sprechen täglich mehr als eine Sprache und über 50 % der Kinder auf dieser Welt sprechen in der Schule eine andere Sprache als zu Hause. Etwa 20 % der Grundschulkinder wachsen in der Bundesrepublik Deutschland mehrsprachig auf, weil sie eine andere Herkunftssprache als die deutsche Sprache haben; in einigen Regionen sind es 40 %, 50 % oder gar 60 %!

b | Lesen Sie noch einmal. Markieren Sie die Prozentangaben im Text und ergänzen Sie die Sätze.

_____ Prozent der Menschen weltweit sind mehrsprachig.

_____ Prozent der Schulkinder weltweit sind mehrsprachig.

_____ Prozent der Kinder in Deutschland sind mehrsprachig,

in manchen Regionen sogar _____ bis _____ Prozent.

10 Sprache – eine Schaukel in eine andere Welt

a | Sie sehen hier Fotos und Texte von Deutschlehrerinnen und Deutschlehrern am Fortbildungszentrum bfz in München. Über welche Person möchten Sie mehr erfahren? Bilden Sie fünf Gruppen. Jede Gruppe bearbeitet einen Text.

b | Welche Sprachenbiografie hat die Person?
Lesen Sie Ihren Text und machen Sie Notizen zu den W-Fragen.

- Wo ist er / sie geboren?
- Wann ist er / sie nach Deutschland gekommen?
- Wo hat er / sie Deutsch gelernt?
- Was ist seine / ihre Muttersprache?
- Welche Sprache(n) spricht er / sie noch?
- Mit wem / in welchen Situationen spricht er / sie Deutsch / die Muttersprache?
- Was macht die Person auf Deutsch und was in der Muttersprache?

c | Stellen Sie den anderen die Person vor.

Andrea Marton: Ich bin in Siebenbürgen (Rumänien) geboren und lebe seit 23 Jahren in München. Siebenbürgen war bis 1920 ein Teil von Ungarn, und auch heute noch ist dort eine Minderheit ungarisch, auch meine Familie. Zu Hause haben wir immer Ungarisch gesprochen. Im Kindergarten habe ich dann auch Rumänisch gelernt und in der Grundschule hatte ich Rumänisch als Fremdsprache. Weil mein Opa deutschstämmig war, wollte meine Mutter, dass ich auch Deutsch lerne. Ich hatte zweimal in der Woche privaten Deutschunterricht. Als ich 15 Jahre alt war, sind wir nach Deutschland ausgewandert.

Heute benutze ich meine Muttersprache, wenn ich mich mit meinen Freunden oder meinen Eltern unterhalte. Was ich heute noch in meiner Muttersprache leichter denken oder sagen kann, sind die Zahlen, Gebete und Schimpfwörter.

Manchmal passe ich nicht auf, wenn mein Gesprächspartner auch beide Sprachen – Ungarisch und Deutsch – versteht. Dann kommt es vor, dass ich Wörter aus der anderen Sprache benutze.

Genia Rauscher: Meine Muttersprache ist Russisch, Englisch habe ich in Russland studiert. Vor 18 Jahren bin ich nach Deutschland gekommen und habe hier Deutsch gelernt. Am Anfang war es nicht leicht, die Sprache zu lernen. Heute kann ich mir mein Leben ohne die deutsche Sprache nicht mehr vorstellen. Ich glaube, ich lebe gleichzeitig in zwei Welten: Deutsch sind mein Mann, den ich hier kennen gelernt habe, meine Arbeit, meine Kollegen, Russisch sind meine Mutter und meine beste Freundin.

Wenn mir manchmal die russischen Wörter fehlen, dann greife ich aufs Deutsche zurück und umgekehrt. Es ist wie eine Schaukel, die mich in Sekundenschnelle in eine andere Welt bringt. Ich spreche dann nicht nur eine andere Sprache, ich fühle und denke teilweise auch anders. Russisch ist emotionaler und Deutsch ist alltagstauglicher.

Mittlerweile bin ich auch in der deutschen Sprache zu Hause. Ich glaube, dass ich Deutsch denke und Deutsch träume. Mir fällt es leichter, mich im täglichen Leben auf Deutsch auszudrücken. Aber meine Gefühle ausdrücken, schimpfen und rechnen kann ich besser auf Russisch.

Geheim

Mehtap Demir-Cabut: Türkisch ist meine Muttersprache, Deutsch habe ich als fünftes Kind von sieben von meinen Geschwistern und im Kindergarten gelernt.

Früher haben wir Geschwister die deutsche Sprache als Geheimsprache genutzt: Wenn wir schnell genug geredet haben, konnte unsere Mutter uns nicht verstehen.

In meinem Umfeld sprechen viele Leute beide Sprachen gut, deshalb hat sich eine Mischsprache entwickelt. Wenn einem ein Wort nicht sofort einfällt, sagt man das Wort in der anderen Sprache. So vergisst man aber leicht Wörter.

Es ist mir wichtig, dass meine Kinder von Anfang an beide Sprachen sprechen. Deshalb spreche ich Deutsch mit den Kindern. Mein Mann spricht Türkisch mit ihnen, obwohl er auch in Deutschland geboren ist und sogar Bayerisch spricht.

Roberta Basilico: Ich bin in Italien geboren und mit 18 nach Deutschland gekommen: Ich wollte unbedingt diese logische, perfekte, faszinierende Sprache lernen, die ich schon in der Kindheit an den italienischen Stränden von deutschen Touristen gehört habe. Schon damals habe  ich allein in meiner Freizeit die deutsche Grammatik mit einem alten Deutschbuch gelernt. Ich habe sehr schnell Deutsch gelernt, weil ich es wollte und weil ich die Sprache liebe.

Heute habe ich zwei Kinder, sie sind hier geboren. Mein Mann kommt auch aus Italien, zu Hause sprechen wir Italienisch. Aber draußen und in der Arbeit gibt's natürlich nur Deutsch.

Wenn ich sehr müde bin, dann spreche ich lieber Italienisch. Und wenn ich singe! Ansonsten ist Deutsch inzwischen für mich meine Zweitsprache. Besonders wenn ich an meine Münchner Studienzeit denke, oder wenn ich über Erziehung und Schule spreche, fallen mir nur deutsche Wörter ein. Denn diese Themen gehören für mich zur ‚deutschen Welt'.

Abbas Akbari: Ich komme aus dem Iran und meine Muttersprache ist Farsi. In meiner Heimat waren die Sprachen Arabisch und Englisch in der Schule Pflicht. Mit 24 bin ich nach Deutschland gekommen, ohne ein Wort Deutsch zu können. Das war schwer, aber ich habe die Sprache schnell gelernt, weil ich in Deutschland bleiben wollte.

Mit Deutschen spreche ich Deutsch und mit Landsleuten Farsi. Manchmal verwechsle ich in Stresssituationen eine Sprache mit der anderen, zum Beispiel, wenn ich bei der Arbeit etwas übersetzen muss. Die beiden Sprachen machen meine Identität aus, eine strenge Trennung ist schwierig. Mit meiner Frau spreche ich oft Farsi. An anderen Tagen sprechen wir dann nur Deutsch. Wir denken, Sprache ist wie eine Axt. Wenn man sie nicht mehr benutzt, rostet sie ein.

11 Wenn . . . , dann . . .

a | Wann benutzen die Personen welche Sprache? Suchen Sie die Sätze in den Texten und verbinden Sie bitte.

1. Wenn wir schnell genug geredet haben, ○　　○ wenn ich bei der Arbeit etwas übersetzen muss.

2. Wenn mir manchmal die russischen Wörter fehlen, ○　　○ fallen mir nur deutsche Wörter ein.

3. Manchmal verwechsle ich in Stress-situationen eine Sprache mit der anderen, ○　　○ wenn ich mich mit meinen Freunden oder meinen Eltern unterhalte.

4. Wenn ich über Erziehung und Schule spreche, ○　　○ dann greife ich aufs Deutsche zurück und umgekehrt.

5. Heute benutze ich meine Muttersprache, ○　　○ dann spreche ich lieber Italienisch.

6. Wenn ich sehr müde bin, ○　　○ konnte unsere Mutter uns nicht verstehen.

b | Wo steht im *wenn*-Satz das konjugierte Verb? Markieren Sie bitte.

c | In welchen Situationen benutzen Sie welche Sprache? Formulieren Sie Sätze.

- Wenn ich mich mit Freunden treffe, …
- Wenn ich mit Kollegen spreche, …
- Wenn ich müde bin, …

⮕ AB 7–8

> **wenn-Satz**
>
> Wenn ich schimpfe, spreche ich nie Deutsch.
> Ich benutze meine Muttersprache,
> wenn ich mit meinen Kindern spreche.
> Wenn ich über die Arbeit spreche,
> dann fallen mir viele deutsche Wörter ein.

12 Ihre Sprachenbiografie

a | Wie viele Sprachen sprechen Sie täglich oder oft? Wann und wo haben Sie sie gelernt? Wann und wo benutzen Sie sie heute? Machen Sie Notizen.

Farsi	Muttersprache	zu Hause	täglich	mit meiner Familie
Englisch	als Kind	in der Schule	oft	bei der Arbeit

b | Schreiben Sie einen Text über Ihre Sprachenbiografie. Nutzen Sie Ihre Notizen. Vergleichen Sie.

⮕ AB 9

13 Wählen Sie eine Aufgabe.

- Mehrsprachigkeit hat viele Vorteile. Welche Erfahrungen haben Sie? Diskutieren Sie.

- Welche deutschen Wörter benutzen Sie, auch wenn Sie in Ihrer Muttersprache sprechen? Wie heißen sie in anderen Sprachen, die Sie kennen? Sammeln Sie. Vergleichen Sie.

- Machen Sie eine Kursstatistik. Fragen Sie: Wer hat eine, zwei, … Muttersprachen? Wer kann eins, zwei, … Fremdsprachen? Wer hat in der Schule eine andere Sprache als zu Hause gesprochen?

14 Berufliche Pläne

a | Sehen Sie die Fotos an. Was glauben Sie: Wer hat welche Pläne? Überprüfen Sie dann Ihre Vermutungen.

Svenja Minten

Philipp Hofmeister

Paula Schütz

Svenja Minten	Philipp Hofmeister	Paula Schütz
Physik war schon in der Schule mein Lieblingsfach und jetzt möchte ich mich an der Freien Universität Berlin für Physik einschreiben. Ich interessiere mich besonders für Umwelttechnik. Am liebsten würde ich später mal im Max-Planck-Institut arbeiten.	Letztes Jahr habe ich meinen Hauptschulabschluss gemacht und mache zurzeit ein Praktikum in einem Frisörsalon. Danach möchte ich eine Ausbildung als Visagist / Maskenbildner machen. Ich träume von einem Job beim Theater und habe mich schon bei einigen Häusern beworben.	Ich bin eigentlich Verkäuferin, aber ich kann in diesem Beruf nicht mehr arbeiten, weil ich jetzt Familie habe und die flexiblen Arbeitszeiten nicht passen. Ich habe mich jetzt für eine Umschulung als Kinderpflegerin angemeldet und möchte später gerne im Kindergarten arbeiten. Ich freue mich schon auf das Lernen!

b | Lesen Sie. Suchen Sie in den Texten Antworten auf die Fragen.

1. Wofür interessiert sich Svenja? Wo möchte sie sich einschreiben?
2. Wovon träumt Philipp? Wo hat er sich beworben?
3. Wofür hat sich Paula angemeldet? Worauf freut sie sich?

c | Was sind Ihre beruflichen Pläne? Fragen Sie Ihre Lernpartnerin / Ihren Lernpartner.

- Ich möchte mich bei … bewerben.
- Ich interessiere mich für … und möchte …
- Ich möchte … studieren und habe mich gerade an … eingeschrieben.
- Ich habe mich gerade für … angemeldet.
- Ich träume von … Ich würde gern …
- Ich freue mich auf …

Verben mit Präposition

sich interessieren für + A
Wofür interessieren Sie sich?
Ich interessiere mich für Technik.

träumen von + D
Wovon träumt ihr?
Wir träumen von einem Job beim Film.

sich bewerben bei + D (um + A)
Bei wem hast du dich beworben?
Ich habe mich beim Personalleiter beworben.

➥ AB 10 – 12

15 Ich möchte mich bewerben.

a | Lesen Sie die Stellenanzeige und das Anschreiben.
Ergänzen Sie dann die E-Mail-Adresse und den Betreff.

Konditorei Die Torte
Charlottenstraße 18, 14467 Potsdam

Wir suchen: eine/n Konditor/in ab sofort
Ihre Backkünste sind: traditionell und international.

Kontakt: 0331/ 37091 oder mail@dietorte.de

Von	bjoernsson.nils@t-online.de
An	
Betreff	Bewerbung als
Anhang	lebenslauf-bjoernsson.doc, zeugnisse-bjoernsson.doc

Sehr geehrte Damen und Herren,

ich habe mit großem Interesse Ihre Anzeige vom 12.4. im Tagesblatt gelesen und bewerbe mich um die Stelle als Konditor.
Seit 10 Jahren arbeite ich als Konditor in einer Familienbäckerei. Mein Arbeitsstil ist kreativ und meine Rezepte sind international. Ich bin immer freundlich, auch in Stresssituationen.
Sehr gerne würde ich Ihre hervorragende Konditorei mit meiner Arbeit unterstützen.
Über eine Einladung zu einem Vorstellungsgespräch freue ich mich sehr.

Mit freundlichen Grüßen

Nils Björnsson

Anhang: Lebenslauf, Zeugnisse

b | Machen Sie ein Raster für Ihre Bewerbung: Lesen Sie das Anschreiben noch einmal und streichen Sie alle Informationen, die nur zu Nils Björnsson passen. Welche Redemittel bleiben übrig?

c | Bringen Sie Stellenanzeigen mit. Schreiben Sie mithilfe des Rasters Ihr eigenes Bewerbungsschreiben zu einer Anzeige Ihrer Wahl.

➥ AB 13
➥ IS 14/3

16 Ein tabellarischer Lebenslauf

a | Lesen Sie den Lebenslauf und ordnen Sie die Überschriften zu.

Hobbys und Interessen | Berufserfahrung | Weitere Kenntnisse |
Persönliche Daten | Schul- und Ausbildung | Fortbildung

Lebenslauf

Name	Nils Björnsson
Wohnort	Reiterweg 2, 14469 Potsdam
Telefon	0331 98769, 0178 652309
E-Mail	bjoernsson.nils@t-online.de
Geburtsdatum und -ort	geboren am 22.11.1978 in Landskrona, Schweden
Familienstand	verheiratet, 2 Kinder

| seit 04/2001 | Konditor beim Café zum Dom, Köln |
| 10/1997 – 03/2001 | Konditor bei Isler, Stockholm |

| 01/2006 – 04/2006 | Fortbildung: internationale Torten, Hotel Adlon, Berlin |
| 05/1996 | Fortbildung: kreative Hochzeitstorten, Hotel Hilton, Stockholm |

| 09/1994 – 07/1997 | Ausbildung mit Abschluss als Konditor in Stockholm, Schweden |
| 09/1984 – 07/1994 | allgemein bildende Schule mit mittlerem Schulabschluss in Landskrona, Schweden |

Führerschein Klasse B
Sprachkenntnisse: Schwedisch (Muttersprache)
Deutsch und Englisch (sehr gut)

Singen in einem schwedischen Chor
Wandern

b | Schreiben Sie Ihren eigenen Lebenslauf. Achten Sie darauf, dass Sie für Ihre Qualifikationen aus dem Ausland möglichst deutsche Äquivalente angeben.

➡ AB 14

17 Ist die Stelle noch frei?

1 ⏺_41   a | Was denken Sie: Welche Fragen stellt der Arbeitgeber am Telefon? Hören Sie dann und vergleichen Sie.

☐ Was haben Sie bisher beruflich gemacht?

☐ Haben Sie Kinder?

☐ Warum möchten Sie bei uns arbeiten?

☐ Warum suchen Sie eine neue Stelle?

☐ Haben Sie chronische Krankheiten?

☐ Wie viel möchten Sie bei uns verdienen?

☐ Wann können Sie anfangen?

☐ Sind Sie zeitlich flexibel?

b | Eine Frage darf der Arbeitgeber nicht stellen. Was glauben Sie: Welche?

c | Schreiben Sie zu den Fragen in a eine persönliche Antwort. Tauschen Sie mit Ihrer Lernpartnerin / Ihrem
Lernpartner Ihre Texte. Finden Sie die Antworten überzeugend? Korrigieren Sie gemeinsam.

Ich arbeite schon seit … als … | In den letzten Jahren war ich …

Ich würde gern halbtags | … arbeiten.

Mir gefällt Ihr Laden | Ihr Konzept | …

Ich kann sofort | nächsten Monat | … anfangen.

➥ AB 15

18 Wie klinge ich?

1 ⏺_42   a | Hören Sie zwei Gespräche. Wie klingt der Bewerber und warum? Diskutieren Sie.

	Gespräch 1	Gespräch 2
Der Bewerber:	☐ klingt kompetent ☐ klingt nicht kompetent	☐ klingt kompetent ☐ klingt nicht kompetent
Stimme:	leise / laut / deutlich / …	
Melodie:		monoton / geht nach oben oder unten
Betonte Wörter / Satzakzente:	stark / schwach viele / wenige Pausen	

b | Bereiten Sie sich auf einen Anruf vor: Machen Sie Notizen.

Guten Tag, mein Name ist … Ich rufe wegen der Anzeige an. Ich interessiere
mich für die Stelle als …
Ich arbeite zurzeit als … in … und möchte mich beruflich neu orientieren.
Ich habe eine Ausbildung als … gemacht und vier Jahre bei … in … gearbeitet.

c | Sprechen Sie kompetent. Achten Sie auf die Betonung. Diskutieren Sie in der Gruppe über die Wirkung.

19 Alles klar!

a | Sehen Sie das Bild an und spekulieren Sie:
Für wen ist „alles klar" und warum?

- Für Max und Paul, weil sie Freunde bleiben | weiterhin zusammen …
- Für Annette und Lisa, weil ihre Söhne kein Problem …
- Für Claudia, weil sie den Job …
- Für Lisa, weil sie jetzt weiß, …

1 ⊙_43 b | Hören Sie und vergleichen Sie mit Ihren Vermutungen.

c | Welche Berufswünsche haben Max und Paul? Hören Sie noch einmal und ergänzen Sie.

> Tierarzt | Automechaniker | Schiffbauer | Pilot | Informatiker | Bauingenieur

Max will ⌐_____ werden.

Paul möchte ⌐_____ werden.

Das Verb *werden*: den Berufswunsch angeben

Ich werde Bäcker.
Wirst du Köchin?
Max wird Pilot.
Wir werden Automechaniker.
Ihr werdet Arzt.
Werden sie auch Arzt?

Was werden Sie?

---

d | Was wollten Sie als Kind werden? Was sind Sie dann geworden? Warum? Sprechen Sie.

- Als Kind wollte ich immer … werden.
- Und was bist du / sind Sie dann geworden?
- Ich bin … | Ich mache eine Ausbildung. Ich werde … | Ich studiere …
  und möchte dann … werden.
- Und was wollten Sie als Kind werden?

↪ AB 16 – 17

Das Schulsystem in meinem Bundesland

Für die Schulen sind in Deutschland die Bundesländer zuständig. Es gibt einige Unterschiede. Recherchieren Sie im Internet oder an einer Schulberatungsstelle das Schulsystem in Ihrem Bundesland und zeichnen Sie ein Diagramm.

Sprecherwechsel international

 Wie ist der Sprecherwechsel in Ihrer Sprache? Sprechen Sie – wenn möglich – mit anderen in Ihrer Muttersprache und die anderen beobachten. Wenn niemand Ihre Muttersprache in der Gruppe spricht: Berichten Sie.

Sprache	Hörer	Sprecher
Italienisch	Unterbrechung, gleichzeitiges Sprechen	

 FOKUS LANDESKUNDE

Im Deutschen achten die Gesprächspartner mehr auf kurze Pausen. Besonders in offiziellen Situationen kann paralleles Sprechen unhöflich sein.

Ein Gedicht: meine heimat ist meine sprache

a | Welche Bilder assoziieren Sie mit verschiedenen Sprachen?
Wählen Sie Bilder aus und ergänzen Sie eigene.
Schreiben Sie dann ein Gedicht.

wenn ich ... spreche

wenn ich ... spreche

Schule und Arbeit
Regen und Wolken
...
wenn ich deutsch spreche

b | Lesen Sie Ihre Gedichte vor. Markieren Sie darin die Wörter, die Sie betonen wollen.
Üben Sie leise und tragen Sie es dann laut vor.

1 ⬤_44   c | Hören Sie das Gedicht von Gabriela Hofmann La Torre. Lesen Sie mit.

schmetterlinge und märchen
neckereien und küchenrezepte
mütterliche ratschläge
und das kleine einmaleins

wenn ich spanisch spreche

gummistiefel und fernsehen
seminare und logisches denken
das väterliche vorbild
und schleichende anpassung

wenn ich deutsch spreche

hängematten und tagträume
gesellschaftskritik und lange romane
begonnene freundschaften
und pläne für die zukunft

wenn ich portugiesisch spreche

anklagebänke und fragen
zynismus und offene wunden
das große niemandsland
und letzte erschöpfung

wenn ich dann sprachlos bin

aus: Karl Esselborn (Hg.): Über Grenzen. Berichte,
Erzählungen, Gedichte von Ausländern.

15 Das wird schön!

1 Es gibt immer einen Grund zum Feiern.

a | Wer kennt welches Fest? Erklären Sie es den anderen im Kurs.

- Wenn zwei Personen heiraten, feiern sie eine ...
- Ein Einweihungsfest feiert man, wenn ...
- Bei einem Dienstjubiläum feiert man ...
- Im Dezember ...

das Dienstjubiläum

der Faschingsumzug   das Einweihungsfest   der Kindergeburtstag   die Konfirmation

b | Welche Feste sind privat / beruflich / öffentlich?
Sortieren Sie bitte.

c | Welche Dinge passen zu den Festen? Wählen Sie aus und ergänzen Sie bitte.

> Kuchen | Musik | Kerzen | Verkleidung | Geschenke | Sekt |
> eine Krawatte | eine Rede | ein weißes Kleid | Blumen | …

- Zu einer Hochzeit passt …
- Ich finde, zu … gehört auf jeden Fall …
- Ein / Eine … ohne … – das geht nicht.

die Hochzeit

die Weihnachtsfeier im Betrieb

das Straßenfest

d | Welche Feste sind für Sie wichtig? Was brauchen Sie dazu? Gestalten Sie das leere Feld.

→ AB 1
→ IS 15 / 1

Kommunikative Lernziele:	Wortschatz und Strukturen:
- nach einem Auftrag fragen - ein Fest organisieren - Missverständnisse klären - Vermutungen anstellen - telefonisch Informationen bei einem ärztlichen Notdienst erfragen - Wunsch / Aufforderung einer anderen Person wiedergeben - um Rat fragen / Ratschläge zur Gesundheit geben - einem Sachtext über Elternzeit Informationen entnehmen - aktiv zuhören	- Feste - Krankheiten und Notdienste - Mutterschutz und Elternzeit - Modalverb *sollen*: Aufträge, Aufforderungen - *werden* + Adjektiv - Modaladverbien: *vielleicht, wahrscheinlich, bestimmt* … - Temporalangaben: Präpositionen mit Dativ - stimmlose Konsonanten an Silben- und Wortgrenzen

2 Was fehlt denn?

a | Lesen Sie die Liste und spekulieren Sie:
Zu welchem Fest passt die Liste?
Wer feiert was? Wo?

Vogel : Apfelkuchen
Juchel : 2 Schüsseln Nudelsalat
Montes : 6 ~~Gazpatcho~~ Gazpacho
Berger und M Neumann : ?
Schramm : Marmorkuchen
Weßber : 2 Schwarzwälderkürschtor kirschtorten
Hausmann : 6 Getränke

1 🔘_45   b | Hören Sie. Waren Ihre Vermutungen richtig?

c | Hören Sie noch einmal und vergleichen Sie mit der Liste. Finden Sie den Fehler?

d | Was bringen Jan und Markus mit? Ergänzen Sie die Liste.

e | Zu welchem Fest bringt man in Ihrem Land etwas mit? Erzählen Sie.

⮡ AB 2

3 Ich weiß nicht, wie das heißt.

a | Max weiß ein Wort nicht. Was sagt er dafür? Markieren Sie.

Ach so, du meinst Gazpacho.

Gazpa…Dingsbums. Ich weiß nicht, wie das heißt.

    b | Was hat die gleiche Funktion wie Dingsbums? Kreuzen Sie bitte an.

☐ äääh   ☐ also   ☐ natürlich   ☐ du weißt schon   ☐ wie heißt das gleich?

☐ bestimmt   ☐ so 'ne Suppe   ☐ Dings   ☐ Moment!   ☐ gleich fällt's mir ein …

☐ alles klar   ☐ Dingsda

c | In welchen Situationen fehlen Ihnen oft Wörter? Beim Einkaufen, auf dem Amt, …?
Wählen Sie eine Situation und spielen Sie einen kleinen Dialog.

⮡ AB 3

4 Was sollen wir mitbringen?

1 🔘_46　a | Lesen Sie und hören Sie bitte.

> Wo wollen wir denn feiern?

> Soll ich meine Gitarre mitbringen?

> Gute Idee! Ich kann Baklava machen.

> Und ich backe einen Marmorkuchen.

> Darf ich meinen Freund mit-bringen?

> Soll ich dir helfen?

> Ich habe ein Auto. Soll ich die Getränke besorgen?

> Ich kann leider nicht kommen, ich muss arbeiten.

> Und was soll ich machen?

> Bring doch Brot mit.

b | Ergänzen Sie eigene Ideen. Spielen Sie die Szene.

➡ AB 4

Nach einem Auftrag fragen

Soll ich einkaufen?
Sollen wir Kuchen mitbringen?
Was soll ich machen?

5 Projekt: Ein Kursfest planen

a | Planen Sie Ihr Fest: Wann und wo möchten Sie feiern? Wie möchten Sie feiern? Was ist zu tun?
Machen Sie ein Plakat.

Wann?	am Wochenende / am Abend / nach dem Deutschkurs / …
Wo?	im Park / im Kursraum / im Garten von …
Wie?	mit der Familie / mit Freunden / mit Musik / mit Spezialitäten / …
Was?	Raum organisieren / Getränke kaufen / Kuchen backen / Raum schmücken / Brot besorgen / …

b | Wer macht was? Verteilen Sie die Aufgaben.

▪ Wer kann … besorgen?　　▪ Ich habe einen Grill zu Hause. Soll ich ihn mitbringen?

▫ Das kann ich machen.　　▫ Ja, dann bringe ich Würstchen mit.

c | Feiern Sie schön! Machen Sie Fotos und schreiben Sie kleine Texte für ein Erinnerungsplakat / Ihr Portfolio.

6 Das ist ein Missverständnis!

a | Lesen Sie die Einladungen.
Um welche Feste geht es?

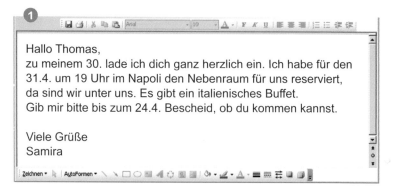

Hallo Thomas,
zu meinem 30. lade ich dich ganz herzlich ein. Ich habe für den
31.4. um 19 Uhr im Napoli den Nebenraum für uns reserviert,
da sind wir unter uns. Es gibt ein italienisches Buffet.
Gib mir bitte bis zum 24.4. Bescheid, ob du kommen kannst.

Viele Grüße
Samira

Liebe Tanja,

dieses Jahr will ich endlich mal
wieder so richtig Fasching feiern!
Machst du mit?
Am 16.2. ab 20 Uhr bei mir zu
Hause.
Gib mir bitte Bescheid!

Liebe Grüße
Marta

Sehr geehrte Damen und Herren,

25 Jahre Versicherungen Secura Total!
Das ist für uns ein Grund, am 24. Mai
um 18 Uhr unsere Partner zu einer
festlichen Präsentation mit Sektempfang einzuladen.

Wir freuen uns auf Ihr Kommen.

Mit freundlichen Grüßen

Johannes Deville
Niederlassungsleiter
Secura Total Hamburg

Liebe Mitarbeiterinnen und Mitarbeiter,

das Jahresende steht vor der Tür und wir möchten Sie
gerne zu unserer Weihnachtsfeier einladen. Diese findet
am 12. Dezember in der Kantine statt. Wir beginnen um 18 Uhr.

Bitte tragen Sie sich in die Liste im Sekretariat ein, wenn Sie
kommen möchten.

Mit freundlichen Grüßen

Anton Riedl
Geschäftsführer

b | Sehen Sie die Bilder genau an. Um welches Missverständnis geht es in den Situationen?

- Die Frau / Der Mann auf Bild … bringt … mit.

  hat (kein/e/n) … an.

  …

c | Lesen Sie die Einladungen noch einmal genau. Welche Detailinformationen sind wichtig?
Markieren Sie bitte.

d | Haben Sie schon ähnliche Situationen bei Einladungen erlebt? Erzählen Sie.

➡ AB 5

7 Verzeihung, ich habe nicht gewusst …

a | Was kann man bei einem Missverständnis sagen? Und wie kann man reagieren?
Wählen Sie eine Situation in Aufgabe 6 und suchen Sie passende Sätze.

A

Verzeihung, ich habe nicht gewusst, ○   ○ dass man offizielle Kleidung tragen soll. Soll ich …?

Das ist ein Missverständnis.
Mir war nicht klar, ○   ○ dass Familienmitglieder nicht eingeladen sind. Ich kann meine Kinder …

Es tut mir leid, aber ich habe gedacht, ○   ○ dass man sich verkleiden muss. Ich gehe schnell …

Oh, wie peinlich! Ich habe nicht gedacht, … ○   ○ dass man etwas für das Buffet mitbringen soll.

○ dass …

B

Das macht doch nichts. ○   ○ Ich kann Ihnen gern eine Krawatte leihen.

Das ist mir auch schon passiert. ○   ○ Komm einfach rein und feiere mit.

Kein Problem. ○   ○ Stellen Sie die Schüssel solange hier ab.

Das ist doch nicht schlimm. ○   ○ …

b | Spielen Sie den Dialog. Wer macht es am nettesten?

1 _47 **c |** Hören Sie mehrmals die drei Dialoge. Welcher klingt nett – welcher klingt nicht nett?
Warum? Diskutieren Sie.

➡ AB 6
➡ IS 15 / 2

8   Kirschtorte mit Würstchen

a | Sehen Sie das Bild an. Was glauben Sie: Was ist passiert?

1 _48   b | Hören Sie. Was ist richtig? Kreuzen Sie bitte an.

☐ Lisa wird es schlecht.	☐ Max wird sauer.
☐ Lisa wird ganz blass.	☐ Max wird nervös.
☐ Lisa wird ganz müde.	☐ Frau Montes macht sich Sorgen.

werden + Adjektiv

ich werde krank
du wirst gesund
er / sie wird müde
wir werden alt
ihr werdet rot
sie werden blass

Sie werden nervös

mir / dir wird es schlecht / kalt / ..

c | Wer sagt das? Hören Sie noch einmal und ergänzen Sie die Namen.

_____ : „Was sind das für schwarze Dinger?"

_____ : „Soll ich Ihnen ein Glas Wasser bringen?"

_____ : „Komm, ich fahr dich schnell zum Notdienst."

_____ : „Was hast du denn gegessen?"

_____ : „Torte mit Würstchen und Ketschup!"

d | Was glauben Sie: Woher kommen die Symptome? Sammeln Sie Ideen.

➥ AB 7

> Ich glaube, dass Lisa einen Virus hat.

9   Schmeckt denn das?

1 _49   Schreiben Sie Kärtchen und machen Sie drei Stapel – jeder zieht von jedem Stapel ein Kärtchen. Lesen Sie mit richtiger Betonung vor und zeigen Sie mit der Stimme, ob Ihnen das schmeckt. Hören Sie ein Muster.

Erdbeertorte	**Mar**mor-kuchen	mit **Sah**ne	mit Schoko**la**de	und **Kaff**ee	und **Tee**
Bratwurst	**Kirsch**torte	mit **Senf**	mit Va**nil**leeis	und **Bier**	und Ka**kao**
Schnitzel	**Fisch**filet	mit **Pom**mes	mit **Erb**sen	und **So**ße	und Kar**toff**eln
Sa**la**mi-brötchen	**Nu**delsalat	mit To**ma**te	mit **Würst**chen	und **Paprika**	und **C**ola

10 Ein Notdienst für alle Fälle

a | Sehen Sie die Bilder an. Was vermuten Sie: Welches Problem haben die Personen?

die Zahnschmerzen | die Bauchschmerzen | die Grippe | der Bluthochdruck | die Depressionen | die Allergie | die Verletzung am Knie | die Rückenschmerzen

Vermutungen ausdrücken

sicher(lich)
bestimmt
wahrscheinlich   Wahrschein-
vermutlich   lichkeit
vielleicht

▪ Person A hat wahrscheinlich Bauchschmerzen.

▫ Ja, das denke ich auch.

b | Was kann man bei den Problemen in a tun? Lesen Sie die Anzeigen und machen Sie Lösungsvorschläge.

Ärztlicher Notdienst Hausbesuche Tel.: 5 30 17	Ambulanzen des Klinikums am Breitensee Seeweg 10 rund um die Uhr besetzt	Psychosozialer Krisendienst nicht-ärztliche Beratung von 13 bis 20 Uhr Tel.: 643 76 62
Zahnärztlicher Notdienst Dr. F. Strauss Petersstr. 334 Tel.: 69 14 57	Apotheken-Notdienst 9 Uhr bis 9 Uhr: Rosenthal-Apotheke Frankfurter Weg 4	Notdienstpraxis Tulpenstr. 23 Tel.: 1 53 69 täglich von 9 bis 23 Uhr

▪ Wenn man am Wochenende eine Grippe hat, kann man beim … ein Medikament gegen Fieber besorgen.

▪ Wenn man starke …schmerzen hat, …

c | Was machen Sie, wenn Sie am Wochenende ein gesundheitliches Problem haben? Sprechen Sie mit Ihrer Lernpartnerin / Ihrem Lernpartner.

▪ Wenn ich … habe, warte ich bis Montag | gehe ich ins Krankenhaus | rufe ich … an | … ➥ AB 8

11 Was sagt die Notfallpraxis?

1 🔴_50 a | Wer ruft in der Notfallpraxis an? Hören Sie die Gespräche und nummerieren Sie die Fotos.

b | Was sagt die Praxis? Hören Sie noch einmal und ergänzen Sie die Sätze.

> sofort kommen | Medikamente nehmen | einen Arzt rufen | einen Krankenwagen rufen

Das Kind hat hohes Fieber. Die Mutter soll …

Der Mann hat starke Schmerzen in der Brust. Die Frau soll …

Die Frau ist schwanger und hat Wehen. Sie …

Die Frau hat starke Rückenschmerzen. …

↪ AB 9 – 10

**Modalverb *sollen*: Wunsch /
Aufforderung einer anderen Person**

„Nehmen Sie Vitamine!"
„Arbeite nicht so viel."
„Mach mal Urlaub."

Ich soll Vitamine nehmen,
ich soll nicht so viel arbeiten
und ich soll Urlaub machen.

12 Was soll ich tun?

Notieren Sie drei Probleme, nicht nur gesundheitliche. Geben Sie Ihrer Lernpartnerin / Ihrem Lernpartner Ihren Zettel. Sie / Er geht im Kurs umher und fragt nach Lösungen. Besprechen Sie dann die Lösungsvorschläge.

▪ Was soll ich gegen meine Allergie tun?

▫ Henry sagt, du sollst eine Creme kaufen. Martina meint, …

↪ AB 11

Konsonanten an Silben- / Wortgrenzen

Wenn Konsonanten an Silben- oder Wortgrenzen zusammentreffen, spricht man
meist alle (außer *m, n, ng, l*) stimmlos.
Du sollst doch mal wieder Freunde
mitbringen.

13 Du sollst doch …! – gut gemeinte Ratschläge

1 🔴_51 a | Hören Sie und achten Sie auf die Markierungen – hier spricht man alles
stimmlos. Hören Sie dann noch einmal und sprechen Sie nach.

Warum arbeitest du denn so viel? Du sollst doch nicht so viel arbeiten. Warum ruhst du
dich denn nicht mal aus? Du sollst dich doch wieder mal ausruhen. Du sollst doch mal
wieder Freunde mitbringen. Warum machst du nicht mal Urlaub? Du sollst doch …

b | Geben Sie Ihrer Lernpartnerin / Ihrem Lernpartner einen Rat.
Beginnen Sie mit *Du sollst doch … / Du sollst dich doch … / Du sollst dir doch …*

↪ AB 12

14 Freust du dich?

a | Sehen Sie das Bild an. Was meinen Sie: Worüber sprechen Lisa und Lukas?
Schreiben Sie einen Dialog und spielen Sie ihn im Kurs vor.
Welche Versionen sind wahrscheinlich?

1 ⊙_52 b | Hören Sie. Hat jemand richtig spekuliert?

c | Welche Aussagen passen zu Lisa, welche zu Lukas? Hören Sie noch einmal und verbinden Sie bitte.

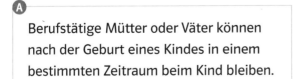

○ freut sich.

○ ist dauernd schlecht.

○ geht im Februar in Mutterschutz.

○ will Elternzeit nehmen.

○ hat Zweifel.

d | Was ist Mutterschutz und was ist Elternzeit? Wählen Sie die passende Definition aus.

A

Berufstätige Mütter oder Väter können nach der Geburt eines Kindes in einem bestimmten Zeitraum beim Kind bleiben.

B

Berufstätige Frauen dürfen sechs Wochen vor und acht Wochen nach der Geburt nicht arbeiten.

15 Elternzeit

a | Welche Fragen haben Sie zu diesem Thema? Sammeln Sie an der Tafel.

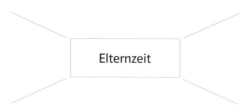

Elternzeit

b | Überfliegen Sie den Text. Auf welche Fragen finden Sie eine Antwort? In welchem Abschnitt?

Elternzeit – ein Recht für alle Arbeitnehmer
In der Elternzeit sind berufstätige Väter oder Mütter von der Arbeit freigestellt, damit sie sich um ihre Kinder kümmern können, so lange diese noch klein sind.

Dauer und Aufteilung der Elternzeit
Eltern haben drei Jahre lang Anspruch auf Elternzeit. Sie müssen die Elternzeit jedoch nicht auf einmal nehmen. Wie Sie die Betreuung Ihres Kindes untereinander regeln, ist allein Ihre Sache: Sie können drei Jahre lang zu Hause bleiben oder Sie wechseln sich mit Ihrem Partner ab. Elternzeit kann sogar für einzelne Wochen oder Monate genommen werden.

Elterngeld
Seit dem 1. Januar 2007 bekommen Eltern zusammen maximal 14 Monate lang Elterngeld – 67 % des Nettoeinkommens, maximal aber 1800 €. Sie können gleichzeitig Elterngeld beziehen, wenn Sie beide in den ersten sieben Lebensmonaten Ihres Kindes zu Hause bleiben oder in Teilzeit arbeiten. Sie können Ihr Elterngeld auch nacheinander beziehen und die Bezugsmonate aufteilen. Einzige Bedingung: Das Elterngeld wird erst ab zwei Monaten Elternzeit bezahlt.

Den Arbeitgeber rechtzeitig informieren
Wenn die Elternzeit direkt auf den Mutterschutz folgt, müssen Sie sie spätestens sieben Wochen vor ihrem Beginn beim Arbeitgeber schriftlich anmelden. In diesem Schreiben müssen Sie festlegen, wie Sie die ersten 24 Monate Elternzeit nehmen wollen. Das dritte Jahr können Sie später planen und bis zum achten Geburtstag Ihres Kindes nehmen. Zwischen den Phasen können also Jahre liegen.

Die Rechte der Väter
Väter dürfen ebenfalls ab dem Tag der Geburt des Kindes in Elternzeit gehen. Der Kündigungsschutz beginnt für sie acht Wochen vor dem Beginn der Elternzeit. Der letzte Termin zur Anmeldung ist sieben Wochen vor dem Start der Elternzeit.

Arbeiten in der Elternzeit
Sie können in der Elternzeit bis zu 30 Wochenstunden arbeiten, wenn Sie schon mindestens ein halbes Jahr bei Ihrer Firma sind und die Firma mehr als 15 Personen beschäftigt. Wenn Sie arbeiten möchten, müssen Sie in Ihrem Antrag auf Elternzeit gleich die gewünschte Stundenzahl und die Arbeitszeiten angeben. Nach der Elternzeit haben Sie auf jeden Fall Anspruch auf eine Arbeitsstelle.

c | Wählen Sie zwei Fragen aus, die Sie interessieren, und suchen Sie die Antwort in den Abschnitten. Berichten Sie im Kurs.

↪ AB 13 – 14

16 Vor, bis zur, nach, seit der Geburt?

a | Lesen Sie die Zusammenfassung und ergänzen Sie die Temporalangaben.

| nach | vor | in | ab | seit | zwischen | bis zu | bis zum |

_____ der Elternzeit können Eltern _____ drei Jahren beim Kind bleiben. Die letzten zwölf

Monate kann man _____ dem zweiten und dem achten Geburtstag des Kindes nehmen.

Mütter müssen sieben Wochen _____ der Elternzeit einen Antrag stellen, wenn sie diese

direkt nach dem Mutterschutz nehmen wollen. Auch Väter dürfen _____ der Geburt in

Elternzeit gehen. _____ Ende der Elternzeit kann man in Teilzeit arbeiten. _____ der

Elternzeit hat man ein Recht auf einen Arbeitsplatz. _____ 2007 gibt es 14 Monate lang

Elterngeld.

b | Welche Regelung finden Sie gut, welche nicht? Warum? Gibt es Unterschiede zu Ihrem Land? Diskutieren Sie.

- Ich finde es gut / nicht so gut, dass …
- In … gibt es etwas Ähnliches / keine Elternzeit. Da bekommen Mütter / Väter …

→ AB 15

Temporalangaben: Präpositionen mit Dativ

Vor der Arbeit frühstücke ich.
Nach der Arbeit schlafe ich.
Zwischen 12 und 14 Uhr esse ich zu Mittag.
Seit einem Jahr arbeite ich in der Firma.
Bis zum Wochenende arbeite ich viel.
Ab Freitagnachmittag ist Wochenende.
Im Urlaub arbeite ich nicht.

17 Väter in Elternzeit – da tut sich was!

a | Lesen Sie. Wie viel Prozent der deutschen Männer haben vor und nach 2007 Elternzeit genommen?

Väter in Elternzeit sind auch nach der Einführung des Elterngeldes 2007 immer noch eine Seltenheit, aber es tut sich was! Immerhin ist von 2006 bis 2008 die Zahl der Männer, die Elternzeit nehmen, von 3,5 Prozent auf jetzt 16 Prozent gestiegen.

Ängste vor beruflichen oder finanziellen Nachteilen und in vielen Fällen auch veraltete Rollenbilder scheinen für Deutschlands Männer aber immer noch Gründe zu sein, nicht länger als zwei Monate zu Hause zu bleiben. Gerade einmal zwei Prozent gehen ein ganzes Jahr oder länger in Elternzeit.

b | Was halten Sie davon, wenn Väter Elternzeit nehmen? Schreiben Sie einen Leserbrief.

- Sammeln Sie Argumente dafür oder dagegen.
- Sortieren Sie Ihre Ideen und legen Sie eine Reihenfolge fest.
- Schreiben Sie zuerst einen Entwurf. Überarbeiten Sie dann Ihren Text.
- Achten Sie auf Grammatik und Rechtschreibung.

c | Tauschen Sie die Texte mit Ihrer Lernpartnerin / Ihrem Lernpartner und besprechen Sie sie.

→ AB 16

18 Im Gespräch mit der Vorgesetzten

1 _53 a | Über welche Themen spricht die Arbeitnehmerin
mit ihrer Vorgesetzten? Hören Sie und kreuzen Sie an.

- [ ] Mutterschutz
- [ ] Arbeitszeiten
- [ ] Aufgaben
- [ ] Elternzeit
- [ ] Elterngeld

b | Hören Sie noch einmal. Achten Sie auf die Höreraktivitäten: Wie reagiert die Vorgesetzte beim Zuhören?
Wählen Sie aus.

ja | hmhm | sicher | ja ja | klar | genau | ach so | na ja | verstehe | so so | ah ja

c | Wie hört man in Ihrem Land zu? Gibt es auch Höreraktivitäten oder schweigt man? Erzählen Sie.

➥ AB 17 – 18

19 Sprechen und zuhören

a | Schreiben Sie Kärtchen für die Sprecherrolle (grün) und die Zuhörerrolle (gelb). Ziehen Sie ein Kärtchen und
spielen Sie einen Dialog.

Was essen Sie gern? Was essen Sie nicht gern? Erzählen Sie.	Welche Stadt gefällt Ihnen und warum? Erzählen Sie.	Was machen Sie im Urlaub? Erzählen Sie.	Welcher Beruf gefällt Ihnen? Warum? Erzählen Sie.
Bitte nur zuhören, nichts sagen! Lächeln Sie die Sprecherin / den Sprecher nur freundlich an.	Bitte nur zuhören, nichts sagen! Gucken Sie nach unten, schließen Sie die Augen.	Bitte sehr interessiert zuhören! Nicken Sie mit dem Kopf und reagieren Sie oft mit *Hm! Ach so! Ah ja! ...*	Bitte sehr ungeduldig zuhören! Unterbrechen Sie z.B. mit *Moment mal! Entschuldigung!* und erzählen Sie selbst.

b | Haben die anderen erkannt, welches Zuhörerkärtchen Sie hatten? Wie haben Sie sich gefühlt?
Diskutieren Sie. Probieren Sie andere Zuhörerkärtchen aus. Welches passt am besten zu Ihnen?

c | Zuhören in Deutschland – was trifft Ihrer Meinung nach zu?

nicken | lächeln | unterbrechen | nach unten gucken | in die Augen sehen | hmhm sagen | ...

Beobachten Sie Gespräche im Alltag (auf der DVD, in Filmen, auf der Straße ...). Finden Sie Ihre Meinung
bestätigt?

20 Wählen Sie eine Aufgabe.

▪ Üben Sie zu dritt aktives Zuhören: Jemand spricht über eines der folgenden Themen, der / die andere hört aktiv zu. Der dritte Partner beobachtet und notiert die Höreraktivitäten.

▪ Sie möchten Kinder haben. Wie möchten Sie die Elternzeit gestalten?

▪ Sie haben Kinder und möchten arbeiten. Wie können Sie das organisieren?

▪ Sie möchten arbeiten und viel reisen. Wie können Sie das kombinieren?

▪ Schreiben Sie je einen Satz mit temporalen Präpositionen auf Zettel. Schneiden Sie aus den Sätzen die Präpositionen heraus. Ihre Lernpartnerin / Ihr Lernpartner setzt die Sätze wieder zusammen.

Ich bin | seit | zwei Monaten in Deutschland.

▪ Was hat sich an Ihrer Arbeitssituation geändert, seit Sie in Deutschland sind? Schreiben Sie einen kurzen Text. Verwenden Sie die Temporalangaben (nach, vor, bis, seit, …).

21 Aussichten mit Baby

Sehen Sie die Bilder an. Welche Pläne haben Lisa, Lukas und Max? Sammeln Sie weitere Ideen.

▪ Lisa möchte mit dem Baby kuscheln | …

▪ Und Lukas möchte mit dem Baby …

▪ Max möchte …

Kuchen und Torten

a | In D-A-CH isst man am Nachmittag oft Kuchen, Torten und Gebäck und trinkt dazu Kaffee.
Welche Sorten finden Sie beim Bäcker oder in der Konditorei in Ihrer Nähe? Sammeln Sie
in der Gruppe. Wie viele Sorten haben Sie gefunden?

b | Welche Kuchen, Torten und welches Gebäck gibt es in Ihrem Land? Wann isst man sie?
Machen Sie eine Kursliste und tauschen Sie Rezepte aus.

Land	Kuchen, Torten, Gebäck	Wann isst man sie?
Türkei	Baklava	als Nachspeise mit Mokka

 FOKUS LANDESKUNDE

Kaffee und Kuchen ist in Deutschland eine eigene
Mahlzeit am Nachmittag gegen 15 oder 16 Uhr, vor
allem am Sonntag und bei Festen. Wenn man eine
Einladung zum Kaffee bekommt, sitzt man circa zw
Stunden gemütlich zusammen, man bleibt aber nc
malerweise nicht zum Abendessen.

Notdienst der Apotheken

24 Stundendienst von 8.30 bis 8.30 Uhr

Hier
Notdienstbereit!

Notdienstglocke

Notdienste für Kranke in meiner Stadt

a | Wo finden Sie Informationen über Notdienste in Ihrer Stadt?
Sammeln Sie.

> In der Tageszeitung, an der Apotheke,

b | Welche Notdienste gibt es in Ihrer Stadt? Notieren Sie.

Notdienst	Adresse

➡ IS 15 / 3

Elternzeit: Wissensquiz und Vätertest

a | Wissen Sie alles über die Elternzeit?
Machen Sie das Quiz unter www.eltern.de/
beruf-und-geld/finanzen/quiz-elterngeld.html

b | Würden Sie Vätermonate nehmen?
Machen Sie den Test unter www.eltern.de/
beruf-und-geld/job/argumente-check-vaetermonate.html

1 Was hilft beim Lesen?

Sie möchten auf einen Text schriftlich reagieren. Was machen Sie wann? Lesen Sie. Schlagen Sie die Beispiele im Buch nach.

Schritt 1   Orientierung im Text (Wie ist der Text aufgebaut?) KB 12/17
Überblick über die Textstruktur und die Textsorte bekommen KB 11/12
Hauptthemen erkennen KB 13/6, AB 13/7
Fragen an den Text formulieren KB 15/15

Schritt 2   gezieltes Lesen (Welche Informationen sind für mein Schreiben wichtig?) KB 14/2, AB12/16
Text auf bestimmte Fragen hin lesen KB 14/10
Notizen / Markierungen machen KB 11/12

Schritt 3   Ergebnisse zusammenfassen (Was ist für meinen eigenen Text wichtig?) KB 11/8
Fragen beantworten KB 14/14
erste Ideen für eigenen Text entwickeln KB 14/15

2 Probieren Sie es aus.

a | Sehen Sie den Text auf der nächsten Seite an. Überfliegen Sie den Inhalt.
Versuchen Sie schon jetzt – vor dem Lesen – möglichst viele W-Fragen zu beantworten.

		Warum wissen Sie das?
Was für ein Text ist das?		
Was ist das Thema? Worum geht es?		
Wer hat den Text geschrieben? (Verfasser)		
Für wen? / Wer soll den Text lesen? (Adressat)		
Was wissen Sie noch (über den Text)?		

b | Lesen Sie den Text nun genau und in Ihrem eigenen Lesetempo. Stellen Sie selbst Fragen an den Text: Was wollen Sie wissen? Arbeiten Sie mit Notizen oder Markierungen am Text.

Kandidaten für TV-Show gesucht

Sie backen den besten Pfannkuchen der Welt?
Sie sprechen fünf Sprachen fließend? Sie können Hunde am Bellen unterscheiden? Sie erkennen sofort jeden Top-Ten-Hit der letzten drei Jahre? Sie können jedes Autoradio reparieren? Sie können …? Dann sind Sie der Richtige / die Richtige für uns!

Im kommenden Jahr startet

„Das kann nur ich"

– die neue Talentshow für Leute wie du und ich.

Dafür suchen wir ab sofort interessierte, lockere Kandidaten, die nicht auf den Mund gefallen sind und keine Angst vor der Kamera haben. Nutzen Sie die Chance und zeigen Sie Ihr Können im Fernsehen.

„Das kann nur ich" läuft ab Januar jeweils sonntags um 16:00 Uhr im deutschen Privatfernsehen. Pro Sendung treten fünf Kandidaten auf und zeigen, was sie können. Prominente kommentieren und wählen die Gewinner aus. Auf alle Kandidaten warten tolle Preise.

Unsere Spielregeln:
○ Kandidaten müssen mindestens 6 Jahre alt sein.
○ Tiere mit besonderen Begabungen können leider nicht an der Show teilnehmen.
○ Wir sind eine Familiensendung, Ihr Showbeitrag muss also jugendfrei sein.

Wenn Sie mitmachen wollen oder jemanden kennen – egal ob Mutter, Bruder, Kollege, beste Freundin etc. – melden Sie sich bitte bei uns! Wir freuen uns auf Ihre Vorschläge.

Schriftliche Bewerbung an: Deutsches Privatfernsehen, Redaktion „Das kann nur ich",
z.Hd. Frau Anna Gerber, Rundfunkstr. 30, 10000 Berlin
Oder per Mail: anna.gerber@privatfernsehen.de

c | Versuchen Sie nach dem Lesen, Ihre eigenen Fragen zu beantworten und den Text mit eigenen Worten zusammenzufassen.

3 Haben Sie genau gelesen? Überprüfen Sie es.

a | Welches Familienmitglied kann sich auf die Anzeige bewerben, welches nicht? Markieren Sie die Schlüsselwörter in den Texten. Vergleichen Sie diese dann mit den Informationen in der Anzeige.

- Frau Becker backt die besten Kuchen der Welt – sagt jedenfalls ihre Familie und findet sie auch. Sie möchte gern anderen Menschen ihre Backkünste zeigen.

- Herr Becker kann über 50 Biersorten am Geschmack unterscheiden. Seine Familie und seine Freunde finden, dass er damit im Fernsehen auftreten soll. Aber Herr Becker mag keine Kameras.

- Moritz Becker, der achtjährige Sohn der Beckers, kann super Vogelstimmen nachmachen und würde am liebsten als Vogelstimmenimitator im Fernsehen auftreten.

- Jolanda, die kleine Katze der Beckers, ist erst sechs Monate alt und hat natürlich auch eine besondere Begabung: Sie macht Handstand und kann so sogar durch das ganze Wohnzimmer laufen.

b | Lesen Sie den Anzeigentext noch einmal genau. Wenn Sie etwas nicht verstehen oder unsicher sind: Lesen Sie den Absatz noch einmal, gehen Sie im Text vor und wieder zurück. Nutzen Sie Ihr Weltwissen.

c | Überlegen Sie auch, ob Sie oder jemand aus Ihrer Familie / Ihrem Bekanntenkreis sich bewerben kann.

	ja	nein	Warum?
Frau Becker			
Herr Becker		×	*hat Angst vor Kameras, sein Hobby (Bier) ist nichts für Kinder / Jugendliche*
Moritz Becker			
Jolanda			
Ich			
Mein/e . . .			

d | Was trifft auf Sie zu? Kreuzen Sie an.

☐ Ich kann nach dem ersten Überfliegen des Textes globale (W-)Fragen beantworten.
☐ Ich kann nach genauem, individuellem Lesen Detailfragen beantworten.
☐ Ich kann den Text zum Schluss mit eigenen Worten zusammenfassen.

Warum? Kreuzen Sie an und ergänzen Sie.

☐ Ich nutze Textsortenwissen.   ☐ Ich nutze Weltwissen.
☐ Schwierige Absätze lese ich mehrmals.   ☐ Manchmal gehe ich im Text vor und wieder zurück.
☐ Ich mache mir Notizen.   ☐ Ich markiere Wichtiges im Text.
☐ _____

4 Was hilft beim Schreiben?

Lesen Sie. Schlagen Sie die Beispiele im Buch nach und suchen Sie weitere.

Schritt 1 Schreibanlass klären und Ideen sammeln: überlegen, warum / wozu man schreibt, spontane Ideen notieren KB 12/17

Schritt 2 Ideen sortieren und Schreibplan machen: Adressat und Ziel benennen, Ideen / Gedanken ordnen, Redemittel zur Textsorte sammeln KB 15/17

Schritt 3 erste Fassung schreiben: Ideen „herunter" schreiben, Gedanken verbinden KB 14/12, AB 13/6

Schritt 4 inhaltliche Überarbeitung: Überflüssiges streichen, Fehlendes ergänzen, evtl. Reihenfolge der Gedanken ändern KB 14/16

Schritt 5 sprachlich-stilistische Überarbeitung: Sprache überprüfen und verbessern KB 15/17

5 Probieren Sie es aus.

Frau Becker bewirbt sich auf die Anzeige. Wie geht sie vor? Begleiten Sie Frau Becker beim Schreibprozess.

Ich will unbedingt bei der Show mitmachen. Ich muss die Redaktion überzeugen.

Schritt 1: Frau Becker sammelt Ideen.

bin nicht auf den Mund gefallen
Freundinnen sagen, ich muss in eine Kochshow gehen
Familie und Freunde lieben meine Torten

Schritt 2: Frau Becker sortiert, streicht und ergänzt die Ideen.

Schwarzwälder Kirschtorte

Erdbeereis

mein Talent = backen

Mandelschnitte

38 Jahre

Bewerbung für Fernsehshow

Apfelkuchen

persönliche Angaben

wichtig für das Fernsehen!

kommunikativ

erzähle gern

verheiratet, ein Kind

habe keine Angst vor Kameras

Schritt 3: Frau Becker schreibt ihren Text, sie konzentriert sich auf den Inhalt.

Schritt 4: Frau Becker überarbeitet ihren Text zuerst inhaltlich.

Schritt 5: Frau Becker überarbeitet ihren Text sprachlich und stilistisch.

Jutta Becker
Nymphenburger Str. 122
80639 München

Deutsches Privatfernsehen, Redaktion „Das kann nur ich"
z.Hd. Frau Anna Gerber
Rundfunkstr. 30
10000 Berlin

München, 30.09.2010

Bewerbung als Kandidatin

Sehr geehrte Mitarbeiter ~~Liebes Team~~ von „Das kann nur ich",

~~ich bin~~ mein Name ist Jutta Becker, ich bin 38 Jahre alt und verheiratet. Ich habe einen Sohn ~~und einen Mann. Mein Moritz,~~ er ist 8 Jahre alt. ~~Er liebt nicht nur meine Torten , er liebt auch unsere kleine Katze Jolanda und kann sehr, sehr gut Vogelstimmen imitieren. Vielleicht ist Moritz auch ein Kandidat für die Show?~~ Ich komme aus Niedersachsen und seit 10 Jahren lebe ich mit meiner Familie in München. Die Stadt gefällt mir sehr und ich kann auch schon Bayerisch sprechen. Ich habe Schneiderin gelernt, aber arbeite zurzeit als Aushilfe an der Kuchentheke in einem Bio-Laden. Das macht mir viel Spaß. Schon seit meiner Kindheit ist Backen mein Hobby ~~ist~~. Meine Familie und Freunde lieben meine Torten. Besonders mögen sie ~~gut kann ich~~ meine ~~fantastische~~ Schwarzwälder Kirschtorte, ~~herrlichen~~ den Apfelkuchen, ~~leckere~~ die Mandelschnitten und mein ~~einmaliges~~ Erdbeereis. Meine Freundinnen sagen immer, sieht aus und schmeckt wie vom Konditor, ~~du musst in eine Kochshow~~ und dass ich mit meinem Kuchen ins Fernsehen muss.
Weil ich anderen Menschen meine Backkünste präsentieren möchte, ~~will~~ würde ich gern bei „Das kann ich" mitmachen. Ich bin bestimmt eine gute Kandidatin: Ich bin offen und kommunikativ, erzähle gern, ~~ich bin offen~~, und habe keine Angst vor Kameras.
Damit Sie einen Eindruck von meinen Backkünsten bekommen, ~~ich~~ schicke ich Ihnen ein Foto von meiner Banananen-Cocos-Torte ~~von mir~~ mit, das Rezept ist von mir!
Über eine Einladung zu Ihrer Show würde ich mich sehr freuen.

Mit freundlichen Grüßen

Jutta Becker

Anlage: Foto

6 | Jetzt sind Sie dran.

a | Machen Sie es wie Frau Becker: Bewerben Sie sich auch auf die Anzeige. Nehmen Sie sich dafür Zeit und gehen Sie Schritt für Schritt vor.

b | Sind Sie mit Ihrem Text zufrieden? Dann tauschen Sie mit Ihrer Lernpartnerin / Ihrem Lernpartner die Texte. Überprüfen Sie sie gemeinsam mithilfe der Checkliste unten.

c | Was trifft auf Sie zu? Kreuzen Sie an.

☐ Ich habe viele Ideen, was in meinem Text stehen kann.
☐ Ich kann meine Ideen gut sortieren, ergänzen und kürzen.
☐ Es fällt mir leicht, den Text zu strukturieren.
☐ Es fällt mir leicht, meine Ideen „herunter zu schreiben".
☐ Es fällt mir leicht, meine erste Textfassung inhaltlich zu überarbeiten.
☐ Es fällt mir leicht, meinen Text sprachlich zu überarbeiten.

Warum? Kreuzen Sie an und ergänzen Sie.

☐ Das Thema interessiert mich, ich kann dazu viel sagen.

☐ Ich weiß, wie die Textsorte aussehen muss.

☐ Ich trenne die Überarbeitung von Inhalt und Sprache.

☐ Das Ordnen der Ideen hilft mir bei der Textstruktur.

☐ Die Stichpunkte helfen mir beim Schreiben.

☐ _____

Checkliste: Tipps für geschriebene Texte

1. Schreibziel	Was möchte ich erreichen? Wird das Schreibziel deutlich?
2. Gesamteindruck	Was gefällt mir am Text? Was sehe ich kritisch? Wie finden andere meinen Text? Ist der Text leserfreundlich?
3. Inhalt	Ist das Thema klar? Kommen alle wichtigen inhaltlichen Punkte vor? Fehlt etwas? Ist etwas zu viel?
4. Aufbau	Hat der Text eine klare Struktur? Ist die Reihenfolge der einzelnen Teile logisch? Sind die Textteile zu lang, zu kurz, genau richtig? Sind sie gut miteinander verbunden? Kann man die Textsorte erkennen?
5. Formulierungen	Sind die Sätze verständlich? Ist die Sprache abwechslungsreich (z.B. Variationen der Satzmuster, Wortwahl)? Passt der Sprachstil?
6. sprachliche Richtigkeit	Sind Grammatikfehler im Text (z.B. Satzstellung, Singular / Plural, Kasus)? Stimmt die Zeichensetzung? Stimmt die Rechtschreibung? (Groß- und Kleinschreibung, das / dass, Fremdwörter, …)
7. Darstellung	Ist die Schrift lesbar? Ist das Layout ansprechend?

Lesehilfe: Textsortenkenntnisse

Überschrift der Rubrik

BUCHTIPP DER WOCHE

Buchtitel

Abbas Khider: Der falsche Inder

Inhaltswiedergabe

Ein junger Mann findet im Zug Berlin-München ein Manuskript. Er öffnet es und liest die Geschichte eines jungen Irakers, der über den Libanon, Libyen und Griechenland nach Deutschland flüchtet. Auf seiner Reise trifft er viele andere Flüchtlinge aus aller Welt.

Beurteilung

Ein kleiner Roman mit großen Themen, humorvoll, märchenhaft und poetisch erzählt. Abbas Khider hat in diesem Buch einen Teil seiner eigenen Biographie verarbeitet. Beeindruckend. *(K. A.)*

Abbas Khider
Der falsche Inder
Roman
Nautilus

Verfasser/in

Überschrift: Zitat aus dem Interview

»Meine Leidenschaft ist das Lesen«

Unterüberschrift: Textsorte

Ein Interview mit Abbas Khider

Verfasser/in / Interviewer/in

von Ulrike Gasser

Frage

UG: Herr Khider, Sie sind im Irak geboren, seit 2000 leben Sie in Deutschland. Damals haben Sie kein Deutsch gesprochen, heute schreiben Sie Bücher auf Deutsch. Wie kam es dazu?

Antwort

AK: Meine Leidenschaft ist das Lesen. Zuerst wollte ich arabische Bücher kaufen, aber die waren sehr teuer. Also habe ich angefangen, deutsche Bücher zu lesen und so mein Deutsch immer mehr verbessert.
UG: Und seit wann schreiben Sie auf Deutsch?

AK: Irgendwann haben meine Freunde gesagt: »Du sagst immer, du bist Schriftsteller, wir haben aber noch nie etwas von dir gelesen.« Dann habe ich ihnen meine erste Geschichte auf Deutsch geschickt. Wenig später ist mein erstes Buch auf Deutsch erschienen …
UG: Arabisch und Deutsch sind doch sehr verschieden. Wie kommen Sie mit diesen Unterschieden zurecht?
AK: Es gibt ja Lexika. Und natürlich mache ich immer Fehler, wenn ich schreibe. Aber ich lerne dabei auch jedes Mal ein bisschen mehr.

Textsortenmerkmale

Textsorte	Verfasser/in	Schreibziel
Interview	Interviewer/in	Befragung einer Person
Buchtipp	Redakteur/in	Informieren über ein Buch
Zeitungsbericht	Journalist/in	Informieren über ein Thema
Leserbrief	Zeitungsleser/in	Meinung des Lesers / der Leserin
Kleinanzeige	Privatperson	Angebot / Gesuch

Überschrift: Thema

Jeder Vierte liest keine Bücher

Lesen in Deutschland 2008. Eine Studie der Stiftung Lesen, gefördert vom Bundesministerium für Bildung und Forschung.

Hrsg. Heinrich Kreibich

— Unterüberschrift: Information zum Inhalt

Von 2.500 befragten Jugendlichen und Erwachsenen lesen 8 Prozent täglich, 36 Prozent wöchentlich, aber auch 25 Prozent nie ein Buch. Das belegt die aktuelle Studie „Lesen in Deutschland". Nur 3 Prozent der Befragten sind Viel-Leser, sie lesen mehr als 50 Bücher pro Jahr.

— erster Absatz: allgemeine Informationen

Deutsch sprechende Migranten als neue ,Lese-Mittelschicht'

— Zwischenüberschrift: Thema im nächsten Absatz

Gut gebildete Menschen mit Migrationshintergrund lesen mindestens genausoviel wie der Bevölkerungsdurchschnitt: 11 Prozent von ihnen lesen täglich. (…)

Detailinformationen

Überschrift der Rubrik

Unsere Leser sagen die Meinung

zu Ihrem Artikel **„Wie begeistere ich mein Kind für Bücher?"**, 24.10.2010

— Verweis auf einen Artikel mit Datum

Das Wichtigste ist doch, dass die Eltern mit gutem Beispiel vorangehen und nicht selbst jeden Abend vorm Fernseher oder im Internet verbringen. Auch muss man sich für die Kinder Zeit nehmen und ihnen vorlesen. Dafür brauchen sie von Anfang an eine große Auswahl an Geschichten. Meine Erfahrung zeigt, dass es egal ist, was die Kinder lesen, Hauptsache: sie lesen!

Tatjana Müller, Neustadt

— persönliche Meinung

Verfasser/in

Überschrift der Rubrik

[**Kleinanzeigenmarkt**]

Thema

Vorlese-Tandem Die Stadtbibliothek sucht Vorleser, die auf Deutsch, Russisch oder Türkisch vorlesen können. Die Idee hinter dem Projekt: Jeweils zwei Vorleser treten als „Tandem" zusammen auf und lesen Kindern in zwei Sprachen vor. Bitte direkt in der Stadtbibliothek melden!
06198 / 58670, Fr. Schoch

Angebot / Gesuch

Kontakt

Textaufbau/-merkmale	Sprache	Visuelle Merkmale
Frage und Antwort	authentisch	manchmal mit Foto
kurzer Text	klar und informativ	manchmal mit Buchcover
längerer Text in Absätzen	informativ und ausführlich	verschiedene Überschriften
Verweis auf Artikel	persönlich	Rubrik mit Überschrift
Thema, Text, Kontakt	stichpunktartig	Rubrik mit Überschrift

Nomen

das Instrument, -e	Musikinstrument	das Gesetz, -e	
das Saxofon, -e		der Antrag, ⸚e	
die Gitarre, -n		das Formular, -e	
die Trompete, -n		der EU-Bürger, - die EU-Bürgerin, -nen	
das Schlagzeug, -e		der Schüler, - die Schülerin, -nen	
die Geige, -n			
das Cello, Cellos / Celli		die Ausbildung, -en	
die Flöte, -n		der Minijob, -s	
das Klavier, -e		die Steuer, -n	Steuern zahlen
die Klarinette, -n		der Rentner, - die Rentnerin, -nen	
der Stil, -e der Musikstil, -e		der Fahrer, - die Fahrerin, -nen	
die Klassik (nur Sg.)			
der Pop (nur Sg.)	die Popmusik	die Übersetzung, -en	
der Rock (nur Sg.)	die Rockmusik	das Kompliment, -e	
der Hip-Hop (nur Sg.)		die Frisur, -en	
der Jazz (nur Sg.)		die Figur, en	
die Volksmusik (nur Sg.)		der Anzug, ⸚e	
die Band, -s		das Hemd, -en	
der Musiker, - die Musikerin, -nen		die Hose, -n	
		die Jeans, -	
das Lied, -er		der Rock, ⸚e	lange Röcke
der Kopfhörer, -		das Kleid, -er	
die Laune, -n	gute Laune	der Pullover, -	
das Studium, Studien		die Bluse, -n	
das Fach, ⸚er		der Mantel, ⸚	
das Studentenwerk, -e		der Hut, ⸚e	
die Mensa, Mensen		der Strumpf, ⸚e die Strumpfhose, -n	
die Beratung, -en	Studienberatung		
der Tipp, -s		die Socke, -n	
die Finanzierung, -en		der Schal, -s	
die Möglichkeit, -en		das Tuch, ⸚er	
die Gebühr, -en	Studiengebühren	der Ring, -e	
das Stipendium, Stipendien		die Kette, -n	
das BAföG (nur Sg.)		der Schirm, -e	

Verben

hassen	
entspannen	Musik entspannt.
finanzieren	
bedeuten	Was bedeutet das?
meinen	
herstellen	einen Kontakt herstellen
ansprechen, hat angesprochen	
erzählen	
sich setzen	
befürchten	
Angst haben vor + D	

Fragewörter

Was für ein? Was für eine?	Was für ein Lied ist das?

Adjektive

melancholisch	
feierlich	
toll	
herrlich	
perfekt	
schrecklich	
staatlich	staatliche Hilfe
nützlich	
bürokratisch ↔ unbürokratisch	
flexibel ↔ unflexibel	
modern ↔ unmodern	

Kleine Wörter

gar nicht	Das gefällt mir gar nicht.
der / das / die andere	andere Leute

Wendungen

Das macht Spaß.	
Ja, sehr gern.	
Ich kann leider nicht …	
Tolle Stimmung hier!	
Schönes Wetter heute!	
Das steht dir gut.	

TIPP

Lernen Sie Wörter zu einem Thema in Gruppen.

■ Welche Wörter gehören zum Thema *Musik*? Markieren Sie und ordnen Sie sie.

Jazz

Musikstile

Musik

Instrumente

■ Markieren Sie zusammengesetzte Nomen und bilden Sie weitere zusammengesetzte Wörter.

das Rockkonzert,

Das finde ich interessant:

Das klingt lustig:

Das will ich mir unbedingt merken:

➥ KB 1

1 Musikrätsel

a | Was ist das? Lösen Sie die Rätsel und notieren Sie die Instrumente mit Artikel.

1

Welches Instrument spielt
dieser Musiker?

––– ––––––––

2

Kla + 4

––– ––––––––

3

3 = t, 5+6 = r

––– ––––––––

5

In diesem Wort sind die
Silben durcheinander geraten:
niharkamundmo

––– –––––––––

4 G ge

––– ––––––––

b | Machen Sie selbst ein Rätsel über Musik. Die anderen im Kurs lösen es.

c | Spielen Sie Pantomime! Jeder macht ein Instrument vor. Erraten Sie die Instrumente.

2 Ihre Sprache / Andere Sprachen

a | Welche Sprachen erkennen Sie? Ergänzen Sie weitere Sprachen.

Trompete
tromba
trumpetti
trumpet **trompet**
trompette

b | Machen Sie selbst Wort-Collagen zu anderen Instrumenten. Sie können auch Bilder ergänzen.

→ KB 2   **3** **Wer hört was für Musik?**

a | Welche Antwort passt? Lesen Sie den Text und kreuzen Sie an.

> Beim ersten Kennenlernen sprechen Menschen oft über Musik.
> Dabei kann man viel über den Charakter des anderen erfahren. Das
> zeigt jetzt eine neue Studie. Danach hat der typische Hip-Hop-Fan
> meist einen fröhlichen Charakter. Der Jazzliebhaber ist oft vielseitig
> interessiert und kreativ. Klassikhörer sind vor allem ruhig und oft
> etwas verträumt. Wer aber gern Heavy Metal hört, ist meistens ein
> herzlicher Typ.

1. Was für einen Charakter haben Hip-Hop-Fans?

   Einen ☐ verträumten ☐ fröhlichen Charakter.

2. Was für Musik hören ruhige Menschen oft?

   ☐ Klassik ☐ Jazz

3. Was für Leute lieben Jazz?

   ☐ Interessante ☐ Kreative Leute.

4. Was für eine Person ist der Heavy-Metal-Fan?

   Eine ☐ herzliche ☐ höfliche Person.

b | Markieren Sie *was für ein / eine*. Was fällt Ihnen auf?

> **FOKUS SPRACHE**
>
> Das Fragewort was für ein / eine dekliniert man
> wie den |＿＿＿＿＿＿| Artikel.
> Manchmal steht im Singular kein Artikel:
> Was für Musik hört ihr?

c | Was für Musik hören Sie gern? Und was für ein Typ sind Sie?
Ergänzen Sie die Fragen und fragen Sie Ihre Lernpartnerin / Ihren Lernpartner.

|＿＿＿＿＿＿＿＿| Musik mögen Sie sehr gern? |＿＿＿＿＿＿＿＿＿＿＿＿＿＿＿＿＿＿|

|＿＿＿＿＿＿＿＿| Konzert haben Sie zuletzt besucht? |＿＿＿＿＿＿＿＿＿＿＿＿＿＿＿|

|＿＿＿＿＿＿＿＿| Musikstil gefällt Ihnen gar nicht? |＿＿＿＿＿＿＿＿＿＿＿＿＿＿＿|

|＿＿＿＿＿＿＿＿| CD hören Sie zurzeit oft? |＿＿＿＿＿＿＿＿＿＿＿＿＿＿＿＿＿＿|

|＿＿＿＿＿＿＿＿| Lieder singen Sie im Bad? |＿＿＿＿＿＿＿＿＿＿＿＿＿＿＿＿＿＿|

|＿＿＿＿＿＿＿＿| Person sind Sie? |＿＿＿＿＿＿＿＿＿＿＿＿＿＿＿＿＿＿＿＿|

4   Was für ... oder welcher / welches / welche?

Ergänzen Sie das passende Fragewort.

1. Im Kaufhaus:

   A   *Was für einen* Hut suchen Sie?

   B   Einen Sonnenhut.

   A   Ah ja, davon haben wir viele.

       Welcher gefällt Ihnen denn?

   B   Geben Sie mir mal den da. Der gefällt mir.

2. Im Jeansgeschäft:

   A _____ Größe brauchen Sie?

       Wir haben nur noch S und XXL.

   B   Prima! Ich denke, S passt.

3. Bei der Orchesterprobe:

   A _____ Instrument spielen Sie?

   B   Die Klarinette.

4. Bei der Wohnungssuche:

   A _____ Wohnung suchen Sie?

   B   Eine Altbauwohnung mit Balkon.

   A   Da habe ich etwas im Süden und im Westen.

    _____ Stadtteil gefällt Ihnen denn besser?

5. Vor dem Kino:

   A _____ Film wollt ihr sehen?

   B   Ich bin für den Thriller um 22:45 Uhr.

6. Auf einem Konzert:

   A _____ Instrument ist das denn?

   B   Das ist eine Kalimba.

> **FOKUS SPRACHE**
>
> **Was für ein / eine ...?** Frage nach der Art, dem Typ
> Antwort: Ein / Eine ...
> **Welcher / Welches / Welche ...?** Es gibt schon eine Auswahl: A, B,
> Antwort: Der / das / die A / B / ...

↳ KB 6   ### 5   Einen Vorschlag annehmen / ablehnen

> Gehst du am Samstag mit zum Fest der Volksmusik?

a | Wie können Sie auf den Vorschlag reagieren? Ordnen Sie zu.

> Ja, sicher, sehr gern! | Da komme ich gern mit. | Nein, das geht leider nicht. |
> Schade, aber ich ... | Mal sehen. | Oh ja, toll! Ich bin dabei. | Leider kann ich
> nicht mitkommen. | Ach nein! | Hmm, weiß nicht ...

Sie nehmen an.	Sie wissen es noch nicht.	Sie lehnen ab.
Ja, sicher, sehr gern!		

b | Wer hat Lust, mitzukommen? Fragen Sie im Kurs. Antworten Sie mit einer Begründung.

- Ich gehe ... Kommen Sie / Kommst du mit?
- Ach, nein! Ich ... | Ja, gern, ich ...

→ KB 9   **6   Zusammengesetzte Wörter**

a | Wie sind die Wörter zusammengesetzt? Notieren Sie. Wie ist der Artikel?

|_____| Rockmusikkonzert   ← |_____| + |_____| + |_____|

|_____| Universitätsstadtzentrum   ← |_____| + |_____| + |_____|

> **FOKUS SPRACHE**
>
> Auch bei mehrfach zusammengesetzten
> Wörtern gibt das letzte Wort den Artikel.
> das Bundesausbildungsförderungsgesetz

b | Hier sind fünf zusammengesetzte Wörter versteckt. Markieren Sie
die Wortgrenzen und nennen Sie den Artikel der Wörter.

POPMUSIKSTUDENT | KINDERTAGESSTÄTTESTUDENTENWOHNHEIMZIMMERSPRACHKURSTEIL
NEHMERMUNDHARMONIKAORCHESTER

→ KB 11   **7   Ausbildung oder Studium?**

Melanie Fries

Ich mache eine Ausbildung als
Bankkauffrau und verdiene jetzt
schon Geld. Ein Studium ist teuer
und dauert zu lange. Ich habe
Freunde an der Universität. Sie
sagen, Studieren kann sehr
theoretisch sein. Ich arbeite aber
sehr gern praktisch. Eine Ausbildung
passt wirklich sehr gut zu mir.

> **FOKUS SPRACHE**
>
> dass-Satz
> Der Nebensatz beginnt mit |_____|.
> Das Verb steht am |_____|.

Ergänzen Sie die Sätze.

Hauptsatz	Nebensatz		
1. Melanie sagt,	dass	ein Studium teuer	ist.
2. Sie findet,		ein Studium	
3. Sie hat gehört,			
4. Sie glaubt,		eine Ausbildung sehr gut zu ihr	

8   Studium und Arbeit? – Wer denkt, glaubt, meint, findet was?

a | Was schreiben die Personen im Forum? Lesen Sie und ergänzen Sie die Sätze.

> Von: Katana
>
> Betr.:   Kann man neben dem Studium arbeiten?
>
> Hallo. Ich will neben meinem Studium im Semester arbeiten. Ich kann in einer Firma
> 15 Stunden pro Woche arbeiten. Ist das okay? Was meint ihr? Danke für eure Antworten.
> Katana
>
> Manogo: 15 Stunden sind kein Problem.
>
> Doka: Schwierig. Viele Studenten mit einem Job bekommen Probleme an der Uni.
>
> Rea113: Ja, genau! Ich lebe von wenig Geld und mache dafür einen guten Abschluss.
>
> Stupsi: Viele Leute arbeiten neben dem Studium, weil sie das Geld brauchen.
>
> Karl: Nein, danke. Arbeiten und studieren ist nur stressig!

1. Manogo findet, _dass 15 Stunden kein Problem sind._

2. Doka meint, _____.

3. Rea113 schreibt, _____ und _____.

4. Stupsi glaubt, _____, weil sie das Geld brauchen.

5. Karl denkt, _____.

b | Was denken, glauben, meinen, finden Sie? Notieren Sie dass-Sätze und schreiben Sie eine Antwort auf Katanas Frage.

↪ KB 12

9   Das Wichtige markieren

a | Analysieren Sie die Situation. Auf welche Fragen finden Sie Antworten? Markieren Sie.

Was suche ich? | Was muss ich können? | Wann? | Wo? | Wer? / Für wen? | Wie viel Geld?

Sie suchen einen Job in den Semesterferien. Sie möchten mindestens 7 € pro Stunde verdienen.

b | Welche Anzeige passt zur Situation? Markieren Sie mit den gleichen Farben. Vergleichen Sie.

❶

Nebenjob für Studenten
Maklerbüro sucht Studenten, die in den Nachmittags-
stunden gerne telefonieren!
Die Arbeitszeiten sind Mo - Fr von 16:00 - 19:00 Uhr,
Verdienst 7,50 € pro Stunde und nochmal 10,00 €
extra für jeden gemachten Termin.
Auch als Vollzeitjob in den Semesterferien möglich.

❷

Job für Pädagogik-Studenten
Alleinerziehende Studentin sucht
Babysitter für ihre Kinder
(5 und 7 Jahre),
1-2 Abende pro Woche im Semester,
jeweils ca. 3 Stunden.
Bezahlung nach Vereinbarung.

10 Am Schwarzen Brett

Lesen Sie die Aufgaben 1–3 und die Anzeigen vom Schwarzen Brett der Universität. Welche Anzeige passt zu welcher Situation? Für eine Aufgabe gibt es keine Lösung. Schreiben Sie hier den Buchstaben X.

1. Sie sind von Februar bis Juli im Ausland. Sie möchten Ihr Zimmer vermieten. |_____|

2. Sie suchen ein WG-Zimmer. Es muss günstig und in der Nähe der Uni sein. |_____|

3. Sie möchten Englisch lernen. Sie möchten aber kein Geld ausgeben. |_____|

 A

WG-Zimmer frei

Es werden 2 Zimmer in unserer zentralen 5er-WG frei. Die Zimmer sind je ca. 20 qm groß. Nur 5 Min. zur Uni. Jedes Zimmer kostet monatlich 241 € warm.

 B

Zwischenmiete

Ich (23, w) suche dringend ein möbliertes Zimmer vom 01.03. bis zum 31.07. Miete alles inklusive maximal 200 Euro.

C

Hit-Radio sucht ...

Wir suchen für unser Team PRAKTIKANT/-IN mit sehr guten Englisch-Kenntnissen. Wir bieten interessante Aufgaben in einem englischsprachigen Medienunternehmen.

D

Praktikum im Ausland

Auslandsaufenthalt ohne Extra-Kosten: Wir vermitteln Praktikumsplätze in England – ideal für Studenten: Verbessern Sie Ihr Englisch in den Semesterferien!

STRATEGIE

1. Markieren Sie die Schlüsselwörter in den Aufgaben.
2. Suchen Sie ähnliche Antworten in den Anzeigen.
3. Passt die Anzeige zur Situation? Vergleichen Sie.

→ KB 13

11 Was hören Sie (nicht)?

_1 a | Man spricht oft anders, als man schreibt. Hören Sie den Dialog aus dem Kursbuch mehrmals. Was hören Sie nicht? Streichen Sie durch.

Markus: **Habe** ich dir schon erzählt, dass ich im Bus …

Jan: Was? Ich **verstehe** dich **nicht**.

Markus: Ich **habe eine** Frau getroffen.

Jan: Wie? Ich **habe** dich noch **nicht** verstanden.

Markus: Im Bus **habe** ich **eine** Frau getroffen.

Jan: Wen hast du getroffen?

FOKUS SPRACHE

Merkmale gesprochener Sprache
Man spricht bei Verben in der 1. Person Singular das e am Ende nicht: ich hab**e**
Man spricht das t am Ende von Wörtern nicht: nich**t**
Man spricht den unbestimmten Artikel nicht komplett: **e**ine, **e**in(en)

_2 b | Ich hab was Tolles zu Hause … Hören Sie die Muster und sprechen Sie einen ähnlichen Satz.

- Ich hab**e eine** Geige. - Ich hab**e ein** Klavier. - Und ich hab**e einen** Klavierspieler.

→ KB 14

12 Schönes Wetter heute!

a | Sehen Sie die Bilder an. Welcher Satz passt zu welcher Situation? Ordnen Sie zu.

2. Schönes Wetter heute! Endlich kommt der Frühling.

1. Heute ist aber viel los in der Stadt.

4. Warten Sie, ich halte Ihnen die Tür auf.

3. Sie können gern vor!

b | Wählen Sie eine Situation aus und führen Sie das Gespräch weiter. Nehmen Sie Ihre Gespräche auf und vergleichen Sie sie im Kurs.

    □ Ja, haben Sie das nicht gehört? Heute …
    □ Danke, das ist …
    □ Ja, ich hoffe, …

→ KB 15

13 Hoffnungen und Befürchtungen

a | In welchen Situationen sagt man diese Sätze? Beschreiben Sie.

    1. Hoffentlich kommt der Bus bald!
    2. Schon zehn Uhr und er ist immer noch nicht da. Hoffentlich ist nichts passiert!
    3. Ich fürchte, dass ich zu spät komme.
    4. Ich hoffe, dass du den Geburtstag von Tante Marga nicht vergisst.

b | Finden Sie weitere Situationen und notieren Sie sie auf Kärtchen.

    Mann hat einen Termin und steht im Stau!

c | Ziehen Sie ein Kärtchen und reagieren Sie passend.

    Hoffentlich …

    Ich fürchte, dass …

    Ich hoffe, …

KB 17 14 **Kleidungsstücke**

 _3 a | Wen sucht die Polizei? Hören Sie und kreuzen Sie an.

die Hose, -n

b | Wie heißen die Kleidungsstücke? Ergänzen Sie die Wörter mit Artikel und Pluralform.

 KB 18 15 **Wer hat denn so etwas?**

a | Ziehen Sie ein Kärtchen und notieren Sie ein passendes Wort. Markieren Sie den betonten Vokal
(lang = _ ; kurz = .)

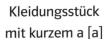 Kleidungsstück mit kurzem a [a]

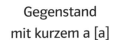 Gegenstand mit kurzem a [a]

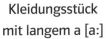 Kleidungsstück mit langem a [a:]

Kleidungsstück mit kurzem e [ɛ]

Gegenstand mit kurzem e [ɛ]

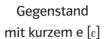 Gegenstand mit kurzem i [ɪ]

Kleidungsstück mit kurzem o [ɔ]

Kleidungsstück mit langem o [o:]

Kleidungsstück mit langem u [u:]

Gegenstand mit langem u [u:]

Kleidungsstück mit kurzem ü [ʏ]

Kleidungsstück mit ei [aɪ]

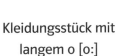

b | Wer hat / trägt das in Ihrem Kurs? Bilden Sie Sätze.

 Karim trägt einen Anzug.

 Anne hat einen Ring.

→ KB 17

16   Wer ist das?

a | Markieren Sie die Adjektive.

Rote Haare,
alte Schuhe,
große Wohnung,
weißes Pferd,
langer Strumpf!

b | Ergänzen Sie die Tabelle. Was ist gleich? Markieren Sie die Signalendung an den Adjektiven.

	maskulin	neutral	feminin	Plural
Signalendung	R	S	E	E
Adjektiv + Nomen	langer Strumpf			

FOKUS SPRACHE

c | Ergänzen Sie die Adjektive in der richtigen Form.

Adjektive vor Nomen
Wenn es kein Artikelwort gibt, hat das
Adjektiv die Signalendung.

_____ (lang) Haare, _____ (groß) Hände,

_____ (blau-weiß) Hose, _____ (schwer) Stein

auf dem Rücken und _____ (freundlich) Gesicht.

d | Erstellen Sie kleine Rätsel. Beschreiben Sie eine bekannte Figur. Die anderen im Kurs raten.

17   Achtung, gut zuhören und nicht verwechseln!

a | Hören Sie die Wortpaare und achten Sie auf die Markierungen. Hören Sie noch einmal und sprechen Sie nach.

Bar – **P**aar | **b**acken – **p**acken | Ge**b**äck – Ge**p**äck
danken – **t**anken | En**d**e – En**t**e
Garten – **K**arten | **g**ern – **K**ern
wir – **v**ier | **W**ein – **f**ein | **W**elt – **F**eld

FOKUS SPRACHE

p, t, k, f spricht man immer stark (= gespannt oder for...
b, d, g, w spricht man schwach (= ungespannt oder len...

b | Schreiben Sie 10 beliebige Wörter aus a auf einen Zettel. Flüstern Sie die Wörter Ihrer Lernpartnerin / Ihrem
Lernpartner leise, aber deutlich zu. Wer hat alle Wörter in der richtigen Reihenfolge aufgeschrieben?

Lernen Sie Deutsch mit Musik?

a | Hilft Ihnen Musik beim Deutschlernen? Lesen Sie die Fragen und kreuzen Sie an.

	Ja, oft.	Manchmal.	Nein, nie.
Hören Sie Musik beim Lernen?			
Singen Sie deutsche Lieder?			
Merken Sie sich deutsche Wörter / Sätze aus Liedern?			
Hören Sie deutsche Radiosender?			
Suchen Sie Texte von deutschen Liedern im Internet?			
Sehen Sie sich Musiksendungen im Fernsehen an?			

b | Wann nehmen Sie Deutsch noch über die Ohren auf? Notieren Sie.

in Gesprächen mit Deutschen, ...

c | Lernen Sie Deutsch auch über die Augen, die Nase, den Mund? Wann und womit? Ergänzen Sie das Bild.

> **TIPP**
>
> Nutzen Sie jede Gelegenheit: Hören, sprechen, lesen und schreiben Sie Deutsch so oft wie möglich!
> Übung macht den Meister!

 d | Kann man Deutsch auch schmecken / riechen? Diskutieren Sie.

Musikinstrumente

Welche Instrumente spielen die Personen in Ihrem Kurs?

Musik beschreiben

Wie klingt Ihre Lieblingsmusik? Beschreiben Sie.

melancholisch
fröhlich
…

Studium

Wer / Was gehört für Sie zu einer Universität?

die Studentin

Universität

Kleidungsstücke

Was trägt Ihre Lernpartnerin / Ihr Lernpartner heute? Notieren Sie.

eine Hose,

der Rock
die Kette
die Strümpfe
…

So sage ich: ein Smalltalk-Gespräch eröffnen

Sie gehen einkaufen, das Wetter ist schön:

Sie fahren mit dem Taxi, es ist Stau:

Was für Musik hören Sie gern?

Jazz.

Das Fragewort was für ein / eine?

		maskulin	neutral	feminin	Plural	
Nominativ	Was für	ein Musikstil	ein Konzert	eine Band	Instrumente	gefällt / gefallen Ihnen?
Akkusativ	Was für	einen Musikstil	ein Konzert	eine Band	Instrumente	hören Sie gern?

Manche Nomen stehen im Singular ohne Artikel: Was für Musik?

- Welche Form ist besonders? Markieren Sie.

dass-Satz

Hauptsatz	Nebensatz		
Ich finde,	dass	ein Studium teuer	ist.
Denkst du,	dass	ein Studium zu lange	dauert?
Er sagt,	dass	er im Sommer eine Ausbildung	anfängt.
Sie hat gehört,	dass	ein Studium sehr theoretisch	sein kann.
Wir glauben,	dass	viele Menschen neben dem Studium	gearbeitet haben.

- Markieren Sie im Nebensatz das konjugierte Verb / den konjugierten Verbteil.
- Welche Verben stehen im Hauptsatz? Notieren Sie: finden, _____, _____, _____.

Tolle Jacke, steht dir sehr gut!

Adjektive vor Nomen

Die Signalendungen können vor Nomen entweder am Artikel oder am Adjektiv stehen.

maskulin	neutral	feminin	Plural
R	S	E	E
der Schal	das Kleid	die Jacke	die Blumen
eleganter Schal	schickes Kleid	moderne Jacke	frische Blumen

- Was ist gleich? Markieren Sie.

1 Lust auf Kaffee

a | Das ist Yoko. Warum kocht sie ihren Kaffee nicht zu Hause?
Spekulieren Sie.

- Sie hat keine Küche.
- Sie flirtet gern mit dem Mann im Café.
- Sie hat keine Lust, Kaffee zu kochen.
- …

_11/1 b | Vergleichen Sie Ihre Vermutungen. Sehen Sie dann den Film, Teil 1.

2 Steckbrief

_11 a | Sehen Sie jetzt den ganzen Film und füllen Sie den Steckbrief aus.

Vorname:	
Der Vorname kommt aus (Land):	
Wohnort:	
Stadtteil:	Kreuz _ _ _ _ _
Straße und Hausnummer:	_ _ _ _ _ heide
Geburtsjahr:	
Beruf:	
Name der Band:	
Nationalität (Vater):	
Nationalität (Mutter):	
Lieblingsessen:	Te _ _ _ _ _
…	

b | Wie finden Sie Yoko? Und die anderen? Tauschen Sie sich aus.

> interessant | flippig | rockig | jung | sympathisch | traurig | langweilig | emotional |
> modisch | fröhlich | …

3 Musik und Essen

_11 a | Was macht Yoko zuerst? Sehen Sie den Film und bringen Sie die Fotos in die richtige Reihenfolge.

b | Wann sagt Yoko diese Sätze? Suchen Sie die Situationen im Film und ordnen Sie die Sätze zu.

1. „In meiner Freizeit koche ich sehr gerne, aber essen tue ich noch viel lieber."
2. „Das Kochen habe ich von meiner Mutter gelernt."
3. „Das Lied habe ich mit zehn Jahren gespielt."
4. „Wir machen jetzt den Mikrofoncheck."

4 Immer besser kennen lernen

_11/3 a | Yokos Vater spricht über seine Frau.
Lesen Sie das Zitat und sehen Sie Teil 3.
Was meint er damit?

> 1981 bin ich nach Japan gefahren und habe dort meine Frau getroffen. Und seit Jahren versuche ich sie kennen zu lernen.

b | Welche Fragen möchten Sie Yokos Vater stellen? Formulieren Sie Fragen.

5 Was zieht Yoko an?

_11 a | Yoko zieht sich oft um. Was hat sie im Film alles an?
Sehen Sie den Film und wählen Sie die Kleidungsstücke aus.

Mütze | T-Shirt | Jeans | Rock | Schal | Mantel | Kleid | Jacke | Hut |
Hose | Schürze  | Sonnenbrille | Tuch | Bluse | Stiefel

b | In welcher Kleidung gefällt Ihnen Yoko am besten? Wie sieht die Kleidung aus?
Beschreiben und zeichnen Sie sie. Vergleichen Sie dann.

6 Quizfrage

In welchem Land feiert man ein Fest mit solchen Fischen? Für wen ist das Fest?

12 Gar nicht so einfach!

Nomen

das Schild, -er	
die Haltestelle, -n	
die Unterführung, -en	
der Parkplatz, ⸚e	
die Spielstraße, -n	
das Seniorenheim, -e	
der Wickelraum, ⸚e	
die Behinderung, -en	Menschen mit Behinderung
der Rollstuhlfahrer, - die Rollstuhlfahrerin, -nen	
die Rolltreppe, -n	
die Linie, -n	Nehmen Sie die Linie U4 nach ...
die Richtung, -en	
der Sessel, - der Fernsehsessel, -	
der Schrank, ⸚e der Kleiderschrank, ⸚e der Küchenschrank, ⸚e	
der Tisch, -e der Esstisch, -e	
der Hocker, -	
das Regal, -e das Bücherregal, -e	
die Kommode, -n	
die Lampe, -n die Stehlampe, -n die Leselampe, -n	
der Teppich, -e	
die Gardine, -n	
der Bilderrahmen, -	
die Decke, -n	Legen Sie eine schöne Decke auf das Sofa!
das Kissen, -	
die Pflanze, -n	
die Zeitschrift, -en	
die Fensterbank, ⸚e	

das Holz (nur Sg.)	
das Metall (nur Sg.)	
das Besteck, -e	
das Geschirr (nur Sg.)	
das Museum, Museen	
das Volksfest, -e	
die Wanderung, -en	
der Betriebsausflug, ⸚e	
die Führung, -en	
die Besichtigung, -en	
die Teilnahme, -n	
der Spaziergang, ⸚e	
der Reisebus, -se	
die Klimaanlage, -n	
der Hof, ⸚e der Bio-Hof, ⸚e	
der Stall, ⸚e	
der Laden, ⸚	
der Betrieb, -e	
der Mitarbeiter, -	
die Technik (nur Sg.)	
die Region, -en	
die Kunst, ⸚e	
das Kunstwerk, -e	
das Schloss, ⸚er	Das Königsschloss ist auf der Herreninsel.
die Galerie, -n	
die Anfrage, -n	
der Grund, ⸚e	
die Unterschrift, -en	

Verben

parken	
verpassen	den Bus verpassen
schaffen	Das schaffe ich nicht.
rennen, ist gerannt	
ziehen, hat gezogen	
hängen, hat gehangen	Das Bild hängt an der Wand.
hängen	Er hat das Bild an die Wand gehängt.
legen	
stellen	
werfen, hat geworfen	
vorschlagen, hat vorgeschlagen	
reagieren	
reden	
trennen	
stärken	Ein Betriebsausflug stärkt das Teamgefühl.
erfahren, hat erfahren	

Adjektive

gebraucht ↔ neu	
originell	
verstellbar	
ausziehbar	
ausklappbar	
lieferbar	
bunt	
positiv ↔ negativ	
nötig ↔ unnötig	
richtig ↔ falsch	Ich finde es richtig / falsch, dass ...
alkoholfrei	alkoholfreie Getränke
barrierefrei	

Wendungen

außer Betrieb sein	Der Aufzug ist außer Betrieb.
Keine Ursache!	
Klasse!	
Nein, auf keinen Fall!	
Das ist eine gute Idee!	
Mir ist es egal.	
Sehr geehrte Damen und Herren	
Vielen Dank im Voraus	

Kleine Wörter

fast	
wie	
echt	Das ist echt toll!
miteinander	
überall	
etwa	

Präpositionen

aus	aus Holz, aus Metall
hinter	
vor (Ort)	vor dem Schrank
über (Ort)	über dem Bett
unter (Ort)	
neben	

TIPP
Malen Sie kleine Bilder zu den Präpositionen.

- Notieren Sie die Nomen auf -e und -ung. Markieren Sie den Artikel.
- Welche Wörter passen zu den Themen *Wohnung* und *Stadt*? Markieren Sie mit zwei Farben.

Das finde ich interessant:

Das klingt lustig:

Das will ich mir unbedingt merken:

→ KB 1

1 Orte mit Schildern: Wortpuzzle

a | Wie viele zusammengesetzte Wörter finden Sie? Kombinieren Sie.

Hof

Haltestelle

Kauf-

Büro-

Spiel-

Heim

Haus

Kinder-

Kranken-

Garten

Flug-

Park-

Senioren-

Platz

Rat-

Bahn-

Hafen

Bus-

Gebäude

b | Notieren Sie die Wörter mit Artikel und Plural.

das Bürohaus, die Bürohäuser

→ KB 3

2 So kommen Sie zum Hotel

In der E-Mail sind leider fünf Fehler.
Lesen Sie und korrigieren Sie mit dem Netzplan im Kursbuch.

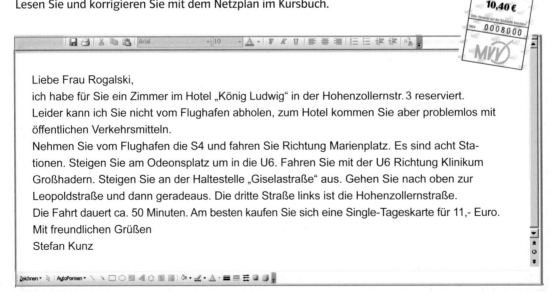

Liebe Frau Rogalski,
ich habe für Sie ein Zimmer im Hotel „König Ludwig" in der Hohenzollernstr. 3 reserviert.
Leider kann ich Sie nicht vom Flughafen abholen, zum Hotel kommen Sie aber problemlos mit
öffentlichen Verkehrsmitteln.
Nehmen Sie vom Flughafen die S4 und fahren Sie Richtung Marienplatz. Es sind acht Sta-
tionen. Steigen Sie am Odeonsplatz um in die U6. Fahren Sie mit der U6 Richtung Klinikum
Großhadern. Steigen Sie an der Haltestelle „Giselastraße" aus. Gehen Sie nach oben zur
Leopoldstraße und dann geradeaus. Die dritte Straße links ist die Hohenzollernstraße.
Die Fahrt dauert ca. 50 Minuten. Am besten kaufen Sie sich eine Single-Tageskarte für 11,- Euro.
Mit freundlichen Grüßen
Stefan Kunz

KB 4

3 ## Fotografieren mit dem Handy?

a | Womit kann man das machen? Diskutieren Sie und notieren Sie.

> ein Fahrrad | ein Computer | ein iPod | eine Kamera | ein Handy | Bleistifte | S-Bahnen |
> ein Kugelschreiber | 5 Euro | ein Ball | ein Rollstuhl | eine Bankkarte | ein Saxofon

1. schreiben: *mit einem Kugelschreiber,*

2. fahren:

3. Musik hören:

4. fotografieren:

5. zeichnen:

6. spielen:

7. bezahlen:

b | Was ist besonders multifunktional? Erzählen Sie.

> Ein Handy ist multifunktional. Mit einem Handy kann ich telefonieren, …

FOKUS SPRACHE

Im Dativ haben alle Artikelwörter die gleichen Endungen:
maskulin: **-em**, neutral: ⌐___⌐, feminin: ⌐___⌐, Plural: **-n**

4 ## Mit dem Fahrrad zur Arbeit

a | Was passt nicht? Streichen Sie durch.

1. Stefan fährt mit seinem Fahrrad | ~~mit den Händen~~ | mit seiner Kollegin zur Arbeit.
2. Die Frau steigt mit ihren Taschen | mit einem Kinderwagen | mit einem Aufzug in die S-Bahn.
3. Auf einer Rolltreppe | in einer Spielstraße | auf einem Parkplatz darf man nicht spielen.
4. Die Kunden fahren mit ihrem Auto | mit einer Rolltreppe | mit einem Aufzug in den 2. Stock.
5. Herr Schramm parkt vor einem Wickelraum | vor einer Kirche | vor einem Haus.
6. Peter spielt mit seinem Fußball | mit einer Straßenbahn | mit Freunden.
7. Frau Möbius wartet mit ihrem Gepäck | mit zwei Koffern | mit einem Taxi an der Haltestelle.

b | Ergänzen Sie bitte die Tabelle. Was ist gleich? Markieren Sie.

	maskulin	neutral	feminin	Plural
unbestimmter Artikel				mit Freunden
Possessivartikel		mit seinem Fahrrad		

→ KB 8   **5**   ## Werbung, Werbung

a | Um welches Möbelstück geht es? Ergänzen Sie.

1. So schön kann sitzen sein!

|_____|

2. Fast so hell wie die Sonne!

| die Lampe |

3. Passt viel rein, ist viel weg!

|_____|

4. Sei wie du bist! Schlaf wie du willst!

|_____|

5. Kunstwerke unter den Füßen …

|_____|

6. Ein Rezept für Familienfeste

|_____|

b | Schreiben Sie selbst einen Werbespruch. Lesen Sie vor, die anderen im Kurs raten.

FOKUS SPRACHE

6   ## Quiz: Adjektive auf -bar

essen: essbar
liefern: lieferbar

Notieren Sie Antworten.

1. Kann man den Pilz essen?   Nein, der Pilz ist nicht essbar.

2. Kann man das Schild lesen? |_____|

3. Kann man das Wasser trinken? |_____|

4. Kann man das Sofa bezahlen? |_____|

5. Kann man die Aufgabe lösen? |_____|

→ KB 9   **7** ## Wohnungseinrichtung

⊙_5   Hören Sie und sprechen Sie leise mit. Ist der Vokal lang oder kurz? Sortieren Sie und lesen Sie vor.

der Schr**a**nk | der St**u**hl | der T**i**sch | das B**e**tt | das B**i**ld | der S**e**ssel | der T**e**ppich |
der H**o**cker | der Sp**ie**gel | die L**a**mpe | das S**o**fa | die M**ö**bel | das Reg**a**l | die L**e**selampe |
die Gard**i**nen | der K**ü**chenschrank | das B**ü**cherregal | der S**u**ppenteller | der L**ö**ffel

lang	kurz
[a:]	[a]
[e:]	[ɛ]
[i:]	[ɪ]
[o:]	[ɔ]
[u:]	[ʊ]
[ø:]	[œ]
[y:]	[ʏ]

STRATEGIE

Die Stimme und kleine Wörter zeigen, ob eine Person für oder gegen etwas ist.

→ KB 10   **8** ## Secondhand-Möbel: pro und contra

⊙_6   a | Pro oder contra? Hören Sie und kreuzen Sie an.

	Andrea Berger	Johann Kleinmeier
Die Stimme klingt positiv.		
Die Stimme klingt negativ.		
Er / Sie verwendet positive Wörter (*schön, toll, …*).		
Er / Sie verwendet negative Wörter (*nichts, nicht, …*).		

b | Auf wen trifft das zu? Andrea Berger oder Johann Kleinmeier? Ergänzen Sie die Namen.

_____ findet gebrauchte Möbel oft gut und schön.

_____ mag keine alten Möbel.

_____ findet neue Möbel-Trends interessant.

_____ kauft nicht gerne in Billig-Möbelläden ein.

_____ kauft sich neue Möbel in großen Möbelhäusern, weil es dort nicht teuer ist.

→ KB 11   **9** ## Zwei Bilder – zehn Unterschiede

a | Was ist auf Bild 2 anders? Suchen Sie und sprechen Sie.

> Die Decke liegt jetzt vor dem Bett.

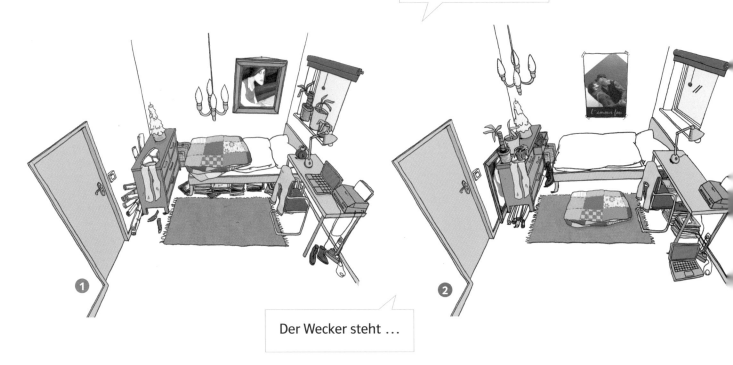

> Der Wecker steht …

b | Wo hängt / liegt / steht …? Ergänzen Sie Beispiele.

an	an der Wand	neben	
in		über	
auf		unter	
hinter		zwischen	
vor	vor dem Bett		

FOKUS SPRACHE

in dem = im
an dem = am

10 ## Nein, das stimmt doch nicht!

_7   a | Ein Ehepaar beschreibt seine Wohnung. Hören Sie und sprechen Sie nach. Achten Sie auf die Betonungen.

- Der Fernseher steht auf dem **Schrank**.   □ Nein, auf dem **Tisch**.
- Der Tisch steht vor dem **Regal**.   □ Nein, **neben** dem Regal.
- Das Regal hängt neben dem **Fenster**.   □ Nein, **unter** dem Fenster.

b | Spielen Sie ähnliche Dialoge im Kursraum. Widersprechen Sie nachdrücklich.
     Variieren Sie die Gegenstände (z. B. Buch, Lineal, Tafel).

11 Wohin mit den Geschenken?

a | Bettina und Stefan Sander haben zur Hochzeit viele Geschenke bekommen. Wohin damit? Ergänzen Sie den Dialog.

| unter den | neben das | aufs | vor die | an die |

an das = ans
auf das = aufs
in das = ins

- Wir legen den Teppich ⌐_____⌐ Bett.

- Nein, den Teppich legen wir besser ⌐_____⌐ Eingangstür.

- Okay. Prima Idee! Und die Vase?

- Die Vase stellen wir ⌐_____⌐ Bücherregal, oder?

- Ja, warum nicht. Und das Bild hängen wir im Wohnzimmer ⌐_____⌐ Wand.

- Nein, das Bild gefällt mir nicht. Ich finde, wir legen es ⌐_____⌐ Schrank.

b | Was machen die beiden mit den anderen Geschenken? Spielen Sie den Dialog weiter.

c | Wählen Sie zwei Geschenke. Wohin können Sie sie in Ihrer Wohnung hängen / legen / stellen? Schreiben Sie.

Mir gefällt die Vase gut. Ich kann sie auf die Kommode stellen.

12   hängen, liegen / legen, stehen / stellen

Was hängt, liegt, steht in einem Schrank? Notieren Sie weitere Beispiele.

hängen

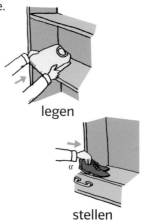

legen

stellen

hängen: der Mantel,

liegen / legen: das T-Shirt,

stehen / stellen: die Schuhe,

13   Nachrichten für Fabian

a | Ergänzen Sie: *hängen, liegen, legen, stehen, stellen.*

Lieber Fabian,
ich muss heute zum Arzt. Wenn du möchtest, kannst du dir Pfannkuchen backen. Eier ⎣＿＿＿＿＿⎦ im Kühlschrank. Die Milch ⎣＿＿＿＿＿⎦ auch dort. Mehl und Zucker ⎣＿＿＿＿＿⎦ im Hängeschrank rechts. Die Pfanne habe ich schon auf den Herd ⎣＿＿＿＿＿⎦.
Nimm nicht so viel Öl und vergiss nicht, die Eier wieder in den Kühlschrank zu ⎣＿＿＿＿＿⎦. Und ⎣＿＿＿＿＿⎦ bitte das schmutzige Geschirr in die Spülmaschine!
Kuss Mama
P.S. Am Kühlschrank ⎣＿＿＿＿＿⎦ ein Rezept für Pfannkuchen.

b | Ergänzen Sie passende Präpositionen.

Lieber Fabian,
ich bin noch beim Arzt. Kannst du bitte Steffi zum Sport bringen? Ihre Sportschuhe stehen ⎣＿＿＿⎦ Flur ⎣＿＿＿⎦ Eingangstür. Das T-Shirt habe ich ⎣＿＿＿⎦ Kleiderschrank gelegt. Die Jogginghose hängt ⎣＿＿＿⎦ Balkon. Hoffentlich ist sie schon trocken. Vergiss die Trinkflasche nicht. Sie steht ⎣＿＿＿⎦ rechten Hängeschrank ⎣＿＿＿⎦ Herd. Pack alles ⎣＿＿＿⎦ rote Sporttasche. Die mag Steffi am liebsten.
Bin so gegen 7 Uhr zu Hause. Danke. Mama.

FOKUS SPRACHE

Standort ⊗ : Präposition + ⎣＿＿＿＿＿⎦ (hängen, liegen, stehen)
Richtung ↗ : Präposition + ⎣＿＿＿＿＿⎦ (hängen, legen, stellen)

↳ KB 14 **14** ## Am Samstag in München

 a | Sie möchten in München ausgehen und suchen eine Person, die mitgeht. Lesen Sie die Tipps und spielen Sie Dialoge wie in den Beispielen.

TIPPS FÜR MÜNCHEN: Veranstaltungen am Samstag

Mamma Mia! *Das Musical mit den Kultsongs von Abba im Deutschen Theater.*

Krimifestival *Lesungen und Events mit bekannten Autoren aus aller Welt.*

Harlem Globetrotters *Die legendären Basketballer aus den USA zeigen Akrobatik am Ball.*

Bücherschau junior *Jede Menge Bücher für kleine Leseratten*

Weinmesse München *Wein direkt beim Winzer probieren und kaufen*

Woody Allen & His New Orleans Jazz Band *20:00 Uhr in der Philharmonie im Gasteig*

Tierfotografien aus Namibia *Wolf Steigers Aufnahmen afrikanischer Großtiere im Museum Mensch und Natur*

- ■ Hast du am Samstag etwas vor? Wir könnten zum Krimifestival gehen. Was meinst du?
- □ Das ist eine gute Idee!

- ■ Ich habe zwei Karten für Mamma Mia am Samstag. Das Musical würde ich gern sehen, aber nicht allein. Hast du Lust?
- □ Ich weiß nicht. Ich mag Musicals nicht so gern.

b | Bringen Sie Tipps für Ihre Stadt aus der Zeitung mit. Machen Sie Ihrer Lernpartnerin / Ihrem Lernpartner Vorschläge.

↳ KB 16 **15** ## Wortbildung: Nomen und Verben

a | Wie heißen die passenden Nomen? Lesen Sie die Texte im Kursbuch noch einmal und ergänzen Sie.

1. spazieren gehen _____

2. besichtigen _____

3. besuchen _____

4. sammeln _____

5. führen _____

6. teilnehmen _____

b | Welche Nomen aus a passen? Ergänzen Sie.

ANGEBOT:
Tagesausflug nach Stuttgart – nur 19 Euro!

Im Preis enthalten:

_____ mit dem Bus durch die Innenstadt.

_____ im Mercedes-Benz-Museum.

_____ im Stadtpark mit anschließender Kaffeepause.

_____ an einer Weinprobe.

→ KB 17   **16**   **Eine Anfrage schreiben**

a | Lesen Sie die Anzeigen. Was bieten die Personen?

Franks Feldküche

Von der Erbsensuppe bis zum Kartoffeleintopf – alles immer frisch! Wir bieten leckere Suppen für 20 bis 100 Personen auf Ihrer Open-Air-Party.

Andys mobile Cocktailbar

Sie planen ein Fest oder eine Party und suchen noch etwas Besonderes? Wir besuchen Sie gerne und verwöhnen Ihre Gäste, Freunde oder Kunden mit leckeren alkoholfreien Cocktails!

Viel Spaß für die Kleinen

Wir gestalten Ihren Kindergeburtstag ganz nach Ihren Wünschen und mit vielen kreativen Ideen! Lustige Torten, Spiele, Clowns, Jongleure, Musiker … Einfach alles, was Kindern gefällt.

b | Sie organisieren ein Fest. Wählen Sie eine Anzeige. Welche Informationen braucht die Person über Sie und Ihr Fest? Machen Sie Notizen.

> Kindergeburtstag
> 10 Kinder, 7-8 Jahre alt
> ca. 3 Stunden
> …

 STRATEGIE

Sie möchten einen Brief oder eine E-Mail schrei… Überlegen Sie, welche Informationen für den Empfänger wichtig sind. Machen Sie Notizen.

c | Schreiben Sie eine Anfrage.

Sehr geehrte Damen und Herren,

_____

_____

_____

_____

Bitte senden Sie Ihr Angebot bis _____ .

Vielen _____

_____ Grüßen

_____

Stehen Sie auf?

Bei einer Umfrage im Internet haben 86 Jugendliche folgende Frage beantwortet:
Steht ihr im Bus oder in der Bahn für ältere Menschen auf?

a | Wie viele Jugendliche haben diese Antwort gewählt? Was denken Sie? Sehen Sie das Schaubild an und ordnen Sie die Zahlen zu.

14 | 18 | 34 | 6 | 14

	Steht ihr für ältere Menschen auf?	
1	Klar! Das tue ich auch für Kinder. Das ist selbstverständlich!?	
2	Meistens, teilweise bin ich einfach zu müde!	
3	Selten, nur wenn kein anderer aufsteht!	
4	Hmm, nöö ich denke mir immer „irgendjemand wird's schon machen".	
5	Ich lebe in meiner eigenen Welt und nehme um mich herum nichts wahr!	
	Teilnehmer: 86	

b | Vergleichen Sie mit dem Ergebnis der Umfrage unten auf der Seite. Was ist für Sie überraschend? Was ist interessant?

c | Wie könnten die Antworten in Ihrem Heimatland aussehen? Was glauben Sie?

> Bei uns in … haben viele Respekt vor älteren Menschen. Man steht fast immer auf, wenn ein älterer Mensch einsteigt.

Ergebnis der Umfrage:
1. 34 (39,53 %), 2. 18 (20,93 %), 3. 14 (16,28 %),
4. 6 (6,98 %), 5. 14 (16,28 %)

In der Stadt unterwegs

Was haben Sie schon erlebt?

Die U-Bahn war nicht pünktlich.

stürzen
verpassen
außer Betrieb sein
kaputt sein
…

Möbel

Welche Möbel haben Sie in Ihrer Wohnung?

Sie wollen ein Möbelstück verkaufen. Schreiben Sie eine Anzeige.

Verkaufe ein

ausziehbar
originell
…
aus Holz / Metall
… Jahre alt
…

Auf einem Ausflug

Was würden Sie gern auf einem Betriebsausflug machen?

die Besichtigung
die Wanderung
das Schloss
das Museum
…

So sage ich: Vorschläge machen / auf Vorschläge reagieren

Sie bekommen Besuch von Freunden mit zwei Kindern. Machen Sie zwei Vorschläge für Aktivitäten.

Ein Freund / Ihr Sohn möchte mit Ihnen ins Kino.

Sie haben keine Lust:

Sie finden den Vorschlag toll:

Sie möchten nicht ins Kino und machen einen anderen Vorschlag:

Artikelwörter im Dativ

> Die Frau steigt mit einem Kinderwagen, zwei Hunden und mit ihrer Tochter auf dem Arm in die Straßenbahn ein.

	maskulin	neutral	feminin	Plural
bestimmter Artikel	auf dem Arm	mit dem Ohr	mit der Hand	mit den Beinen
unbestimmter Artikel	in einem Rollstuhl	mit einem Taxi	auf einer Rolltreppe	mit Bussen
Negativartikel	in keinem Schloss	in keinem Haus	in keiner Kirche	auf keinen Straßen
Possessivartikel	mit seinem Freund	mit ihrem Kind	mit meiner Mutter	mit unseren Kollegen

- Welche Formen sind gleich? Markieren Sie.
- Was ist typisch für Dativ Plural?

Lokalangaben: Präpositionen mit Akkusativ oder Dativ

> Der Teppich liegt vor dem Bett. Das gefällt mir nicht. Ich lege den Teppich zwischen das Fenster und die Kommode.

- in
- hinter
- über
- an
- vor
- neben
- auf
- unter
- zwischen

Wo? ⊗ | **Wohin?** ↗

	... hängt / liegt / steht ...	Ich hänge / lege / stelle ...
maskulin	im Schrank auf dem Tisch hinter dem Sessel	in den Schrank auf den Tisch hinter den Sessel
neutral	unter dem Sofa vor dem Bett über dem Fenster	unter das Sofa vor das Bett über das Fenster
feminin	an der Wand neben der Vase	an die Wand neben die Vase
Plural	zwischen den Büchern	zwischen die Bücher

Zu Hause in Leipzig

a | Das ist Frau Sauerstein. Spekulieren Sie: Was haben die Fotos mit ihrem Leben zu tun?

  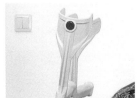 

 _12   b | Vergleichen Sie Ihre Vermutungen. Sehen Sie dann den Film. Was haben die Fotos wirklich mit Frau Sauerstein zu tun?

2   Steckbrief

_12   Sehen Sie den Film noch einmal. Füllen Sie danach die Lücken im Steckbrief aus. Vergleichen Sie in der Gruppe und überprüfen Sie Ihre Antworten.

Vorname:	
Familienname:	
Wohnort (Stadt, Stadtteil, Haus):	_____, Wiederitsch, ein _____-Familienhaus
Alter:	
_____ :	1. Dreherin 2. Technische Zeichnerin
In Rente seit:	
_____ :	Kanufahren
Aufgaben in der Familie:	
gesundheitliche Probleme:	
Fahrzeuge:	
...	

3 | Arbeit, die sich sehen lässt

_12/4 **a |** Sehen Sie den Film, Teil 4. Wie heißen die Gebäude, die Frau Sauerstein ihrem Enkelkind zeigt?
Ergänzen Sie die richtige Bildunterschrift.

die _____

Nikolai _____

Glocken _____

Thomas _____

b | Frau Sauerstein erzählt ihrem Enkelkind von ihrer Arbeit. Welcher Satz stimmt, welcher nicht?
Korrigieren Sie die falschen Sätze.

☐ Ich war bei der Bauplanungsfirma „Leipzig Projekt" als Architektin angestellt.

☐ Unser Büro war in der 9. Etage im Glockenturm.

☐ Die Oper war das erste Gebäude, bei dem ich mitgearbeitet habe.

☐ Da habe ich speziell die Heizungstechnik gemacht.

☐ Mein letztes Projekt war die Nikolaischule.

☐ In der DDR-Zeit haben wir viele berühmte Gebäude renoviert.

c | Bilden Sie Gruppen und suchen Sie Informationen zu einem Gebäude im Internet.
Stellen Sie Ihre Ergebnisse den anderen vor.

4 Geschichte einer Krankheit

Frau Sauerstein schreibt einer alten Freundin von ihrer Krankheitsgeschichte. Was steht in dem Brief?
Bringen Sie die Stichwörter in eine Reihenfolge und schreiben Sie den Brief.

> operieren | Unfall | Kniegelenk und Sprunggelenk gebrochen |
> Schrauben und Schiene | nicht laufen können | Rollstuhl |
> Krücken | Schmerzen | Krankenhaus | Fahrrad

5 Quizfrage

Wie heißt das Krankenhaus, in dem Frau Sauerstein war?

Bearbeiten Sie die Aufgaben. Vergleichen Sie mit den Lösungen auf S. 208. Notieren Sie Ihre Punktzahl.
Markieren Sie in der Rubrik **Ich kann**: 4–6 Punkte = gut, 0–3 Punkte = nicht so gut.

Komplimente machen   ___ / 6 P

Ergänzen Sie und ordnen Sie zu.

1. _____ Schuhe (elegant)!   ○   ○ Steht dir wirklich gut!

2. Wow, _____ Kleid (toll)!   ○   ○ Wo hast du es gekauft?

3. Mensch Markus, _____ Anzug (schick).   ○   ○ Die passen perfekt zu deinem Kleid!

	gut ☺	nicht so gut ☹
Ich kann jemandem ein Kompliment machen.		

Meinungen erkennen   ___ / 6 P

○_8   Hören Sie die Meinungen und kreuzen Sie an.

Studium und Nebenjob? Na klar!

	Person 1	Person 2	Person 3
Pro			
Contra			

	gut ☺	nicht so gut ☹
Ich kann Meinungen von Personen zu einem Thema erkennen.		

Nachfragen   ___ / 6 P

Ergänzen Sie bitte.

1. _____, was _____ dieses Schild?

2. Ich habe eine _____, was _____ ein Single-Tagesticket?

3. Was _____ „höhenverstellbar"? Können Sie mir das bitte _____.

	gut ☺	nicht so gut ☹
Ich kann nachfragen, wenn ich etwas nicht verstehe.		

4 Einen Prospekt verstehen ___ / 6 P

Welche Überschrift passt? Lesen Sie und ordnen Sie zu.

A Günstige Reiseziele im Internet   B Sparen mit dem Ferien-Ticket
C Mit dem Rad Berlin entdecken   D Betriebsausflüge einfach am PC planen
E Interessante Ferien zu Hause   F Fahrräder für jedes Alter in Berlin

1 Sie planen einen Betriebsausflug und suchen Unterstützung?
Wir helfen Ihnen gerne. Besuchen Sie uns einfach auf unserer Internetseite und wählen Sie aus über 100 verschiedenen Angeboten aus, den Rest erledigen wir für Sie.

2 Wenn Sie mit einer Gruppe nach Berlin reisen, kommt eine gemeinsame Aktivität bei den Reisenden immer gut an. Ob Vereinsfahrt, Betriebsausflug oder Klassenreise – unsere Stadtführungen mit dem Fahrrad sind ein besonderes Erlebnis.

3 Wie in den letzten Jahren bietet die Stadt auch in diesem Sommer ein attraktives Ferienprogramm an
Die Museen haben wieder tolle Ausstellungen im Programm, in den Kinos gibt es Sondervorstellungen, die Volkshochschule organisiert viele interessante und günstige Kurse, …

	gut ☺	nicht so gut ☹
Ich kann wichtige Informationen in Prospekten verstehen.		

5 Eine Jobanzeige schreiben ___ / 6 P

Sie suchen einen Job als Babysitter. Schreiben Sie eine Anzeige für ein Schwarzes Brett.
Beschreiben Sie sich und was Sie können (Alter, Charakter, Erfahrung mit Kindern, mögliche Arbeitszeiten).
Vergleichen Sie dann mit Ihrer Lernpartnerin / Ihrem Lernpartner.

	gut ☺	nicht so gut ☹
Ich kann eine Jobanzeige schreiben und erklären, was ich kann.		

✓ MEIN ERGEBNIS

Übung	Punkte
1	
2	
3	
4	
5	
Summe	

0-14 Punkte: Das ist noch nicht so gut.
Üben Sie noch ein bisschen.
15-20 Punkte: Gutes Ergebnis! Lassen Sie nicht nach.
21-30 Punkte: Prima! Weiter so!

13 In Bewegung

TIPP
Mit welchen Wörtern verbinden Sie Geräusche Imitieren Sie sie.

Nomen

der Reporter, - die Reporterin, -nen	
der Trainer, - die Trainerin, -nen	
der Schiedsrichter, - die Schiedsrichterin, -nen	
der Spieler, - die Spielerin, -nen	
die Mannschaft, -en die Nationalmannschaft, -en	
das Tor, -e	*ein Tor schießen*
das Spielfeld, -er	
das Stadion, Stadien	
die Halle, -n	
die Dusche, -n	
die Regel, -n	
der Sportverein, -e	
das Fernsehen (nur Sg.)	*Sport im Fernsehen*
der Nationalsport (nur Sg.)	
der Einzelsport (nur Sg.)	
der Mannschaftssport (nur Sg.)	
die Sportart, -en	
der Baseball (Sport, nur Sg.)	
der Handball (Sport, nur Sg.)	
der Volleyball (Sport, nur Sg.)	
das Tennis (nur Sg.)	
das Tischtennis (nur Sg.)	
das Eishockey (nur Sg.)	
das Ballett (nur Sg.)	
das Boxen (nur Sg.)	
das Rudern (nur Sg.)	
das Joggen (nur Sg.)	
das Schlittschuhlaufen (nur Sg.)	

der Flüchtling, -e	
die Leistung, -en	
der Respekt (nur Sg.)	
das Vorbild, -er	
der Vorteil, -e	
das Vorurteil, -e	
der Rassismus (nur Sg.)	
der Ausländer, - die Ausländerin, -nen	
das Werkzeug, -e	
die Werkzeugkiste, -n	
der Hammer, -	
die Zange, -n	
der Schraubenschlüssel, -	
der Schraubenzieher, -	
die Säge, -n	
die Bohrmaschine, -n	
der Pinsel, -	
die Farbe, -n	*Farbe zum Streichen*
der Eimer, -	
die Schraube, -n	
der Nagel, ¨	
der Dübel, -	
die Mutter, -n	
der Baumarkt, ¨e	
die Lieferung, -en	
der Liefertermin, -e	
das Lager, -	
die Bestellung, -en	
das Ehrenamt, ¨er	
das Engagement, -s	

Verben

schießen, hat geschossen	
trainieren	
berichten über + A / von + D	
interessieren	*Fußball interessiert mich nicht.*
anfeuern	
sich waschen, hat sich gewaschen	
(sich) duschen	
sich abtrocknen	
sich anziehen, hat sich angezogen	
sich umziehen, hat sich umgezogen	
sich kämmen	
sich föhnen	
sich schminken	
sich beeilen	
sich langweilen	
sich treffen, hat sich getroffen mit + D	
sich entspannen	
sich engagieren	
sich integrieren	
ausprobieren	
gehören	*Das Werkzeug gehört mir.*
klappern	
summen	
pfeifen, hat gepfiffen	
quietschen	
streichen, hat gestrichen	
aufhängen	
mitbringen, hat mitgebracht	
prüfen	
verschicken	
liefern	

Kleine Wörter

später	
einige	
viele	
beide	
fertig	
umsonst	*Das Essen ist hier umsonst.*
regelmäßig	
draußen	

Präpositionen

für	*Ich bin für Werder Bremen.*
gegen	

Adjektive

ausländisch	
heimlich	
brutal	
streng	
freiwillig	
ehrenamtlich	

Wendungen

spät dran sein	*Ich bin spät dran.*
alle sein	*Die Nägel sind alle.*

- Markieren Sie die trennbaren Verben und schreiben Sie Beispielsätze.

- Bilden Sie witzige Sätze mit *für* und *gegen*:

  Ich bin gegen Farbe in der Dusche.

Das finde ich interessant:

Das klingt lustig:

Das will ich mir unbedingt merken:

→ KB 1

1 **Ein Fußballspiel**

a | Was passiert hier wirklich? Sehen Sie die Bilder an und korrigieren Sie die Sätze.

1. Die Fußballspieler feuern das Spiel an.

2. Die Mannschaft pfeift die Fans an.

3. Der Trainer spielt ein Tor.

4. Der Schiedsrichter macht ein Interview mit dem Reporte

b | Schreiben Sie einen kurzen Bericht über das Spiel. Sammeln Sie zuerst Ideen und machen Sie Notizen.

Im Olympia-Stadion spielen heute ...

→ KB 3

2 **Für oder gegen?**

Ergänzen Sie die Dialoge.

1. ▪ Hallo! Wir sammeln Unterschriften _____ Genfood.

   ▫ Aha, und wo kann ich unterschreiben?

2. ▪ Ich möchte gern ein Medikament _____ Halsschmerzen.

   ▫ _____ Sie?

   ▪ Nein, _____ meine Oma. Es muss auch _____ Allergiker geeignet sein.

3. ▪ Ich habe noch eine Karte _____ das Spiel der Baskets _____ Alba Berlin

   heute Abend. Hast du Lust mitzugehen?

   ▫ Super, gern! Wie viel hast du denn _____ die Karte bezahlt?

   ▪ 14 €, das ist okay, oder? Treffen wir uns _____ sieben vor der Halle?

   ▫ Ja, alles klar!

   FOKUS SPRACHE

   Die Präpositionen für und gegen stehen immer mit _____

↪ KB 4

3 Nach dem Aufstehen

a | Was machen Sie wann? Bringen Sie die Tätigkeiten in Ihre persönliche Reihenfolge. Nummerieren Sie.

☐ ich dusche mich
☐ ich wasche mir die Haare
☐ ich ziehe mich an
☐ ich putze mir die Zähne

☐ ich koche mir einen Kaffee
☐ ich trockne mich ab
☐ ich kämme mich
☐ ich föhne mir die Haare

b | Was machen Sie morgens noch? Ergänzen Sie.

c | Sie haben verschlafen und nur 10 Minuten Zeit. Was machen Sie / was machen Sie nicht? Berichten Sie.

Ich wasche mir nicht die Haare. Ich …

4 Im Trainingslager

a | Max war mit seiner Karategruppe im Trainingslager und zeigt beim nächsten Training Fotos. Ergänzen Sie die Sätze mit den passenden Reflexivpronomen.

| uns | dich | sich | mich | euch |

1. Das ist Paul. Er duscht _____ gerade.

2. Schau mal, Ahmed, hier bist du. Ich glaube, du langweilst _____, oder?

3. Ich habe am zweiten Tag schon verschlafen und musste _____ extrem beeilen.

4. Hier läuft _____ die komplette Gruppe warm.

5. Hier ziehen wir _____ gerade an.

6. Das war ganz am Ende. Ihr verabschiedet _____ alle und seht ein bisschen traurig aus.

b | Schreiben Sie die Reflexivpronomen in die Tabelle. Wiederholen Sie die Personalpronomen im Akkusativ. Markieren Sie: Welche Pronomen sind nur Reflexivpronomen?

	ich	du	er	es	sie	wir	ihr	sie	Sie
Reflexivpronomen									
Personalpronomen (Akkusativ)			*ihn*						

5   Beeilung, bitte!

Wie lange dauert es denn noch? Bist du endlich fertig?

a | *Mir* oder *mich*? Ergänzen Sie die Antwort.

NEIN,

Ich muss ⌐_____⌐ noch die Haare föhnen.

Ich muss ⌐_____⌐ noch anziehen.

Ich muss ⌐_____⌐ noch die Hände waschen.

Ich muss ⌐_____⌐ noch kämmen.

Ich möchte ⌐_____⌐ noch schminken.

Und ich möchte ⌐_____⌐ nicht beeilen. Heute ist Sonntag!

b | In welchen Sätzen steht das Reflexivpronomen im Dativ? Markieren Sie dort die Akkusativ-Ergänzung.

c | Ergänzen Sie die Sätze.

1. Hast ⌐_____⌐   dir   heute etwa zwei verschiedene Socken angezogen?

2. Susanne schminkt   ⌐_____⌐   jeden Tag 20 Minuten ihre schönen Augen.

3. Gestern haben wir   ⌐_____⌐   nur ganz kurz die Zähne geputzt.

4. Müsst ⌐_____⌐   euch   immer so lange die Haare waschen?

5. ⌐_____⌐ haben   sich   einfach nur mehr Zeit gewünscht.

> **FOKUS SPRACHE**
>
> sich-Verben mit Akkusativ oder Dativ
> In Sätzen mit Akkusativ-Ergänzung steht das Reflexivpronon
> ☐ im Akkusativ. ☐ im Dativ.

→ KB 6

6   Eine besondere Sportlerin

Schreiben Sie ein kleines Portrait über Lira Bajramaj. Nutzen Sie die Stichworte.

... ist in ... geboren.
Sie ist als Flüchtling nach ... gekommen ...
... nur heimlich ...
... großes Talent ...
Im Sportverein ...
... ist heute Welt- und Europameisterin ...
Sie ist ein Vorbild für ..., weil ...

7   Wo finde ich wichtige Informationen?

a | Analysieren Sie Überschrift, Foto und Einleitungstext. Was ist das Thema des Artikels? Kreuzen Sie an.

Oma mit 24

Rücken kaputt, Knie kaputt: Zweimal stand Handballerin Anne Ulbricht vor dem Karriereende, zweimal kämpfte sie sich zurück. „Manchmal", sagt sie, „fühle ich mich wie eine Oma". Die 24-Jährige, die heute bei HC Leipzig spielt, kam aus Magdeburg zum HCL. Im besten deutschen Frauenclub ist sie heute die dienstälteste Spielerin.

Es ist ein Wunder, dass Ulbricht noch Handball spielen kann. Zweimal stand sie vor dem Karriereende. Der Grund waren zwei außergewöhnlich schwere Verletzungen. Am 1. Mai 2004 spielte Leipzig …

aus: Spiegel online

☐ Die Handballspielerin Anne Ulbricht und ihre gesundheitlichen Probleme.

☐ Der Handballverein HC Leipzig und seine wichtigste Spielerin Anne Ulbricht.

b | Welche Informationen erhalten Sie noch? Notieren Sie.

Name: Anne Ulbricht, Alter:

 STRATEGIE

Lesen Sie bei längeren Zeitungsartikeln zuerst die Überschrift und die Einleitung. Hier finden sie bereits die wichtigsten Informationen.

→ KB 8

8   Ihre Sprache / Andere Sprachen

Wie heißen Sportarten in Ihrer Sprache? Sammeln Sie im Kurs. Was fällt Ihnen auf?
Diskutieren und notieren Sie.

Deutsch	Ihre / Andere Sprachen	Bemerkungen
Fußball	football (engl.),	football (engl.) klingt ähnlich, ist aber eine andere Sportart

9 Nomen aus Verben

a | Alexa schreibt eine Postkarte von der Fußball-WM. Was macht sie auf ihrer Reise? Notieren Sie.

Liebe Melanie,
viele Grüße von der Fußball-WM. Südafrika ist wirklich
ein tolles Land. Leider ist das Essen im Hotel nicht wirklich
gut. Das Programm ist aber super: jeden Tag Ausflüge,
da bleibt fast keine Zeit zum Entspannen oder zum Lesen.
Gestern war das erste Spiel, ich habe beim Anfeuern wirklich
alles gegeben und kann heute fast nicht mehr sprechen. Ingo
findet es witzig, aber für mich ist es gar nicht zum Lachen.
Ich will morgen ja wieder ins Stadion und den Jungs nicht nur
stumm beim Spielen zusehen. Vielleicht habe ich noch Zeit zum
Einkaufen, damit ich dir auch etwas Schönes mitbringen kann.
Bis bald!
Alexa

> **FOKUS SPRACHE**
>
> Verben kann man im Infinitiv auc
> als Nomen verwenden.
> Man schreibt sie dann
> Sie sind immer neutral.
> essen – das Essen

b | Welche Nomen im Text haben dieselbe Form wie ein Verb? Markieren Sie.

c | Bilden Sie mit den Wörtern aus b jeweils zwei Sätze: einen Satz mit dem Verb, einen Satz mit dem Nomen.

Bei Musik kann ich gut entspannen.   Ich habe keine Zeit zum Entspannen.

KB 9   10 Neugierige Fragen mit [ks]

a | Lesen Sie alle Fragen laut vor und achten Sie auf [ks] in *gs, ks, chs*.

Ma**gs**t du Bo**x**en? | Ma**gs**t du mich?
Trin**ks**t du gern Milch? | Isst du gern Ke**ks**e?
Was machst du sonnta**gs**? | Wie viel wie**gs**t du?
Schen**ks**t du mir etwas zum Geburtstag? | Woran den**ks**t du gerade?
Kennst du Sa**chs**en?

b | Schreiben Sie die Fragen auf Zettel. Ziehen Sie einen Zettel und fragen Sie Ihre Lernpartnerin / Ihren Lernpartner. Sie / er muss nicht jede Frage beantworten! Sie / Er darf auch eine Gegenfrage stellen.

Ma**gs**t du …?

Trin**ks**t du gern …?

Wie viel wie**gs**t du?

Äh … Warum fra**gs**t du?

Haha … Und wie viel wie**gs**t du?

→ KB 10 **11** **Treffen wir uns?**

a | Sie sind in der U-Bahn und hören ein Telefongespräch mit. Was sagt die andere Person? Ergänzen Sie den Dialog.

▪ Ja, Müller hier. Ich kann leider heute Nachmittag doch nicht. Wollen wir lieber zusammen

Mittagessen gehen?

◻ _____

▪ Um eins im Café Einstein? Oder ist das zu spät?

◻ _____

▪ Alles klar, dann treffen wir uns um 13 Uhr im Einstein. Bis später. Tschüss.

◻ _____

_9 b | Hören Sie und vergleichen Sie mit Ihrer Lösung.

c | Sie rufen selbst eine Freundin / einen Freund an und verabreden sich zum Joggen.
Machen Sie Notizen und spielen Sie den Dialog.

Hallo … Ich würde gern …

→ KB 11 **12** **Hören Sie mal!**

_10 a | Welches Geräusch gehört zu welchem Bild? Hören Sie und ordnen Sie zu.

Geräusch	1	2	3	4
Bild				

b | Welches Verb passt? Wählen Sie aus und ergänzen Sie die Sätze.

knallen | blubbern | summen | quietschen | klappern | pfeifen

Eine Biene _____ beim Fliegen.

Die Gläser im Zug _____ .

Wenn ein Luftballon platzt, dann _____ es.

Der Schaffner _____ vor der Abfahrt des Zuges.

c | Geräusch-Unsinn: Lesen Sie die Sätze erst ganz langsam und dann immer schneller. Sprechen Sie alle
Konsonantenverbindungen deutlich! (qu sprechen wir wie k + w)

Es **kl**apperten die **Kl**apper**schl**angen, bis ihre **Kl**appern **schl**apper **kl**angen.
Wenns **bl**ubbert, **qu**iet**sch**t und **pf**eift und **kn**allt, ist das Auto ziemlich alt!

13 Gesummte Wörter

_11   a | Hören Sie die Wörter und markieren Sie den betonten Vokal. Lesen und summen Sie dann die Wörter mit der richtigen Betonung.

Autoschlüssel | Geländewagen | Geräusch | Ersatzteil | Lieferung | Werkstatt | Glück

_12   b | Hören Sie jetzt die gesummten Wörter. Sagen Sie das richtige Wort.

> **Hm**-hm

> **Werk**statt!

c | Üben Sie mit Ihrer Lernpartnerin / Ihrem Lernpartner. Eine Person summt das Wort, die andere sagt es.

↳ KB 14

14 Schon erledigt?

a | Formulieren Sie Fragen im Perfekt. Verwenden Sie dabei _schon_.

1. die Farbe / auswählen   _Haben Sie die Farbe schon ausgewählt?_

2. alle Pinsel / kaufen

3. deine Bohrmaschine / finden

4. die großen Dübel / zählen

5. die Bestellung / machen

6. der Eimer / holen

b | Welche Antworten passen? Ordnen Sie zu.

_____ Nein, die muss ich noch machen!   _____ Nein, ich suche immer noch!

_____ Nein, erst die kleinen.   _____ Nein, das mache ich erst zum Schluss.

_____ Nein, noch nicht. Ich hole ihn morgen.   _____ Nein, ich habe noch nicht alle gefunden.

15 Nicht mehr oder noch nicht?

Was passt nicht? Streichen Sie die falsche Antwort durch.

1. Haben wir noch Schrauben im Lager?
a. Nein, Schrauben haben wir nicht mehr.
b. Nein, wir haben nur noch Nägel.
c. Nein, wir haben schon drei Packungen.

2. Hast du heute schon Schrauben gekauft?
a. Nein, nicht mehr.
b. Nein, noch nicht.
c. Nein, ich kaufe sie erst morgen.

3. Können wir heute noch etwas bestellen?
a. Ja, aber nur noch bis 18 Uhr.
b. Nein, heute nicht mehr.
c. Nein, heute noch nicht.

> FOKUS SPRACHE
>
> schon ↔ noch nicht
> noch ↔ nicht mehr

→ KB 15 **16** ## Wiederholen Sie: Höflichkeit im Deutschen

Formulieren Sie die Sätze höflich.

☹   ☺

Gib mir den Hammer! _____

Ich will meine Lieferung! _____

Ich brauche sofort die Bohrmaschine! _____

Wo bleibt meine Bestellung! _____

Ich will, dass Sie das sofort prüfen! _____

→ KB 16 **17** ## Eine schriftliche Bestellung

a | Hier ist eine Bestellung etwas durcheinander geraten. Bringen Sie sie in die richtige Reihenfolge.

☐ Vielen Dank im Voraus.

☐ Personen und brauchen auch Geschirr.

☐ für eine Geburtstagsfeier möchte ich gerne bei Ihnen ein Menü

☐ Mit freundlichen Grüßen

☐ statt. Können Sie alles bis 18.30 Uhr liefern?

☐ Die Feier findet am 3. September ab 19 Uhr in der Mörikestraße 14

☐ bestellen. Wir haben aus Ihrem Angebot das Menü Nr. 2 ausgesucht. Wir sind insgesamt 15

☐ Sehr geehrte Damen und Herren,

b | Sie brauchen einen Raum für eine Familienfeier. Sie sind ca. 40 Personen. Schreiben Sie eine kurze Bestellung an ein Restaurant. Nennen Sie auch das Datum und die Uhrzeit.

Von _____

An _____

Betreff _____

_____

_____

_____

_____

_____

_____

↳ KB 20

18　Warum? Damit ich …

a | Welches Ziel hat der Boxer? Ergänzen Sie den letzten Satz.

> Warum hast du so große Ohren?

> Warum hast du so große Augen.

> Warum hast du so große Hände?

> Damit ich dich besser hören kann.

> Damit ich dich besser sehen kann.

> Damit ich _____ _____ .

FOKUS SPRACHE

b | Analysieren Sie die Antworten. Wo steht *damit*, wo steht das Verb? Markieren Sie.

Nebensatz mit damit
Das Verb steht _____

19　Warum / Wozu machen Sie das?

Was passt zu Ihnen? Variieren Sie die Fragen und beantworten Sie sie. Bilden Sie Nebensätze mit *damit*.

> Warum lernen Sie Karate?

> Ich lerne Karate, damit ich nachts keine Angst habe.

1. Warum lernen Sie Deutsch | Karate | Autofahren | …?

2. Wozu brauchen Sie einen Wecker | eine Armbanduhr | …?

3. Wozu haben Sie einen Computer | ein Auto | einen Hund | …?

4. Warum gehen Sie ins Fitnessstudio | ins Schwimmbad | in die Disco | …?

5. Warum machen Sie Urlaub | Sport | Musik | …?

Tests zu Fitness und Sport

a | Was wissen Sie über Fitness und Sport? Lösen Sie das Quiz unter

http://www.gesundheit.de/wissen/gesundheitsquiz/fitness-quiz

b | Und wie fit sind Sie selbst? Testen Sie sich unter

http://quiz.sueddeutsche.de/quiz/2081640281-fitnesstest

So klingt Sport

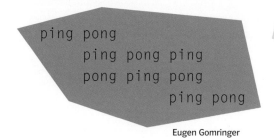

a | Um welche Sportart geht es? Lesen Sie die Gedichte.

```
ping pong
    ping pong ping
pong ping pong
        ping pong
```

```
Njjjöööön.
Njjjöööön. Njjjöööön.
Njjjöööön.
Njjjöööön. Njjjöööön.
Immer im Kreis.
```

Eugen Gomringer

b | Schreiben Sie selbst ein ähnliches Gedicht.

Werkzeug in Wendungen

a | Welche Redewendungen passen zu den Bildern? Ordnen Sie zu.

A   B   C

1. Sie hat ihren Job an den Nagel gehängt.
2. Das trifft den Nagel auf den Kopf!
3. Bei dir ist doch eine Schraube locker!
4. Das war der absolute Hammer!
5. Die haben mich ganz schön in die Zange genommen!

b | Welche Bedeutung haben die Sätze? Schlagen Sie im Wörterbuch nach oder recherchieren Sie im Internet.

c | Kennen Sie ähnliche Wendungen in Ihrer oder in einer anderen Sprache? Sammeln Sie im Kurs.

Sport

Kennen Sie Personen, die mit Sport zu tun haben? Beschreiben Sie.

Elena ist Basketballfan.

| der Schiedsrichter |
| die Trainerin |
| … |
| Handball spielen |
| boxen |
| … |

Werkzeuge

| die Bohrmaschine |
| die Säge |
| … |

Notieren Sie verschiedene Werkzeuge in der Tabelle.

Das habe ich:	Das brauche ich noch:	Das benutze ich im Beruf:

Sich engagieren

Wo und für wen möchten / könnten Sie sich ehrenamtlich engagieren?

Bei einer Bestellung nachfragen

Sie haben etwas im Internet / aus einem Katalog bestellt, es ist aber nicht angekommen.
Sie rufen an. Was sagen Sie am Telefon?

| Ich rufe wegen der Bestellung an. |
| … ist noch nicht da. |
| … |

So sage ich: sich verabreden

Sie möchten sich mit einer Freundin / einem Freund zum Joggen verabreden:

Sie möchten eine Geschäftspartnerin / einen Geschäftspartner zum Essen treffen:

Präpositionen: gegen und für

gegen	für
Werder Bremen spielt heute gegen den Hamburger SV.	Für wen bist du? Ich bin für den HSV.
Das ist ein gutes Mittel gegen Halsschmerzen.	Ist es auch für Allergiker geeignet?

sich-Verben

		sich im Akkusativ	
Ich	kämme	mich.	
Du	kämmst	dich	nicht?
Sie	kämmt	sich	nur morgens.
Wir	kämmen	uns	nie!
Ihr	kämmt	euch	ja lange!
Sie	kämmen	sich.	

		sich im Dativ	Akkusativ-Ergänzung	
Ich	kämme	mir	die Haare.	
Du	kämmst	dir	die Haare	nicht?
Er	kämmt	sich	die Haare	nur abends.
Wir	kämmen	uns	die Haare	nie!
Ihr	kämmt	euch	die Haare	aber lang!
Sie	kämmen	sich	die Haare.	

- ▪ Welche Reflexivpronomen sind gleich? Markieren Sie.
- ▪ Wo steht das Reflexivpronomen im Satz?

Temporaladverbien: schon, noch, erst

- ▪ Hast du die Farbe schon gekauft?
- ▫ Nein, das muss ich noch machen. Aber es ist ja auch erst Montag!
- ▪ Ja, stimmt. Wir haben noch Zeit. Aber vergiss es bitte nicht.

- ▪ Wo stehen die Adverbien im Satz?

damit-Satz

Hauptsatz	Nebensatz		
Ich fahre den Bürgerbus,	damit	die Leute zum Arzt	kommen.
Ich helfe in der Suppenküche,	damit	die Obdachlosen etwas	essen können.
Wir machen Sport,	damit	wir gesund	bleiben.
Sie joggen jeden Tag,	damit	sie ein paar Kilo	abnehmen.

- ▪ Markieren Sie im Nebensatz das konjugierte Verb / den konjugierten Verbteil.

1 Sportwette

a | Das ist Constantin. Was für eine Sportart passt zu ihm? Warum? Spekulieren Sie.

Autorennen fahren
Boxen
Fußball spielen
Handball spielen
Klettern
Rudern
Tischtennis spielen
Tauchen
…

_13/2 b | Vergleichen Sie Ihre Vermutungen. Sehen Sie den Film, Teil 2. Wer hatte Recht?

2 Steckbrief

_13   Sehen Sie jetzt den ganzen Film. Füllen Sie danach den Steckbrief aus. Teilen Sie die Arbeit und geben Sie sich gegenseitig Informationen. Sehen Sie dann den Film noch einmal und überprüfen Sie Ihre Antworten.

Vorname und Spitzname:	
Familienname:	
Wohnort:	Schondorf am _____ see, in der Nähe von _____ en (Stadt). Das Wohnhaus liegt zwischen dem ____ und der _____
Alter:	
Ausbildung, Beruf:	Sch_____ er, _____ restaurator
Arbeitsplatz:	
Name und Beruf seiner Frau:	Name: I_____, Beruf: He_____
Zahl und Namen der Kinder:	
Berufswunsch der Kinder:	Ho___ fach_____, P_____ designer
Hobby:	
Ehrenamt:	Bergführer im Deutschen A_____ verein
Automarke:	
…	

3 Freizeit

 _13 Sehen Sie den Film. Welcher Satz passt zu welchem Foto? Ordnen Sie zu.

☐ Slackline ist eine tolle Übung für die Balance.

☐ Ich nehme dich in die Sicherung.

☐ Treffen wir uns am Maibaum?

☐ Wenn wir beide Zeit haben, dann machen wir etwas zusammen.

☐ Heute ist Muttertag, da gehen wir in den Biergarten, weil wir keine Lust haben, zu kochen.

4 Eiszeit

 _13/5 Hören Sie das Telefongespräch in Teil 5. Was sagt Ingrid wohl am Telefon?
Schreiben und spielen Sie zu zweit das Telefonat. Sitzen Sie dabei Rücken an Rücken.

5 Werkstatt-Rätsel

 _13/4 a | Sehen Sie Teil 4 noch einmal. Welche Werkzeuge sehen Sie? Notieren Sie.

die Säge,

…

 b | Spielen Sie. Bilden Sie zwei Gruppen: Gruppe 1 umschreibt, malt oder spielt ein Nomen als Pantomime. Die andere Gruppe muss das Wort erraten und bekommt dann einen Punkt. Gruppe 2 ist dran.

6 Quizfrage

Manchmal sieht man Handwerker in solch einer Kleidung auf den Straßen.
Sie lernen noch und wandern von Ort zu Ort, von Chef zu Chef. Das ist eine alte
Tradition. In welcher Szene sehen Sie so einen Handwerker?

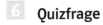

14 Wie geht es weiter?

Nomen

der Sprachkurs, -e	
das Praktikum, Praktika	
der Praktikant, -en die Praktikantin, -nen	
der / die Arbeitslose, -n	
die Umschulung, -en	
die Erfahrung, -en die Berufserfahrung (nur Sg.)	praktische Erfahrungen
das Diplom, -e	
die Grundschule, -n die Hauptschule, -n die Realschule, -n das Gymnasium, Gymnasien die Gesamtschule, -n	= allgemein bildende Schulen
der Schulabschluss, ⸚e	der mittlere Schulabschluss
das Abitur (nur Sg.)	
die Prüfung, -en die Abschlussprüfung, -en	
der Unterricht (nur Sg.)	
die Erziehung (nur Sg.)	
die Diskussion, -en	
die Mehrsprachigkeit (nur Sg.)	
die Welt, -en	
das Prozent, -e	
die Muttersprache, -n	= die Erstsprache
die Fremdsprache, -n	
die Zweitsprache, -n	
die Identität, -en	
der Anfang, ⸚e	am Anfang
das Thema, Themen	
die Suche, -n die Jobsuche, -n	
der Konditor, -en die Konditorin, -nen	
die Konditorei, -en	
die Torte, -n	
die Bäckerei, -en	

die Bewerbung, -en	
das Anschreiben, -	
der Anhang, ⸚e	im Anhang
der Lebenslauf, ⸚e	
das Zeugnis, -se	
die Stelle, -n die Arbeitsstelle, -n	
das Vorstellungsgespräch, -e	
die Kenntnis, -se	besondere Kenntnisse
die Fortbildung, -en	
der Bewerber, - die Bewerberin, -nen	
der Tierarzt, ⸚e die Tierärztin, -nen	
der Automechaniker, - die Automechanikerin, -nen	
der Pilot, -en die Pilotin, -nen	
der Informatiker, - die Informatikerin, -nen	

Verben

sammeln	
sich orientieren	
aufwachsen, ist aufgewachsen	
dauern	Wie lange dauert das Praktikum?
führen zu + D	
erreichen	
entsprechen, hat entsprochen	Das Abitur entspricht bei uns ...
sich vorstellen	Das kann ich mir nicht vorstellen.
auswandern	
vorkommen, ist vorgekommen	
verwechseln mit + D	
fehlen	Mir fehlen manchmal deutsche Wörter.

TIPP

Lernen Sie Verben mit
Präposition immer so:
sich freuen auf + Akkusativ.
Schreiben Sie Beispielsätze.

fühlen	
denken, hat gedacht an + A	
sich unterhalten, hat sich unterhalten über + A mit + D	
unterbrechen, hat sich unterbrochen	Paul und Ingo unterbrechen sich ständig.
sich ausdrücken	
schimpfen	
übersetzen	
singen, hat gesungen	
einfallen, ist eingefallen	Mir ist gerade etwas eingefallen.
gehören zu + D	
sich anmelden für + A	
sich interessieren für + A	
sich freuen auf + A über + A	
träumen von + D	
sich bewerben, hat sich beworben bei + D um + A	
werden, ist geworden	

Adjektive

arbeitslos	
höflich ↔ unhöflich	
zweisprachig	
mehrsprachig	
einfach ↔ schwierig	
logisch ↔ unlogisch	
chronisch	chronische Krankheiten
kompetent	

Kleine Wörter

gerade	
zurzeit	
bester, bestes, beste	
bisher	
gleichzeitig	
halbtags	Ich arbeite halbtags.
mehrere	
besonders	

Wendungen

So ein Unsinn!	
Genau.	
Ich sehe das anders.	
Das stimmt (nicht).	
Da haben Sie Recht.	
Ich bin einverstanden.	
Alles klar!	

- Markieren Sie alle Wörter mit dem Wortstamm -sprach-.

- Wichtige Wörter für die Arbeitssuche. Markieren Sie in einer anderen Farbe.

- Welche Verben mit Präposition kennen Sie schon? Tragen Sie sie in die Tabelle ein.

Verb	Präposition	A / D

Das finde ich interessant:

Das klingt lustig:

Das will ich mir unbedingt merken:

↳ KB 1

1 Schule, Ausbildung, Arbeit

Was passt zusammen? Verbinden Sie und bilden Sie Sätze.

1. der Abiturient / die Abiturientin ○		○ eine Arbeitsstelle
2. der / die Auszubildende ○	○ macht ○	○ eine Umschulung
3. der Praktikant / die Praktikantin ○	○ sucht ○	○ das Abitur
4. der / die Arbeitslose ○	○ studiert ○	○ eine Ausbildung
5. der Student / die Studentin ○		○ ein Praktikum
6. der Umschüler / die Umschülerin ○		

Die Abiturientin macht ...

↳ KB 2

2 Auf eine Mitteilung antworten

Annette Frey schreibt eine Antwort auf die Mitteilung von Frau Kramer. Ergänzen Sie bitte.

| unterhalten | bitte | freundlichen Grüßen | Liebe |
| am | um | gerne | Ihnen | anrufen | passen |

_____ Frau Kramer,

ich möchte mich _____ mit _____ über den Schulwechsel von Paul

_____. Die Termine _____ 19./21.02. _____ 14 Uhr

_____ aber leider nicht.

Können Sie mich _____ unter 0177/0345678 _____? Dann können

wir einen Termin machen. Vielen Dank.

Mit _____

Annette Frey

→ KB 3   **3**   ## Was ist in Pauls Rucksack?

a | Sehen Sie die Gegenstände an, zeigen Sie darauf und formulieren Sie Sätze.

Dieses Lineal hier ist in Pauls Rucksack … und diese Flasche.

Ja, aber dieser Marker sicher nicht, oder?

Und diese Bleistifte!

b | Markieren Sie die Demonstrativartikel in den Beispielen und ergänzen Sie die Tabelle.

maskulin	neutral	feminin	Plural
der	das	die	die
dieser			

FOKUS SPRACHE

Den Demonstrativartikel dekliniert man wie ☐ den bestimmten ☐ den unbestimmten Artikel.

c | Wem gehört das? Sammeln Sie Gegenstände aus Ihren Taschen und spekulieren Sie gemeinsam.

Dieses Handy gehört …

4   ## Diese Schule ist … – ein Lehrer erzählt

Lesen Sie den Text und ergänzen Sie die Demonstrativartikel.

| diesen | diese | dieser | diesen | diesem | dieses |

„Mein Name ist Martin Fischer und ich bin Lehrer an _____ Schule hier, einer Waldorf-schule. Ich finde _____ Schultyp sehr gut, weil es keine Noten und wenig Stress gibt. Es gibt aber viele kreative Fächer. Sehr interessant ist zum Beispiel Eurythmie, ein spezieller Tanz. Mit _____ Tanz üben die Kinder eine gute Konzentration. Bei uns haben die Kinder mehrere Wochen ein Fach. In _____ Wochen lernen sie sehr viel zu einem Thema. Waldorfschulen sehen oft auch interessant aus. _____ Schulhaus hier ist typisch für eine Waldorfschule. Mir gefällt _____ Schule sehr gut, und Ihnen?"

5 Das deutsche und Ihr Schulsystem im Vergleich

Wie heißen Schulen und Schulabschlüsse in Ihrem Land? Notieren Sie rechts und kreuzen Sie an.

Deutschland	entspricht =	ist ähnlich wie ~	Ihr Land	gibt es bei uns nicht
die Grundschule	☐	☐	_____	☐
die Hauptschule	☐	☐	_____	☐
der Hauptschulabschluss	☐	☐	_____	☐
die Realschule	☐	☐	_____	☐
der mittlere Schulabschluss	☐	☐	_____	☐
das Gymnasium	☐	☐	_____	☐
das Abitur	☐	☐	_____	☐

→ KB 7

6 Zustimmen, widersprechen, nachfragen

Lesen Sie die Meinungen und Reaktionen. Welche Reaktion passt nicht? Kreuzen Sie an.

1. Das Gymnasium ist die beste Schule.

☐ Das finde ich auch.
☐ Da haben Sie Recht. ——— Da lernt man wirklich sehr viel.
☐ Nein, das stimmt nicht.

2. Mit Abitur muss man studieren.

☐ Wie meinen Sie das?
☐ Genau. ——— Man kann doch auch eine Ausbildung machen.
☐ Nein, das stimmt nicht.

3. Für die Arbeit ist lebenslanges Lernen sehr wichtig.

☐ Das müssen Sie mir genauer erklären.
☐ Wirklich? ——— Warum ist das wichtig?
☐ Da haben Sie Recht.

4. Drei Jahre für eine Ausbildung – das ist viel zu lang.

☐ Das stimmt.
☐ So ein Unsinn! ——— Zwei Jahre sind genug.
☐ Das finde ich auch.

↳ KB 11 **7** ### wenn-Sätze

a | Ordnen Sie bitte die wenn-Sätze.

1. Tania spricht sehr gut Deutsch, | sie | fröhlich | ist | wenn
2. Wei spricht Chinesisch, | mit seiner Frau | er | wenn | telefoniert
3. Anna antwortet auf Deutsch, | etwas | ihre Tochter | auf Polnisch | fragt | wenn
4. Mercedes lacht viel, | spricht | sie | Spanisch | wenn

b | Stellen Sie die Sätze um. Beginnen Sie mit *wenn*.

Wenn sie fröhlich ...

FOKUS SPRACHE

wenn-Satz = Nebensatz
Der wenn-Satz kann auch vor dem Hauptsatz stehen. Das Verb im Hauptsatz steht dann direkt nach dem Verb im Nebensatz.

c | Schreiben Sie zwei Sätze in die Tabelle.

Nebensatz			Hauptsatz	
Wenn		ist,	spricht	

FOKUS SPRACHE

Wenn der wenn-Satz vorne steht, beginnt der Hauptsatz manchmal mit *dann*.

Was machen Sie, wenn Ihr Nachbar zu Besuch kommt?

8 ### Was machen Sie, wenn ...?

Wenn mein Nachbar zu Besuch kommt, dann koche ich ...

Fragen Sie Ihre Lernpartnerin / Ihren Lernpartner und machen Sie Notizen.

	Ihre Lernpartnerin / Ihr Lernpartner	Sie
Ihr Nachbar kommt zu Besuch.		
Es regnet das ganze Wochenende.		
Sie sind bei der Arbeit sehr müde.		
Sie haben nachts Hunger.		
Ihre Chefin versteht Sie nicht.		
Sie essen im Restaurant und haben kein Geld dabei.		
Sie verpassen den Bus.		

→ KB 12   **9**   **Mehrere Sprachen im Alltag**

_13   a | Sie hören kurze Erfahrungsberichte. Lesen Sie die Aussagen. Wer sagt das?
Ordnen Sie die Aussagen den Personen zu. Ergänzen Sie die Namen.

Glaubt, dass keiner die Muttersprache versteht. ┕─────────┙

Spricht vor Deutschen nicht die Muttersprache. ┕─────────┙

Spricht in einem Satz mehrere Sprachen. ┕─────────┙

Spricht manchmal die falsche Sprache. ┕─────────┙

Ivanka   Mustafa

Mariam   Luu

b | Was passt? Hören Sie noch einmal und kreuzen Sie bitte an.

	auf	kein	Ø	
1. Ivanka spricht	☐	☐	☐	Schwäbisch, Kroatisch und Hochdeutsch.
2. Mustafa spricht mit den Kollegen,	☐	☐	☐	Deutsch.
aber manchmal sagt er etwas	☐	☐	☐	Türkisch.
3. Mariam spricht in der Öffentlichkeit	☐	☐	☐	Arabisch.
4. Manchmal sprechen Leute Luu	☐	☐	☐	Vietnamesisch an.

→ KB 14   **10**   **Verben mit Präpositionen**

a | Ergänzen Sie bitte *für, von* und *mit*.

1. Jennifer träumt ┕───┙ einer Weltreise.

2. Sofia interessiert sich ┕───┙ Geschichte.

3. Herr Meier hat den neuen Kollegen ┕───┙ seinem Bruder verwechselt.

4. Sabine hat sich an der Universität ┕───┙ Japanisch eingeschrieben.

5. Frau Amini trifft sich ┕───┙ ihrer Freundin.

6. Ninas Mutter meldet sich ┕───┙ die Sprechstunde an.

b | Welche Ergänzungen passen? Kreuzen Sie an.

1. Frau Moga freut sich   ☐ über die Blumen.   2. Herr Müller bewirbt sich   ☐ bei Lunalux.
                  ☐ auf den Urlaub.   ☐ um eine Stelle.
                  ☐ um den Nachbarn.   ☐ mit einer Anzeige.

3. Frau Chateau unterhält sich   ☐ von der Arbeit.
                         ☐ über das Wetter.
                         ☐ mit der Nachbarin.

FOKUS SPRACHE

Manche Verben haben eine Ergänzung mit einer Präposition.
Sie haben ☐ immer nur eine Präposition. ☐ manchmal mehrere Präpositio...

11 Fragewörter mit Präposition

Was passt zusammen? Verbinden Sie.

1. Worauf freust du dich?   ○   ○ Auf das Wochenende.
   Auf wen freust du dich?   ○   ○ Auf meine Eltern.

2. Wovon hat Frau Haag geträumt?   ○   ○ Von ihren Kindern.
   Von wem hat Frau Haag geträumt?   ○   ○ Von Erdbeerkuchen mit Sahne.

3. Für wen interessiert sich Sandra?   ○   ○ Für Umwelttechnik.
   Wofür interessiert sich Sandra?   ○   ○ Für den neuen Kollegen.

4. Worüber sprechen die Kollegen?   ○   ○ Über den Chef.
   Über wen sprechen die Kollegen?   ○   ○ Über das Projekt.

 FOKUS SPRACHE

Sie fragen nach Personen: Präposition + wen / wem
von wem? [_____]?
Sie fragen nach Sachen: wo(r) + Präposition
[_____]? worauf?

12 Was steht im Wörterbuch?

a | Markieren Sie die Präpositionen. Woran erkennen Sie den Kasus? Markieren Sie in einer anderen Farbe.

denken … **5.** an etwas bzw. jmdn. … Ich denke oft an dich.

unterhalten … **1.** sich mit jmdm. über etwas / jmdn. … Laura unterhält sich mit Don über das Wetter.

jmdn: = jemanden (Akkusativ), jmdm. = jemandem (Dativ)

b | Sehen Sie die Lernkarte an. Schreiben Sie eine Lernkarte für *denken*. Malen Sie evtl. ein Bild.

sich unterhalten
mit + D
über + A

Ich unterhalte mich mit dem Arzt über den Osterhasen.

 STRATEGIE

Schreiben Sie Verben mit Präposition auf Kärtchen. Merken Sie sich Beispielsätze. Mit Humor und Bildern geht es besser. Üben Sie mit den Kärtchen.

➥ KB 15   **13**   **Bewerbung**

a | Ein Anschreiben hat fünf wichtige Teile. Ordnen Sie zu und notieren Sie die Zahlen im Text.

1. Fachkompetenz
2. Bezug zum Unternehmen
3. Bezug zum Stellenangebot
4. Berufserfahrung
5. soziale Kompetenzen

> … ich habe mit großem Interesse Ihre Anzeige vom 12.4. im Tagesblatt gelesen und bewerbe mich um die Stelle als Konditor. ☐
> Seit 10 Jahren arbeite ich als Konditor in einer Familienbäckerei. ☐ Mein Arbeitsstil ist kreativ und meine Rezepte sind international. ☐ Ich bin immer freundlich, auch in Stresssituationen. ☐
> Sehr gerne würde ich Ihre hervorragende Konditorei mit meiner Arbeit unterstützen. ☐ …

b | Suchen Sie eine für Sie interessante Stellenanzeige und machen Sie Notizen zu den Teilen.

Bezug zum Stellenangebot: _____

Berufserfahrung: _____

Fachkompetenz: _____

soziale Kompetenzen: _____

Bezug zum Unternehmen: _____

c | Ergänzen Sie die E-Mail mit Ihren persönlichen Angaben.

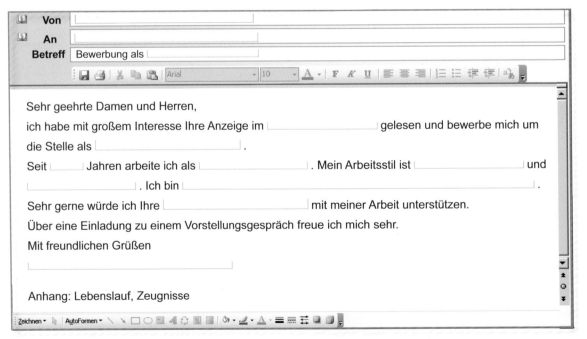

Sehr geehrte Damen und Herren,
ich habe mit großem Interesse Ihre Anzeige im _____ gelesen und bewerbe mich um
die Stelle als _____ .
Seit ____ Jahren arbeite ich als _____ . Mein Arbeitsstil ist _____ und
_____ . Ich bin _____ .
Sehr gerne würde ich Ihre _____ mit meiner Arbeit unterstützen.
Über eine Einladung zu einem Vorstellungsgespräch freue ich mich sehr.
Mit freundlichen Grüßen

_____

Anhang: Lebenslauf, Zeugnisse

  STRATEGIE

Wenn Sie eine Bewerbung schreiben, notieren Sie zuer
alle wichtigen Informationen. Benutzen Sie ein Textras

→ KB 16   **14**   # Ein Lebenslauf mit Fehlern

In diesem Lebenslauf stehen vier Informationen an der falschen Stelle. Korrigieren Sie mit Pfeilen.

Lebenslauf

Persönliche Daten	
Name	Anastasia Wassilaki
...	...
Familienstand	Tauchen
Berufserfahrung	
seit 10/2008	Physiotherapeutin in einer Praxis, Berlin
...	...
Fortbildung	
02/2003 – 02/2005	Fortbildung: Massagetechniken
09/1994 – 08/1996	Ausbildung mit Abschluss zur Physiotherapeutin, Berlin
...	...
Schul- und Ausbildung	
09/1996 – 07/1999	
09/1976 – 07/1994	Deutschkurse am Goethe-Institut, Athen und Berlin
...	allgemein bildende Schule, Athen, Abschluss entspricht dem deutschen Abitur
Besondere Kenntnisse	...
Hobbys und Interessen	Reiki, Qi-Gong

verheiratet, zwei Kinder (15, 10)

→ KB 17   **15**   # Eine kurze Vorstellung am Telefon

Welche Antworten sind bei der Arbeitssuche unpassend? Streichen Sie sie durch.

1. Was haben Sie bisher beruflich gemacht?

a. Ich habe 7 Jahre Berufserfahrung als …

b. Gar nichts.

2. Haben Sie Kinder?

a. Ja, und sie sind leider sehr oft krank.

b. Ja, aber sie sind groß, das ist kein Problem.

3. Warum suchen Sie eine neue Stelle?

a. Man hat mir gekündigt.

b. Ich möchte wieder mehr arbeiten.

4. Haben Sie chronische Krankheiten?

a. Ja, ich habe Rückenprobleme.

b. Nein, ich bin gesund.

5. Wie viel möchten Sie bei uns verdienen?

a. Mindestens 800 € netto.

b. Das möchte ich persönlich besprechen.

6. Wann können Sie anfangen?

a. In einem halben Jahr.

b. Sofort.

7. Sind Sie zeitlich flexibel?

a. Nein, ich kann nur von 9 bis 11 Uhr arbeiten.

b. Das kommt darauf an.

 STRATEGIE

1. Seien Sie positiv und bieten Sie für alle Probleme eine Lösung!
2. Bleiben Sie auch bei verbotenen Fragen freundlich. Sie müssen nicht immer die Wahrheit sagen.

➥ KB 19   **16 werden + Berufe**

Schülerinnen und Schüler und ihre Berufswünsche. Ergänzen Sie die richtige Form von *werden*.

1. Einige Schülerinnen und Schüler haben schon Ausbildungsplätze. Miriam |_____|

   Bankkauffrau, Stefan |_____| Automechaniker. Max und Peter |_____| Krankenpfleger.

2. ▪ Was |_____| ihr? ▫ Wir |_____| Krankenpfleger.

3. ▪ Und was |_____| du? ▫ Ich will Schauspielerin |_____|, aber wenn das nicht klappt,

   |_____| ich vielleicht Webdesignerin. Und du? ▪ Keine Ahnung.

17 Nie im Leben!

_14   a | Hören Sie und markieren Sie in jedem Satz den Satzakzent. Überlegen Sie dann gemeinsam:
           Welche Silbe ist betont? Ist der betonte Vokal lang oder kurz?

Ich werde Pilot. | Ich werde Koch. | Ich werde Ärztin. | Ich werde Verkäuferin. | Ich werde Maler. |
Ich werde Bäcker. | Ich werde Musikerin. | Ich werde Clown im Zirkus.

b | Wie kann man reagieren? Ordnen Sie den Aussagen passende Reaktionen zu. Welche Wörter und Silben
     kann man in den Reaktionen betonen?

> Du schläfst doch immer bis mittags. | Du kannst doch kein Blut sehen. | Dir wird ja
> schon in der Achterbahn schlecht. | Du kannst ja nicht mal eine Tütensuppe kochen. |
> Du kannst ja nicht mal rot und blau unterscheiden. | Du singst höchstens in der
> Badewanne gut. | Du weißt nicht mal, was zwei plus zwei ist. | Du lachst doch nie.

_15   c | Hören Sie das Muster und spielen Sie dann einen Dialog. Sprechen Sie mit passender Betonung,
           lustig und ironisch.

d | Suchen Sie weitere Berufe und Antworten.

Eine internationale Speisekarte

a | Woher kommen die Gerichte? Verbinden Sie.

TAGESKARTE

Japan

Mexico

Indien

Italien

USA

Speisen

Sushi vegetarisch

Chili con Carne

Curryhuhn

Pizza Margherita

Hamburger mit Pommes Frites

Döner Kebab im Fladenbrot

Couscous mit Lamm und Gemüse

Wiener Schnitzel mit Kartoffelsalat

Belgien

Türkei

Algerien

Österreich

Getränke

Espresso

Cappuccino

 FOKUS LANDESKUNDE

In Deutschland ist das Essen in den Lokalen oft international. Typisch deutsche Gerichte finden Sie meistens, wenn das Lokal *Gaststätte, Wirtshaus* oder *Wirtschaft* heißt oder bei deutschen Namen mit *zum / zur* wie *Zum Hirsch* oder *Zur Post*.

b | Kennen Sie die Gerichte? Notieren Sie die Namen zu den Fotos.

Schultypen

Welche Schulen kennen Sie in Ihrer Stadt?

Name	Schultyp

Ihre Sprachen

Was machen Sie in welcher Sprache? Ergänzen Sie die Tabelle.

Muttersprache	Deutsch	andere Fremdsprache

träumen
singen
sich bewerben
…

Lebenslauf

Was steht in Ihrem Lebenslauf?

Fortbildung: _____

Besondere Kenntnisse: _____

Hobbys und Interessen: _____

Bei einem Vorstellungsgespräch

Ergänzen Sie die Sätze.

Ich habe _____ Jahre Berufserfahrung als _____ .

Ich bin _____ .

Ich würde gern _____ .

kreativ
freundlich
zeitlich flexibel
…

So sage ich: zustimmen, widersprechen, nachfragen

Jemand diskutiert mit Ihnen.

Sie verstehen etwas nicht: _____

Sie haben eine andere Meinung: _____

Sie haben die gleiche Meinung: _____

Demonstrativartikel

	maskulin	neutral	feminin	Plural
Nominativ	dieser Abschluss	dieses Fach	diese Prüfung	diese Kenntnisse
Akkusativ	diesen Abschluss	dieses Fach	diese Prüfung	diese Kenntnisse
Dativ mit	diesem Abschluss	diesem Fach	dieser Prüfung	diesen Kenntnissen

- Markieren Sie gleiche Formen.
- Auch beim Demonstrativartikel endet das Nomen im Dativ Plural meistens auf ⎣_____⎦.

Wenn das Wetter schön ist, **dann** gehe ich spazieren.

wenn-Satz

Hauptsatz	Nebensatz		
Ich freue mich sehr,	wenn	du mit mir Deutsch	sprichst.
Ich freue mich sehr,	wenn		

Nebensatz			Hauptsatz	
Wenn	du mit mir Deutsch	sprichst,	(dann) freue	ich mich sehr.
			freue	ich mich sehr.

- Markieren Sie das konjugierte Verb.
- Ergänzen Sie die Tabelle.

Verben mit Präposition

		Fragewort	
Verb +	**Präposition mit Akkusativ**	**Personen**	**Sachen**
sich freuen	auf	Auf wen …?	Worauf …?
denken	an	An wen …?	Woran …?
Verb +	**Präposition mit Dativ**	**Personen**	**Sachen**
sich unterhalten	mit	Mit wem …?	Womit …?
träumen	von	Von wem …?	Wovon?

Sie fragen nach Sachen: zwischen wo- und Präposition steht ☐ immer ☐ vor einem Vokal ein r.

werden + Nomen

	ich	du	er/es/sie	wir	ihr	sie	Sie
werden	werde	wirst	wird	werden	werdet	werden	werden
Beruf							

- Markieren Sie die unregelmäßigen Formen. Ergänzen Sie Berufe.

1   Berufswünsche

a | Welche Berufe kennen Sie? Sammeln Sie Berufe von A–Z.

A	Automechaniker, …
B	
C	Computergrafiker, …
…	
Z	Zahnarzt

b | Das ist Tim. Was glauben Sie: Welche Berufe passen zu ihm? Was will er werden?

 _14/1   c | Vergleichen Sie Ihre Vermutungen. Sehen Sie dann den Film, Teil 1.

2   Steckbrief

 _14

Sehen Sie jetzt den ganzen Film. Korrigieren Sie danach die falschen Angaben im Steckbrief und ergänzen Sie die Lücken. Vergleichen Sie Ihre Ergebnisse in der Gruppe und überprüfen Sie Ihre Antworten.

Vorname:	Timothy oder kurz:
Familienname:	Abitur - Fernández
Wohnort und Stadtteil:	, Westend
Alter:	
Prüfung, die er bald macht:	Ryan
Berufswunsch:	
Studienort, Studienfach und Art des Studiums:	Frankfurt, BWL, duales Studium
Wie will Tim wohnen:	mit seiner Mutter
Geburtsland und Nationalität:	Deutschland, deutsch
Sprachen auf welchem Niveau:	Muttersprache Deutsch, Französisch A2
…	

3 Schritt für Schritt

_14/3-5 a | Sehen Sie den Film, Teile 3–5. Finden Sie eine Bildunterschrift zu jedem Foto.

 ❶    ❷    ❸

b | Wählen Sie eine Situation aus dem Film und suchen Sie nach einem dazu passenden Wort. Spielen Sie Dialoge und benutzen Sie nur dieses Wort. Seien Sie emotional und achten Sie auf die Intonation.

Krawatte. Krawatte?

Ich kann meine Krawatte nicht binden.

Ich helfe Ihnen, die Krawatte zu binden.

4 Tipps

_14/5 a | Welche Tipps hat Tim beim Beratungsgespräch bekommen? Sehen Sie Teil 5 und kreuzen Sie an.

☐ Seien Sie natürlich.   ☐ Informieren Sie sich über den Konzern.
☐ Lächeln Sie immer.   ☐ Machen Sie einen Sprachkurs.

b | Sie sind mit Tim befreundet. Schreiben Sie ihm gemeinsam eine E-Mail mit Ihren Bewerbungstipps. Fragen Sie ihn auch, was Sie in Frankfurt ansehen sollen, wenn Sie zu Besuch kommen.

Hallo Tim,
du hast ja schon gute Tipps bekommen. Hier sind unsere Tipps:

c | Was glauben Sie: Welche Tipps gibt Ihnen Tim für eine Besichtigungstour durch Frankfurt? Hören und sehen Sie den Film noch einmal.

5 Quizfrage

Wen zeigt das Denkmal? Was für einen Beruf hatte dieser Herr?

Bearbeiten Sie die Aufgaben. Vergleichen Sie mit den Lösungen auf S. 210. Notieren Sie Ihre Punktzahl.
Markieren Sie in der Rubrik **Ich kann**: 4–6 Punkte = gut, 0–3 Punkte = nicht so gut.

Sportnachrichten verstehen

___ / 6 P

16

Über welche sechs Sportarten berichtet der Sprecher? Hören Sie und kreuzen Sie an.

Fußball ☐	Radsport ☐	Karate ☐	Schisport ☐
Basketball ☐	Tennis ☐	Boxen ☐	Eishockey ☐
Handball ☐	Tischtennis ☐		

	gut ☺	nicht so gut ☹
Ich kann Sportnachrichten im Radio verstehen.		

Ein Zeitungsinterview verstehen

___ / 6 P

Lesen Sie das Interview und verbinden Sie die Satzteile.

MARC HODAPP

Im Film „Operation Milk" spielt Schauspieler Marc Hodapp den Besitzer einer illegalen Farm. Man kann ihn aber auch in der Fernsehserie „Gute Zeiten, Schlechte Zeiten" sehen.

turus: Marc, wann wolltest du zum ersten Mal ernsthaft Schauspieler werden?

Marc Hodapp: Schon als Kind.

turus: Warum bist du nach der Ausbildung nach Berlin gezogen?

Marc H.: In Berlin gibt es viele internationale Produktionen. Da ich zweisprachig aufgewachsen bin, möchte ich gern international arbeiten. Da bietet sich Berlin an.

turus: Du bist zweisprachig aufgewachsen. Wie kam es dazu?

Marc H.: Seit ich zwei Jahre alt war, fuhren meine Großeltern mehrmals mit mir in die USA. Mit 16 habe ich dann ein Jahr lang eine Highschool in Colorado besucht. Da ging mir Englisch in Fleisch und Blut über.

turus: Planst du, in Zukunft ins Ausland zu gehen?

Marc H.: Wenn Angebote kommen, gern! Mein großer Traum ist Hollywood.

turus: Gibt es Dinge, die du nicht machen würdest?

Marc H.: Wenn es zum Film passt und die Geschichte stimmt, würde ich so gut wie alles machen. Und vielleicht wird es ja was – vom Tellerwäscher zum Millionär. Nach dem Abi habe ich in einem Wirtshaus gejobbt. Na, und nun bin ich hier. Es geht voran …

aus: turus.net Magazin

Mit zwei Jahren ○	○ möchte er gern nach Hollywood.
Als Kind ○	○ hat er in einem Wirtshaus gearbeitet.
Als Jugendlicher ○	○ ist er nach Berlin gezogen.
Nach der Schule ○	○ wollte er schon Schauspieler werden.
Nach der Ausbildung ○	○ war er zum ersten Mal in den USA.
In Zukunft ○	○ war er ein Jahr lang in den USA.

	gut ☺	nicht so gut ☹
Ich kann ein Zeitungsinterview verstehen.		

3 Etwas am Telefon bestellen ___ / 6 P

Sie bestellen am Telefon Essen bei einer Pizzeria.
Was sagen Sie, was sagen Sie nicht?

3. Liefern Sie auch Getränke
und Zigaretten?

5. Klingeln Sie
bitte zweimal.

2. Ich möchte gerne
etwas bestellen.

4. Bezahlen, bitte.

1. Ich rufe wegen
der Bestellung an.

6. Können Sie das
bitte prüfen?

Sie sagen	
Sie sagen nicht	

	gut ☺	nicht so gut ☹
Ich kann am Telefon etwas bestellen.		

4 Sich für ein Ehrenamt bewerben ___ / 6 P

Ergänzen Sie die Bewerbung für ein Ehrenamt.

Sehr geehrte Damen und Herren,

Ihre _____ im Tagesanzeiger habe ich mit großem _____ gelesen. Gerne möchte ich

Ihren Sportverein ehrenamtlich unterstützen und _____ mich deshalb _____ Trainer.

Beruflich _____ ich _____ Ingenieur. Privat spiele ich schon _____ 20 Jahren Handball

und möchte mein Wissen gern weitergeben. Ich habe selbst drei Kinder und kann Kinder sehr gut motivieren.

_____ ein persönliches Gespräch _____ ich mich sehr.

Mit freundlichen Grüßen

Max Kopitzki

	gut ☺	nicht so gut ☹
Ich kann mich in einer kurzen E-Mail bewerben.		

5 Richtig schreiben ___ / 6 P

Ergänzen Sie die fehlenden Buchstaben für den Laut [ks].

Viele Leute nehmen samsta_____ mit ihren vollen Einkaufstaschen Ta_____is.

Ma_____ frühstückt sonnta_____ immer se_____ Ke_____e.

	gut ☺	nicht so gut ☹
Ich kann den Laut [ks] schreiben.		

MEIN ERGEBNIS

Übung	Punkte
1	
2	
3	
4	
5	
Summe	

0-14 Punkte: Das ist noch nicht so gut.
Wiederholen Sie noch einmal.
15-20 Punkte: Gutes Ergebnis! Ganz okay.
21-30 Punkte: Herzlichen Glückwunsch! Weiter so!

Nomen

der Fasching, -s	
der Faschingsumzug, -̈e	
das Einweihungsfest, -e	
das Dienstjubiläum, -jubiläen	
die Hochzeit, -en	
die Konfirmation, -en	
die Feier, -n	
die Weihnachtsfeier, -n	
das Straßenfest, -e	
der Sektempfang, -̈e	
die Kerze, -n	
die Verkleidung, -en	
die Rede, -n	
die Liste, -n	
das Familienmitglied, -er	

die Schüssel, -n	
der Grill, -s	
das Würstchen, -	
der / das Ketschup (nur Sg.)	
der Senf (nur Sg.)	
die Soße, -n	
die Salami, -	
die / der Paprika, -s	
der Kakao (nur Sg.)	
die Spezialität, -en	

das Ding, -e	
das Missverständnis, -se	
der Zweifel, -	

die Brust, -̈e	
das Knie, -	
der Zahn, -̈e	

die Zahnschmerzen (nur Pl.)	
der Bluthochdruck (nur Sg.)	
die Depression, -en	
die Verletzung, -en	
der / das Virus, Viren	
die Allergie, -n	
die Wehen (nur Pl.)	
die Geburt, -en	

der Notdienst, -e	
die Notdienstpraxis, -praxen	
die Ambulanz, -en	
der Krankenwagen, -	
das Vitamin, -e	
die Creme, -s	

der Arbeitnehmer, -	
die Arbeitnehmerin, -nen	
der Arbeitgeber, -	
die Arbeitgeberin, -nen	
der / die Vorgesetzte, -n	
die Arbeitszeit, -en	
die Teilzeit (nur Sg.)	
die Elternzeit (nur Sg.)	
der Mutterschutz (nur Sg.)	
die Dauer (nur Sg.)	
die Aufteilung, -en	
der Anspruch, -̈e	Anspruch haben auf + A
die Kündigung, -en	
der Kündigungsschutz (nur Sg.)	
die Bedingung, -en	
der Nachteil, -e	
das Elterngeld (nur Sg.)	
das Einkommen, -	

Verben

pl<u>a</u>nen	
bes<u>o</u>rgen	
schm<u>ü</u>cken	
sich verkl<u>ei</u>den	
m<u>i</u>tbringen, hat m<u>i</u>tgebracht	
<u>a</u>bstellen	
schl<u>e</u>cht werden, schl<u>e</u>cht geworden	Mir ist schlecht geworden.
sich <u>au</u>sruhen	
sich k<u>ü</u>mmern um + A	
r<u>u</u>fen, hat ger<u>u</u>fen	
f<u>e</u>stlegen	
<u>au</u>fteilen	
bez<u>ie</u>hen, hat bez<u>o</u>gen	Elterngeld beziehen
st<u>ei</u>gen, ist gest<u>ie</u>gen	
z<u>u</u>hören	
n<u>i</u>cken	
k<u>u</u>scheln	

Adjektive

p<u>ei</u>nlich	
schl<u>i</u>mm	
bl<u>a</u>ss	
s<u>au</u>er	
h<u>o</u>ch	hohes Fieber
schw<u>a</u>nger	
ber<u>u</u>fstätig	
ged<u>u</u>ldig ↔ <u>u</u>ngeduldig	

Wendungen

auf jeden F<u>a</u>ll
Wie h<u>ei</u>ßt das gleich?
Verz<u>ei</u>hung!
Mir war nicht kl<u>a</u>r, …
Es tut mir l<u>ei</u>d, aber …
Das m<u>a</u>cht nichts.
Das ist nicht schlimm.

Kleine Wörter

der / das / die D<u>i</u>ngs(bums) (nur Sg.)	Wie heißt das Dings nochmal?
verm<u>u</u>tlich	
wahrsch<u>ei</u>nlich	
best<u>i</u>mmt	
d<u>au</u>ernd	
r<u>e</u>chtzeitig	
m<u>i</u>ndestens	

- Zeichnen Sie zu allen Lebensmitteln, die Sie kennen, ein Bild.

- Was passt zusammen? Notieren Sie Kombinationen.

  Knie – Verletzung, schwanger – Mutterschutz,

- Suchen Sie 10 Wörter mit <z> und schreiben Sie eine verrückte Geschichte.

TIPP

Verrückte Geschichten vergisst man nicht und merkt sich die Wörter und die Aussprache besser.

Das finde ich interessant:

Das klingt lustig:

Das will ich mir unbedingt merken:

→ KB 1   **1** **Feiern**

a | Was sagt man bei welchem Fest? Ergänzen Sie.

1. Gratuliere! Wie alt bist du denn jetzt? _____

2. Tolle Verkleidung! Viel Spaß beim Umzug! _____

3. Schon wieder geht das Jahr zu Ende. Frohes Fest! _____

4. Schon 10 Jahre in der Firma. Herzlichen Glückwunsch! _____

5. Alles Gute und viel Glück zu zweit! _____

b | Was kann man bei einer Trauerfeier sagen? Kreuzen Sie an.

☐ Schade!

☐ Herzliches Beileid!

c | Sammeln Sie die Glückwunschfloskeln aus a. Kennen Sie noch weitere? Wann können Sie sie verwenden? Diskutieren Sie im Kurs und notieren Sie.

Gratuliere! – zum Geburtstag, zu einem Jubiläum,

Viel Spaß! –

_____

_____

→ KB 2   **2** **Guten Appetit!**

Was bringen die Leute zum Sommerfest mit? Bilden Sie aus den Silben Wörter und ergänzen Sie.

| LAT | FEL | SAFT | TOF | SA | MAR | KU | CHEN |
| BRAT | AP | KAR | WÜRST | CHEN | FEL | MOR |

1. Was für ein Getränk bringt Mira mit? _____

2. Was für einen Kuchen bringt Josef mit? _____

3. Was für einen Salat bringt Jessica mit? _____

4. Was für eine Grillspezialität bringt Florian mit? _____

↳ KB 3   **3**   **Dingsbums**

◉ _17   a | Wovon sprechen die Personen? Welches Wort fällt Ihnen im Moment nicht ein? Hören Sie und ordnen Sie zu.

> Dübel | Krawatte | Kommode | Cello

1. _____   2. _____

3. _____   4. _____

b | Was sagen die Personen in den „Pausen"? Hören Sie noch einmal und notieren Sie. Kennen Sie noch
andere Formulierungen? Ergänzen Sie.

ääh, _____

c | Umschreiben Sie ein Wort. Die anderen raten.

> Mit meinem Dings
> kann man …

> Mein Dingsbums
> ist groß …

STRATEGIE

Machen Sie keine Pause, wenn Ihnen ein Wort nicht gleich einfällt.
Dann weiß Ihre Gesprächspartnerin / Ihr Gesprächspartner, dass Sie
noch etwas sagen möchten.

↳ KB 4   **4**   **Pläne für einen Spieleabend**

a | Amira hat ein paar Leute aus dem Sprachkurs zu einem Spieleabend eingeladen. Die Gäste haben Fragen.
Was antwortet Amira? Ordnen Sie zu und ergänzen Sie die Fragen.

Die Gäste fragen:

1. Soll ich etwas zu essen _____?

2. Sollen wir die Getränke _____?

3. Soll ich noch ein Spiel _____?

4. Sollen wir zum Aufräumen _____?

5. Und was soll ich _____?

Amira antwortet:

a. Nein danke! Bleibt einfach so lange, wie ihr wollt.

b. Oh prima, besorgt am besten Saft und Wasser!

c. Nichts. Komm einfach vorbei und spiel mit uns!

d. Ja gern, bring doch Sandwichs mit.

e. Gute Idee! Organisier doch noch ein Kartenspiel.

1	2	3	4	5

b | Wie heißen die Formen von *sollen*? Ergänzen Sie.

_____ ich einkaufen?   Was _____ wir mitbringen?

FOKUS SPRACHE

Soll ich Kuchen mitbringen? bedeutet:
☐ Wollen Sie / Willst du, dass ich Kuchen mitbringe?   ☐ Muss ich Kuchen mitbringen?
Mit *sollen* fragt man also nach ☐ einer Pflicht.   ☐ einem Auftrag.

→ KB 6   **5   Eine Einladung schreiben**

a | Privat oder beruflich? Ordnen Sie die Stichworte für eine Einladung.

> Dienstjubiläum | Geburtstag | schon 10 Jahre | 32 Jahre | am Samstag, 2.10., ab 19 Uhr |
> am Montag, 4.10., ab 16 Uhr | in der Kantine | bei mir zu Hause | Bescheid geben (2x)

b | Wählen Sie eine Einladung aus und schreiben Sie.   *privat*   *beruflich*

c | Tauschen Sie die Texte mit Ihrer Lernpartnerin / Ihrem Lernpartner und korrigieren Sie.

→ KB 7   **6   Peinlich, peinlich!**

a | Wie kann man sich in unangenehmen Situationen entschuldigen? Wie kann man reagieren? Kreuzen Sie an.

	Entschuldigung	Reaktion
Das ist mir jetzt aber peinlich.	☐	☐
Verzeihung, ich habe nicht gewusst, dass …	☐	☐
Kein Problem.	☐	☐
Das ist doch nicht schlimm.	☐	☐
Es tut mir leid, aber …	☐	☐
Das macht doch nichts.	☐	☐
Das ist ein Missverständnis.	☐	☐
Das ist mir auch schon passiert.	☐	☐

STRATEGIE

Sprechen Sie Missverständnisse am
besten an und erklären Sie, wie es c
gekommen ist. Die Kommunikation
wird dadurch leichter.

b | Sehen Sie die Bilder an. Was sagen die Personen?
Machen Sie sich Notizen und spielen sie passende Dialoge.

→ KB 8 **7** ## Veränderungen

Was hat sich verändert? Ergänzen Sie passende Formulierungen mit *werden*.

| rot | g̶r̶o̶ß̶ | krank | dunkel | schlecht |

1. Mensch, du *bist* aber *groß geworden!*

2. Frau Fiedler kann leider nicht kommen. Sie ⌐_____⌐
   heute plötzlich ⌐_____⌐.

3. Wir haben gestern einen Ausflug gemacht, aber plötzlich
   ⌐_____⌐ das Wetter extrem ⌐_____⌐.

4. Mein Handy hat heute im Unterricht geklingelt.
   Ich ⌐_____⌐ total ⌐_____⌐.

5. Gestern war hier ein Gewitter. Kurz vor 5 ⌐_____⌐
   es plötzlich ⌐_____⌐.

> **FOKUS SPRACHE**
>
> *werden* + Adjektiv = Veränderungen
> Im Winter wird es früh dunkel.
> Gestern ist es um 18 Uhr dunkel geworden.

→ KB 10 **8** ## Was ist das?

a | Wie sicher sind Sie? Ordnen Sie zu.

| vielleicht | sicher | wahrscheinlich | bestimmt | vermutlich |

Ich weiß es nicht: ⌐_____⌐

Ich glaube es: ⌐_____⌐

Ich bin davon überzeugt: ⌐_____⌐

 b | Sehen Sie die Fotos an. Was kann das sein? Spekulieren Sie.

> Das ist vielleicht ein …

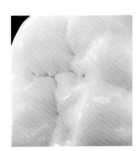

> Nein, das ist bestimmt …

↳ KB 11   **9**   **Wer möchte das?**

Wer möchte, dass die Personen etwas tun? Vermuten und notieren Sie.

Zweimal Pizza Napoli für Tisch 3!

Füllen Sie bitte das Formular hier aus.

1. Der Koch soll zwei Pizzas backen.   2. Der Ausländer soll einen Antrag ausfüllen.

Halten Sie den Arm ruhig!

Räum doch bitte endlich dein Zimmer auf!

3. Der Patient soll den Arm nicht bewegen.   4. Das Kind soll sein Zimmer aufräumen.

FOKUS SPRACHE

Das Kind soll sein Zimmer aufräumen. (= Seine Mutter / Sein Vater möchte das s
Mit *sollen* drücken Sie aus: Jemand möchte, dass eine andere Person etwas tut.

10   **Was soll das Team machen?**

a | Der Teamleiter Herr Diashvili ist krank und hat mit seiner Vertretung Herrn Steiner telefoniert.
Herr Steiner gibt die Aufgaben ans Team weiter. Ergänzen Sie passende Formen von *sollen*.

1. Manuel ⌊soll⌋ den Termin am Vormittag übernehmen.

2. Frau Berger und John ⌊_____⌋ die Präsentation am Nachmittag organisieren.

3. Manuel und Lotte, ihr ⌊_____⌋ die Prospekte für das Stadtfest fertig machen.

4. John und ich, wir ⌊_____⌋ das Konzept für die Klinik weiterschreiben.

5. Lotte, du ⌊_____⌋ das Layout dafür machen.

6. Wenn wir Fragen haben, ⌊_____⌋ ich Herrn Diashvili anrufen.

b | Ergänzen Sie die Tabelle.

ich	du	er / es / sie	wir	ihr	sie / Sie
	sollst			sollt	

→ KB 12 **11** **Er hat gesagt, wir sollen . . .**

_18 a | Herr Steiner spricht weiter mit dem Team. Was sagen die Personen? Hören Sie und verbinden Sie.

1. Herr Diashvili hat gesagt, ○   ○ das Layout ist kein Problem.
2. Ich finde, ○   ○ er ist nicht sauer.
3. Ich fürchte, ○   ○ wir können darüber noch nicht sprechen.
4. Ich glaube, ○   ○ dass das jetzt noch nicht sinnvoll ist.
5. Ich hoffe, ○   ○ dass wir über das neue Projekt sprechen sollen.

b | Wo steht das konjugierte Verb? Lesen Sie die Sätze und markieren Sie.

Dann sage ich Herrn Diashvili, dass wir noch mehr Informationen brauchen.
Dann sage ich Herrn Diashvili, wir brauchen noch mehr Informationen.

FOKUS SPRACHE

Meinungen, Hoffnungen / Befürchtungen und Aussagen anderer kann man mit und ohne *dass* formulieren.
Mit *dass*: Nebensatz (Verb am Satzende). Ohne *dass*: Hauptsatz (Verb auf Position 2).

→ KB 13 **12** **Du sollst glücklich sein im Leben! – Geburtstagswünsche**

_19 a | Hören Sie und achten Sie darauf, dass man die markierten Konsonanten stimmlos spricht.
Lesen Sie anschließend vor.

das Ko**ch**buch | das Erdbeerei**s** | der Glü**ck**wunsch | der Geburtstags**w**unsch | du soll**s**t glücklich
sein | du soll**s**t gesund und fröhlich sein | du soll**s**t so bleiben | ich will **d**ir alles **g**eben

FOKUS SPRACHE

b, d, g, s, w, r sprechen wir
stimmhaft: nach allen Vokalen (z. B. *du bist*); nach m, n, ng, l (z. B. *Himbeerwein*);
            nach undeutlichem (vokalisiertem) *r* (z. B. *Himbeerwein*)
stimmlos: nach allen anderen Konsonanten (z. B. *Kochbuch, du sollst so bleiben*)

_20 b | Lesen Sie das Gedicht. Überlegen Sie sich für jede Zeile eine Emotion und die passende Mimik und Gestik.
Tragen Sie das Gedicht feierlich und lustig vor! Hören Sie dann das Muster. Gefällt es Ihnen?

Geburtstagswünsche

Du sollst glücklich sein im Leben!
Dafür will ich dir alles geben.
Du sollst gesund und fröhlich sein!
Trink deshalb diesen Himbeerwein.
Du sollst beim Essen an mich denken!
Ich will dir dieses Kochbuch schenken.

(Vielleicht kochst du uns Huhn mit Reis ...?
... und als Nachtisch Erdbeereis?)
Hör bitte noch, was ich dir sag
an diesem wunderschönen Tag:
Du sollst so bleiben, wie du bist:
Ein gut gelaunter Optimist!

Herzlichen Glückwunsch!

↪ KB 15

13 Was möchten Sie wissen?

Eine Kursteilnehmerin / ein Kursteilnehmer hat diese Fragen zum Thema Elternzeit gesammelt.
Nach welchen Informationen sucht er / sie nun im Text? Ordnen Sie die Stichworte den Fragen zu.

Geldbetrag (Euro) | Zeitangabe (Monate, Jahre) | Häufigkeit (1x, 2x, …) | Personen

STRATEGIE

Sammeln Sie vor dem Lesen Ihre Erwartungen an den Text:
Was ist das Thema? Was möchten Sie darüber wissen?
Sie finden die wichtigen Informationen beim Lesen dann leicht◄

14 Wortschatz rund um die Elternzeit

Was bedeuten die folgenden Wörter aus dem Text? Verbinden Sie.

Arbeitnehmer ○   ○ wenn das Baby auf die Welt kommt
Arbeitgeber ○   ○ Zeit von Anfang bis Ende
berufstätig ○   ○ wenn man etwas teilt
Dauer ○   ○ man kann die Arbeit nicht verlieren
Aufteilung ○   ○ arbeitet in einer Firma
Anspruch ○   ○ hat eine Firma, ist Chef
Geburt ○   ○ ist in Arbeit
Kündigungsschutz ○   ○ Recht auf etwas

↪ KB 16

15 Ab, seit, bis zu, …

Welche Präposition passt? Kreuzen Sie an.

1. Mutterschutz ist die Zeit ☐ ab ☐ seit sechs Wochen vor der Geburt.
2. Arbeiten ist ☐ im ☐ nach dem Mutterschutz verboten.
3. Elterngeld erhält man ☐ vor ☐ nach der Geburt.
4. Die Elternzeit gibt es ☐ ab ☐ seit 2007.
5. Man muss ☐ zwischen ☐ nach zwei Geburten nicht zurück an den Arbeitsplatz.
6. Die Elternzeit kann man ☐ ab dem ☐ bis zum achten Geburtstag des Kindes nehmen.

KB 17 16 „Väterzeit" – ein Leserbrief

Ergänzen Sie den Leserbrief.

| dass | weil | wenn | damit |

Also ich finde es toll, └────────┘ Väter Elternzeit nehmen, └────────┘ sie so eine intensive Beziehung zu ihrem
Kind aufbauen können. Es ist leider immer noch normal,
└────────┘ nur die Frauen bei den Kindern bleiben. Sie
sind dann natürlich bei den Kindern beliebt: Mama Super-
star! └────────┘ das endlich anders wird, müssen mehr
Männer ‚Väterzeit' nehmen!

Papa Sven

 KB 18 17 ## Ach so! Höreraktivitäten

 _21

Manche Höreraktivitäten haben keine eigene Bedeutung, andere zeigen Zustimmung, Überraschung
oder eine kritische Haltung. Hören Sie die Beispiele und kreuzen Sie an.

	neutral	Zustimmung	Überraschung	kritische Haltung
1. ach so				
2. hmhm				
3. na ja				
4. klar				
5. hmhm				

FOKUS SPRACHE

Höreraktivitäten zeigen im Deutschen, dass man zuhört.
Ohne dieses Feedback hören die meisten Sprecherinnen
und Sprecher auf zu reden. Die häufigste Höreraktivität ist
ein neutrales Hmhm.

18 Hmhm – Antworten am Telefon

_22 a | Was bedeuten *Hm* und *Hmhm* hier? Hören Sie mehrmals und ordnen Sie zu.

1. Hm? ○   ○ Ja, natürlich!
2. Hm … ○   ○ Lass mich doch in Ruhe!
3. Hmhm. ○   ○ Ich weiß auch nicht … Ich bin ratlos.
4. Hmhm. ○   ○ Warum denn?
5. Hm! ○   ○ Nein!

FOKUS SPRACHE

b | Überprüfen Sie die Lösung und hören Sie noch einmal.
Imitieren Sie *Hm*. Welches *Hm* klingt komisch / fremd
für Sie?

Hmhm kann auch eine Antwort auf eine Frage sein.
Achten Sie vor allem auf die Melodie am Ende.
Hmhm bedeutet *ja*, wenn die Melodie zuerst fällt, dann steig
Hmhm bedeutet *nein*, wenn die Melodie zuerst steigt, dann 1

c | Bitten Sie Ihre Lernpartnerin / Ihren Lernpartner um etwas.
Sie / Er antwortet mit einer Variante von *Hm* oder *Hmhm*.
Erkennen Sie die Antwort?

Gibst du mir bitte
zehn Euro?

Hm?

19 Rekonstruieren Sie den Text.

_23 a | Eine Frau erzählt von einem Sabbatjahr. Was ist ein Sabbatjahr? Hören Sie und kreuzen Sie an.

☐ Ein Jahr, in dem man samstags nicht arbeitet. ☐ Ein Jahr, in dem man nicht arbeitet.

b | Hören Sie den Text noch einmal und notieren Sie wichtige Wörter.

Krankenschwester   sehr anstrengend   immer müde …

c | Vergleichen Sie zu dritt Ihre Notizen und rekonstruieren Sie gemeinsam den Text. Achten Sie auf Korrektheit.

_____ Krankenschwester und arbeite _____ Spaß,

_____ anstrengend. _____ war ich _____ sehr viel

_____ entspannen _____ ein Sabbatjahr

_____ gearbeitet und _____

_____ Das war _____ zurück _____ über

_____ Sabbatjahr _____

_____ so kaputt _____

d | Hören Sie nun noch einmal. Haben Sie an alles gedacht oder wichtige Informationen vergessen?

Allerheiligen in Oaxaca, Mexiko

a | In Deutschland ist Allerheiligen (1. November) ein stiller und trauriger Tag. Was ist typisch für dieses Fest in Oaxaca (Mexiko)? Lesen und markieren Sie.

Ort, an dem Tote liegen

Dicke Weihrauchschwaden ziehen über den Friedhof. Die Familien packen das Essen aus, Tamales, Huhn und Mole, Mescalflaschen machen die Runde, Zuckerwatte wird verkauft, Kassettenrekorder werden angemacht, die ersten Mariachibands treffen ein und spielen auf Bestellung an den Gräbern. Die Jugendlichen werden immer ausgelassener, aber an manchen Gräbern sitzen die Alten ganz versunken da, unbewegt im Kerzenschein, während um sie herum die Musik immer lauter wird. [...] Als Dracula, Tod und Teufel verkleidete Kinder spielen zwischen den Gräbern Fangen, ein Junge sitzt auf einem Grab und spielt Gameboy, ein dreijähriges Mädchen legt aus den Tagetesblütenblättern ein neues Muster aufs Grab.

sehr fröhlich

Ort für eine tote Person

eine spezielle Blume

aus: Doris Dörrie: Das blaue Kleid.

b | Gibt es in Ihrem Land oder in Ihrer Region auch ein besonderes Fest? Beschreiben Sie es.

Dingsda?!

a | Manche Dinge haben im Deutschen keinen eindeutigen Namen. Sehen Sie die Fotos an und lesen Sie die Vorschläge für deutsche Wörter. Welche gefallen Ihnen?

Zahldeinenkramselbstbalken
Warentrennholz

Pümpel
Vakuum-Sauger

Türwurst
Zugluftschlange

b | Kennen Sie Wörter für die Gegenstände in Ihrer oder in einer anderen Sprache?
Finden Sie selbst deutsche Wörter.

Feste

Welche Feste haben Sie in Deutschland schon gefeiert?

_____

Was ist für Sie ein Festessen? Notieren Sie Ihre Lieblingskombinationen.

_____

_____

Würstchen
…kuchen
…salat
…

Am Wochenende krank

Wohin gehen Sie, wenn Sie oder andere Personen aus Ihrer Familie am Wochenende krank sind?

_____

_____

Vermutungen

vielleicht
vermutlich
wahrscheinlich
bestimmt
sicher

Wie wird das Wetter? Ergänzen Sie.

Ich weiß es nicht: _____

Ich glaube es: _____

Ich bin davon überzeugt: _____

Was andere von mir wollen

Ergänzen Sie die Sätze.

Meine Mutter sagt, ich soll _____

Mein _____

So sage ich: ein Missverständnis klären

Sie haben sich einen Termin für 10 Uhr notiert, er hat aber schon um 9 Uhr angefangen.
Sie kommen zu spät:

_____

_____

Modalverb sollen

Mit dem Modalverb *sollen* fragt man nach einem Auftrag oder gibt einen Wunsch /
eine Aufforderung einer anderen Person wieder.

	Position 1			
Ja- / Nein-Frage	Sollen	wir etwas zu trinken		mitbringen?

		Position 2 Modalverb		Satzende Verb (Infinitiv)
W-Frage	Was	soll	ich	machen?
Aussagesatz	Ich	soll	für das Fest einen Kuchen	backen.
	Du	sollst	die Einladungen	schreiben.
	Frau Kertész	soll	die Musik	besorgen.
	Wir	sollen	an alles	denken.
	Ihr	sollt	auch	kommen.
	Auf dem Fest	sollen	alle Spaß	haben.

▪ Markieren Sie gleiche Formen.

werden + Adjektiv

Präsens: Das Wetter wird morgen schön.
Perfekt: Der Junge ist aber groß geworden.

▪ *werden* + Adjektiv = ☐ Veränderungen   ☐ Berufswünsche

Temporalangaben mit Präpositionen

vor	↰ ▪	Vor dem Urlaub freue ich mich.
nach	▪ ↱	Nach dem Urlaub bin ich fit.
zwischen	▪ ↔ ▪	Zwischen den Urlauben arbeite ich.
seit	▪ ↱ aktuelle Zeit	Seit meinem letzten Urlaub träume ich vom nächsten.
bis zu	→ ▪	Bis zu meinem Urlaub muss ich noch drei Wochen arbeiten.
ab	aktuelle Zeit ▪ ↱	Ab dem ersten Urlaubstag schlafe ich aus.

1   Ein Kinderspiel

a | Was und womit spielen Kinder in Ihrem Land? Erzählen Sie.

b | Das ist Leonie. Was und womit spielt sie wohl gerne?
Spekulieren Sie und ergänzen Sie die Sätze:

- Vielleicht spielt sie gerne …
- Wahrscheinlich hat sie …
- Bestimmt fährt sie gerne …
- Sie mag sicher gerne …

 _15/1-3   c | Vergleichen Sie Ihre Vermutungen und sehen Sie dann den Film, Teile 1–3. Notieren Sie, was sie spielt.

d | Was gefällt Ihnen besonders gut von Leonies Sachen? Ist etwas anders als in Ihrem Land?

2   Steckbrief

 _15

Sehen Sie jetzt den ganzen Film. Füllen Sie danach den Steckbrief aus. Vergleichen Sie Ihre Ergebnisse in der Gruppe. Sehen Sie den Film noch einmal und überprüfen Sie Ihre Antworten.

Vorname:	Leonie
Wohnort und Land:	Quartier Obernau bei _____ in der _____
Alter:	
Sprachen:	1. _____ 2. _____
Leonies Vater:	heißt _____ und ist Berufs_____ä__ .
Leonies Mutter:	heißt _____ . Sie _____ schön und _____ lecker.
Leonies Bruder:	heißt Benedikt und spielt P_____ .
Leonies Opa:	heißt Kari, war früher bei der _____
Leonies Oma:	heißt Chregi und bastelt M__ i__ n__ t__ .
Das Haustier Sharky:	ist eine _____ . Sie sieht aus wie ein Tiger mit _____ .
Die Fahrzeuge der Kinder:	1. ____ 2. ____ 3. ____ 4.
Das Faschingskostüm:	Eine G___zecke
Schulsachen in Leonies Lerntheke:	1. ____ 2. ____ 3.
…	

3 Tischlein deck dich

_15/4   a | Was macht Leonie zuerst? Sehen Sie den Film, Teil 4 und ordnen Sie die Fotos.

b | Leonie soll den Tisch decken. Was hat die Mutter zu ihr gesagt? Was soll sie tun?
        Schreiben Sie einen Satz unter die Fotos. Benutzen Sie die Wörter im Schüttelkasten.

> legen | stellen | Besteck | Flaschen | Servietten | Kuchen

4 Verkleidung

_15/5   a | Die Wörter sind auch verkleidet. Welche Wörter passen zur Fasnacht in Luzern?
        Sehen und hören Sie den Film, Teil 5 und ergänzen Sie die fehlenden Buchstaben.

b | Haben Sie sich schon mal verkleidet? Wann und wie? Malen Sie Ihr Kostüm und beschreiben Sie es.

5 Wörterbuch

Leonie spricht Hochdeutsch, sagt aber ein paar Wörter auf Schweizerdeutsch. Legen Sie eine Liste für
Schweizerdeutsch und Hochdeutsch an und ordnen Sie die Wörter zu. Kennen Sie weitere Wörter?

> Grüezi | Schulranzen | Velo | Schultheke | Trottinett | Fahrrad | Tretroller | Guten Tag

6 Quizfrage

Finden Sie den Namen der Guggengruppe, bei der Leonie und ihre Familie beim Umzug mitmacht?

Spielen Sie zu viert. Sie brauchen einen Würfel und vier Spielfiguren.
Jede Person wählt eine Einkaufsliste aus. Würfeln Sie reihum und kaufen
Sie ein.
Beispiel: Sie haben Liste B und würfeln eine 5. Sie kommen
auf das Feld *Möbelgeschäft*. Hier können Sie von Ihrer
Einkaufsliste den Gartenstuhl bekommen. Lösen
Sie die Aufgabe. Ist die Lösung richtig, können
Sie den Gartenstuhl von Ihrer Liste streichen.
Ist die Lösung falsch, probieren Sie es auf
einem anderen Feld. Haben Sie Liste A
und kommen auf das Feld *Möbelge-*
schäft, dann können Sie dort nichts
von Ihrer Liste bekommen. Sie
müssen nichts tun. In einem
Kaufhaus können Sie alles
kaufen.
Gewonnen hat, wer zuerst
alle Dinge von seiner
Einkaufsliste bekom-
men hat.

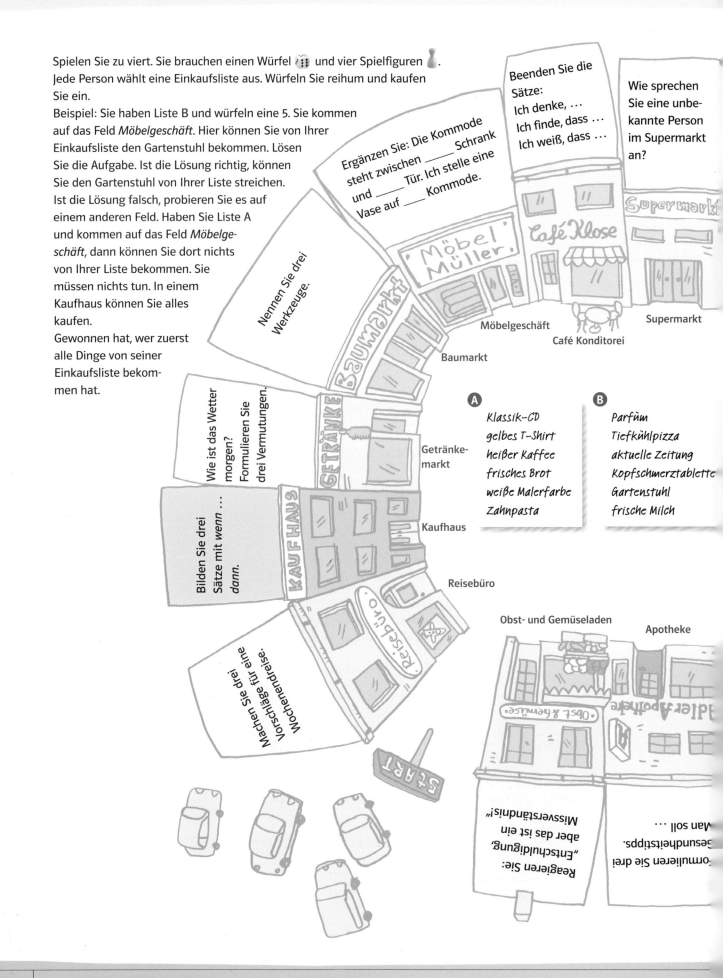

Beenden Sie die Sätze:
Ich denke, …
Ich finde, dass …
Ich weiß, dass …

Wie sprechen Sie eine unbekannte Person im Supermarkt an?

Ergänzen Sie: Die Kommode steht zwischen _____ Schrank und _____ Tür. Ich stelle eine Vase auf _____ Kommode.

Nennen Sie drei Werkzeuge.

Wie ist das Wetter morgen? Formulieren Sie drei Vermutungen.

Bilden Sie drei Sätze mit *wenn* …. *dann*.

Machen Sie drei Vorschläge für eine Wochenendreise.

Reagieren Sie: „Entschuldigung, aber das ist ein Missverständnis!"

Formulieren Sie drei Gesundheitstipps. Man soll …

A
Klassik-CD
gelbes T-Shirt
heißer Kaffee
frisches Brot
weiße Malerfarbe
Zahnpasta

B
Parfüm
Tiefkühlpizza
aktuelle Zeitung
Kopfschmerztablette
Gartenstuhl
frische Milch

Möbelgeschäft
Supermarkt
Café Konditorei
Baumarkt
Getränke-markt
Kaufhaus
Reisebüro
Obst- und Gemüseladen
Apotheke

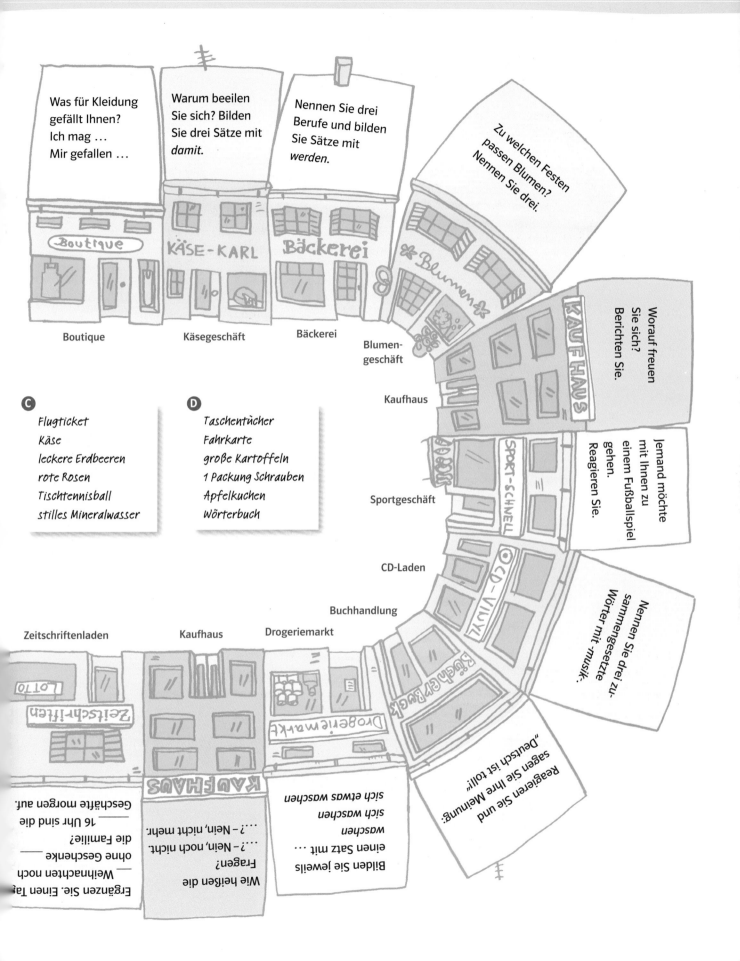

1 Sätze

Satzarten

Aussagesatz

	Position 1	Position 2 Verb Teil 1		Satzende Verb Teil 2
	Ich	bin	Alexis.	
	Mein Name	ist	Beata.	
	Am Wochenende	haben	wir frei.	
Trennbare Verben	Sie	steht	morgens früh	auf.
Nicht trennbare Verben	Er	besucht	einen Deutschkurs.	
Verb + Infinitiv	Am Abend	gehen	die Freunde	tanzen.
Modalverb + Infinitiv	Chao	kann	Auto	fahren.
Perfekt	Lisa	ist	mit dem Bus	gefahren.

W-Frage

	Wo	wohnst	du?	
	Was	sind	Sie von Beruf?	
	Wie alt	ist	Max?	
Trennbare Verben	Wann	steht	Herr Langner	auf?
Nicht trennbare Verben	Wie viel	verdienen	Sie?	
Verb + Infinitiv	Wie oft	geht	sie im Supermarkt	einkaufen?
Modalverb + Infinitiv	Was	möchtet	ihr heute	essen?
Perfekt	Wer	hat	die Rechnung	bezahlt?

Ja- / Nein-Frage

	Haben	Sie	heute Abend Zeit?	
Trennbare Verben	Siehst	du	auch so gern	fern?
Nicht trennbare Verben	Gefällt	Ihnen	die Wohnung?	
Verb + Infinitiv	Geht	ihr	mittags zusammen	essen?
Modalverb + Infinitiv	Können	Sie	gut im Team	arbeiten?
Perfekt	Hat	es	sehr	wehgetan?

Imperativ-Satz

Bitte	denk	an die Briefe!		
	Räumt	endlich das Geschirr	weg!	
	Steigen	Sie bitte	ein!	
Bitte	entnehmen	Sie die Karte.		

Sätze verbinden

Hauptsatz + Hauptsatz

Ich bin Lena und das ist Pjotr. Und wer sind Sie?	(gleichgeordnet)
Gehst du zu Fuß oder fährst du mit dem Auto?	(alternativ)
Martina möchte einen Kuchen backen, aber sie hat kein Mehl.	(adversativ)

Mit *und, oder, aber* kann man auch Satzteile verbinden. Vor *aber* steht ein Komma.

Hauptsatz + Nebensatz mit *weil*

Frage: Warum?

Hauptsatz	Nebensatz		
Wir fahren mit dem Auto in den Urlaub,	weil	wir immer viel Gepäck	haben.
Eine Bahnfahrt ist nicht so anstrengend,	weil	man bei der Fahrt lesen und schlafen	kann.

Hauptsatz + Nebensatz mit *dass*

Frage: Was?

Hauptsatz	Nebensatz		
Es ist sehr wichtig,	dass	die Schule Spaß	macht.
Alle Eltern hoffen,	dass	ihre Kinder glücklich	werden.
Ich glaube,	dass	Petra einen Job	gefunden hat.

Hauptsatz + Nebensatz mit *wenn*

Frage: Wann? Unter welcher Bedingung?

Hauptsatz	Nebensatz		
Sabine liest gern mal ein Buch,	wenn	das Wetter schlecht	ist.
Viele Menschen hören Musik,	wenn	sie sich entspannen	wollen.

Hauptsatz + Nebensatz mit *damit*

Frage: Warum? Wozu?

Hauptsatz	Nebensatz		
Ich rufe meinen Mann an,	damit	er unsere Tochter von der Schule	abholt.
Sofia macht einen Deutschkurs,	damit	ihre Sprachkenntnisse besser	werden.

Manche Nebensätze können vor dem Hauptsatz stehen, z.B. der *wenn*-Satz oder der *damit*-Satz.
Dann steht der Nebensatz auf Position 1 und das konjugierte Verb im Hauptsatz auf Position 2.

Nebensatz			Hauptsatz	
Wenn	das Wetter so schön	bleibt,	fahren wir in die Berge.	
Damit	deine Deutschkenntnisse besser	werden,	musst du viel lernen.	

Worauf muss ich bei Nebensätzen aufpassen?

Im Nebensatz steht das konjugierte Verb am Satzende.

2　Verben

Verben im Präsens

haben, sein und werden

	haben	sein	werden
ich	habe	bin	werde
du	hast	bist	wirst
er / es / sie	hat	ist	wird
wir	haben	sind	werden
ihr	habt	seid	werdet
sie	haben	sind	werden
Sie	haben	sind	werden

haben
+ Akkusativ: Sie hat einen Sohn / keinen Dienst.
+ Adjektiv: Wann hast du frei?

sein
+ Fragewort: Wer ist das? Was ist das? Wer sind Sie?
+ Namen: Ich bin Salman.
+ Nomen (Nominativ): Er ist Krankenpfleger.
+ Adjektiv: Die Nachbarn sind sehr nett.

werden
+ Nomen: Ich werde Pilot. Und was wirst du?
+ Adjektiv: Du wirst fit und sportlich.

Die Verben *haben* und *sein* brauchen Sie auch zur Perfektbildung. ↦ S. 190

Regelmäßige und unregelmäßige Verben, trennbare und untrennbare Verben

Personal-pronomen	regelmäßig		unregelmäßig: a → ä , e → i		trennbar	nicht trennbar
	kochen	antworten	fahren	nehmen	ein|steigen	bezahlen
ich	koche	antworte	fahre	nehme	steige ein	bezahle
du	kochst	antwortest	fährst	nimmst	steigst ein	bezahlst
er / es / sie	kocht	antwortet	fährt	nimmt	steigt ein	bezahlt
wir	kochen	antworten	fahren	nehmen	steigen ein	bezahlen
ihr	kocht	antwortet	fahrt	nehmt	steigt ein	bezahlt
sie	kochen	antworten	fahren	nehmen	steigen ein	bezahlen
Sie	kochen	antworten	fahren	nehmen	steigen ein	bezahlen

- Verbstamm auf *-t, -d, -chn*: du antwortest, er findet, sie rechnet, …
- Verbstamm auf *-eln*: ich lächle, ich klingle, …
- Verbstamm auf *-ß, -s, -z*: du heißt, er heißt, … du liest, er liest, …

Unregelmäßige Verben

Unregelmäßige Verben mit *a* und *e* wechseln in der 2. und 3. Person (Singular) den Vokal.

a → ä		e → i / ie	
schlafen	ich schlafe, du schläfst, er schläft	sehen	ich sehe, du siehst, er sieht
laufen	ich laufe, du läufst, er läuft	essen	ich esse, du isst, er isst
gefallen	ich gefalle, du gefällst, er gefällt	sprechen	ich spreche, du sprichst, er spricht

Trennbare Verben

Die trennbaren Verben haben zwei Teile. Im Infinitiv bilden sie ein Wort, im Satz werden sie oft getrennt. Der Wortakzent liegt auf dem Präfix.

Machen Sie bitte den Mund auf! Wann zieht Markus bei Jan ein? Können Sie bitte die Tür aufmachen?

trennbare Präfixe	
ab-	abhören, absagen, abbiegen, …
an-	anklicken, anfangen, anrufen, sich anmelden, anbieten, …
auf-	aufstehen, aufräumen, aufhören, aufwachsen, aufbauen, aufhängen, …
aus-	aussehen, aussteigen, ausfüllen, auswandern, …
ein-	einladen, einkaufen, einsteigen, einfallen, sich einschreiben, …
los-	losfahren, losgehen, …
mit-	mitmachen, mitkommen, mitnehmen, mitbringen, …
vor-	vorstellen, vorhaben, vorschlagen, …
weg-	weggehen, weglaufen, wegräumen, …
zurück-	zurückkommen, zurückfahren, zurückkehren, zurückgreifen, …

auch: fern|sehen, statt|finden, teil|nehmen, …

Nicht trennbare Verben

Bei den nicht trennbaren Verben bleiben Präfix und Verb in allen Formen zusammen. Der Wortakzent liegt auf dem Verbstamm.

Bestätigen Sie die Eingabe. Das gefällt mir. Was hast du erlebt? Erzähl mal.

nicht trennbare Präfixe	
be-	bekommen, bestellen, bezahlen, sich bewerben, benutzen, sich beeilen, …
emp-	empfehlen, …
ent-	entnehmen, entschuldigen, entwickeln, …
er-	erleben, ergänzen, erzählen, erfahren, …
ge-	gefallen, gewinnen, gestalten, gehören, …
ver-	verkaufen, verdienen, verstehen, verschicken, verpassen, verbinden, …

auch: übersetzen, sich unterhalten, unterbrechen, …

sich-**Verben**

Es gibt zwei Arten von *sich*-Verben:
- Manche stehen immer mit dem Reflexivpronomen: Ich freue mich. Wir beeilen uns.
- Viele können mit oder ohne das Reflexivpronomen stehen: Ich wasche die Wäsche bei 40 Grad. Ich wasche mich kalt.

Das Reflexivpronomen steht meistens im Akkusativ, nur selten im Dativ.

Ich wasche mir die Hände.

Wie erkenne ich das Reflexivpronomen im Dativ?

Das Reflexivpronomen steht im Dativ, wenn das Verb schon eine Ergänzung im Akkusativ hat.

sich beeilen		
ich	beeile	mich
du	beeilst	dich
er / es / sie	beeilt	sich
wir	beeilen	uns
ihr	beeilt	euch
sie	beeilen	sich
Sie	beeilen	sich

sich (das Wort) merken		
ich	merke	mir
du	merkst	dir
er / es / sie	merkt	sich
wir	merken	uns
ihr	merkt	euch
sie	merken	sich
Sie	merken	sich

das Wort

Worauf muss man bei den *sich*-Verben achten?

Das Reflexivpronomen in der 3. Person Singular und Plural ist immer *sich*.

Verben und Ergänzungen

Die meisten Verben haben eine oder mehrere Ergänzungen:

- eine Akkusativ-Ergänzung: Ich suche einen Job. Wir mögen keine Volksmusik.
- eine Dativ-Ergänzung: Das Konzert gefällt dem Publikum.
- eine Akkusativ- und eine Dativ-Ergänzung: Ich schenke meiner Tochter einen Hund.
- eine Präpositional-Ergänzung: Viele Menschen warten auf den Urlaub.
  Ich träume von einem neuen Haus.

Die Präpositional-Ergänzung ist im Dativ oder im Akkusativ.

In welchem Kasus steht das Nomen?

Das hängt von der Präposition ab.

Verben mit Präpositional-Ergänzung:

Verben mit Präposition + Akkusativ

warten auf + A	Wir warten auf den Bus.
sich interessieren für + A	Ich interessiere mich für die deutsche Sprache.
sich anmelden für + A	Im Juni melde ich mich für einen Englischkurs an.
sich freuen auf + A (Zukunft)	Schon im Herbst freut sich mein Sohn auf Weihnachten.
sich freuen über + A (Gegenwart, Vergangenheit)	Ich habe mich über deinen Brief gefreut. Danke.
sich bewerben um + A	Kira bewirbt sich um eine Stelle als Arzthelferin.

Verben mit Präposition + Dativ

träumen von + D	Erika träumt von einem Haus am Strand.
sich bewerben bei + D	Ben will sich bei der Firma Siemens bewerben.

In Sätzen mit Verben mit Präposition fragt man
- nach Personen: mit Präposition + *wen? / wem?*
- nach Sachen: mit *wo(r)* + Präposition

Auf wen warten Sie? – Auf meinen Mann. (Person)
Bei wem bewirbt sich Herr Aigner? – Bei dem Personalchef. (Person)

Wofür interessieren Sie sich? – Für Sprachen. (Sache)
Und wovon träumen Sie? – Von einem Job als Fremdsprachensekretärin. (Sache)

Das Verb *mögen*

	mögen
ich	mag
du	magst
er / es / sie	mag

wir	mögen
ihr	mögt
sie	mögen
Sie	mögen

mögen + Person / Nomen im Akkusativ:
Er mag Musik und Tanzen. (= Er hat / macht das gern.)
Ich mag Brad Pitt. (= Ich finde ihn sympathisch.)
Magst du Fisch? – Ja, aber keinen Thunfisch. (= Schmeckt dir das?)

Imperativ
Mit dem Imperativ können Sie eine Bitte, eine Aufforderung, eine Anweisung formulieren.
Bringt bitte Bananen mit. Biegen Sie jetzt rechts ab. Iss mehr Obst und Gemüse.

Infinitiv	du-Imperativ	ihr-Imperativ	Sie-Imperativ (Sg. + Pl.)
kommen	Komm!	Kommt bitte!	Kommen Sie bitte!
lesen, du liest	Lies bitte laut!*	Lest bitte laut!	Lesen Sie bitte laut!
los|fahren (trennbare Verben)	Fahr jetzt los!	Fahrt jetzt los!	Fahren Sie jetzt los!
beschreiben (nicht trennbare Verben)	Beschreib bitte das Bild.	Beschreibt bitte das Bild.	Beschreiben Sie bitte das Bild.
sich freuen (*sich* im Akkusativ)	Freu dich doch!	Freut euch doch!	Freuen Sie sich doch!
sich merken (*sich* im Dativ)	Merk dir die Telefonnummer!	Merkt euch die Telefonnummer!	Merken Sie sich die Telefonnummer!

* Ebenso: sprechen, du sprichst → Sprich!; essen, du isst → Iss!; helfen, du hilfst → Hilf!

Manche Verben haben im Imperativ Singular *-e*, im Plural *-et*.
Antworte / Antwortet bitte! Lade / Ladet Verena auch ein! Zeichne / Zeichnet bitte ein Bild!

Modalverben

Mit den Modalverben können Sie verschiedene Einstellungen ausdrücken:
Ich kann / will / muss / darf / möchte einen Deutschkurs besuchen.
Sie stehen meist mit dem Infinitiv.

	können	wollen	müssen	dürfen	sollen	möchte-
ich	kann	will	muss	darf	soll	möchte
du	kannst	willst	musst	darfst	sollst	möchtest
er / es / sie	kann	will	muss	darf	soll	möchte
wir	können	wollen	müssen	dürfen	sollen	möchten
ihr	könnt	wollt	müsst	dürft	sollt	möchtet
sie	können	wollen	müssen	dürfen	sollen	möchten
Sie	können	wollen	müssen	dürfen	sollen	möchten

Bedeutungen

Anna will ihre Wohnung renovieren.	Absicht, Plan, starker Wunsch
Am Samstag möchte ich mit dir ins Kino gehen.	Wunsch (Ich habe Lust.)
Milan kann sehr gut kochen.	Fähigkeit
Kann man in der VHS auch Yoga machen?	Möglichkeit
In einer Familie müssen alle mithelfen.	Aufgabe, Pflicht
Ich muss zu Hause bleiben, mein Kind ist krank.	Notwendigkeit
Du kannst mir beim Umzug helfen, aber du musst nicht.	keine Notwendigkeit
Beim Autofahren dürfen Sie Musik hören und rauchen.	Erlaubnis
Aber Sie dürfen nicht mit dem Handy telefonieren.	Verbot
Soll ich das Fenster aufmachen?	Frage nach einem Auftrag
Der Koch soll zwei Pizzas backen.	Wunsch / Aufforderung einer anderen Person

Verben im Perfekt

Das Perfekt besteht aus dem Partizip Perfekt und den Hilfsverben *sein* und *haben*.
Perfekt mit *haben*: Die meisten Verben, alle Verben mit Akkusativ und alle *sich*-Verben
Perfekt mit *sein*: Verben der Bewegung (*fahren, gehen, laufen, rennen, ...*), Verben der Veränderung (*aufwachen, aufstehen, einschlafen, ...*) und die Verben *passieren, bleiben, sein*.

Partizip Perfekt

Regelmäßige Verben	
	ge ... t / et
hat	gekauft
hat	gemacht

Unregelmäßige Verben	
	ge ... (Vokalwechsel) ... en
hat	gelesen
hat	genommen

hat	gefeiert		hat	gefunden
hat	geantwortet*		ist	gefahren
ist	gestürzt		ist	gekommen

	... ge ... t (trennbare Verben)
hat	angemacht
hat	abgehört
ist	aufgewacht
	... t (nicht trennbare Verben)
hat	bezahlt
hat	erzählt
hat	verdient
	... t (Verben auf –ieren)
hat	telefoniert
ist	passiert

	... ge ... en (trennbare Verben)
hat	abgehoben
hat	angerufen
ist	angekommen
	... en (nicht trennbare Verben)
hat	beschrieben
hat	entnommen
hat	verbunden

* Verbstamm auf *-t, -d, -chn*: hat gearbeitet, gebildet, gezeichnet, ...

Verben im Präteritum

	haben	sein	können	wollen	müssen	dürfen	sollen
ich	hatte	war	konnte	wollte	musste	durfte	sollte
du	hattest	warst	konntest	wolltest	musstest	durftest	solltest
er / es / sie	hatte	war	konnte	wollte	musste	durfte	sollte
wir	hatten	waren	konnten	wollten	mussten	durften	sollten
ihr	hattet	wart	konntet	wolltet	musstet	durftet	solltet
sie / Sie	hatten	waren	konnten	wollten	mussten	durften	sollten

Wenn Sie etwas Vergangenes erzählen, benutzen Sie meist das Perfekt, bei den Verben *sein* und *haben* und bei den Modalverben das Präteritum.

Letztes Jahr sind wir im Sommer an die Nordsee gefahren. Wir wollten viel schwimmen und am Strand spazieren gehen. Aber es war zu kalt und es hat viel geregnet. Wir konnten nicht einmal baden, mussten oft im Hotel bleiben, die Kinder durften viel fernsehen. Nach einer Woche hatten wir keine Lust mehr und sind nach Hause zurückgefahren. Dort haben wir dann Museen besucht und sind ins Theater und ins Kino gegangen. Das war auch schön.

würde / könnte / möchte + Infinitiv

Mit diesen Formen können Sie einen Vorschlag machen oder einen Wunsch äußern.

Ich würde jetzt gern etwas essen.
Wir könnten doch ins Kino gehen.
Möchten Sie zum Fest kommen?

3 Nomen

Nomen bezeichnen Lebewesen, Gegenstände oder Abstraktes. Es gibt maskuline, neutrale und feminine Nomen (= Genus).

Bestimmter und unbestimmter Artikel

Unbestimmter Artikel: zum ersten Mal genannt / nicht näher definiert
Bestimmter Artikel: schon bekannt / schon genannt / näher definiert
Gibt es hier ein Café? – Ja, da vorn, das Café Einstein.

Artikel	maskulin (m)	neutral (n)	feminin (f)	Plural (m, n, f)
bestimmt	der Bruder	das Mädchen	die Schwester	die Brüder, Mädchen, Schwestern
unbestimmt	ein Bruder	ein Mädchen	eine Schwester	Brüder, Mädchen, Schwestern

Negation des unbestimmten Artikels (kein / keine) ⇝ S. 195
Bestimmter Artikel als Demonstrativpronomen ⇝ S. 195

Possessivartikel

Der Possessivartikel nennt Zugehörigkeit, Besitz. Er hat dieselben Endungen wie *ein / kein*.

ich	mein Onkel, meine Tante
du	dein Onkel, deine Tante
er / es sie	sein Onkel, seine Tante ihr Onkel, ihre Tante

wir	unser Onkel, uns(e)re Tante
ihr	euer Onkel, eu(e)re Tante
sie Sie	ihr Onkel, ihre Tante Ihr Onkel, Ihre Tante

er / es → sein: Er trinkt **seine** Cola. (die Cola)   sie → ihr: Sie trinkt **ihren** Kaffee.   (der Kaffee)

Zugehörigkeit bei Namen auch mit *-s / ʼ* oder *von*:
Driss ist Carmens Mann. Leila ist Drissʼ Tochter. Lisa ist die Tochter von Sabine und Günther.

Demonstrativartikel

Mit dem Demonstrativartikel kann man etwas stärker betonen und es als besonders wichtig hervorheben.

Mein Sohn geht auf eine Realschule. Diese Realschule hat einen guten Ruf.

Der Demonstrativartikel hat die gleichen Endungen wie der bestimmte Artikel.

	maskulin (m)	neutral (n)	feminin (f)	Plural (m, n, f,)
Nominativ	dieser Mann	dieses Kind	diese Frau	diese Männer, Kinder, …
Akkusativ	diesen Mann	dieses Kind	diese Frau	diese Männer, Kinder, …
Dativ	diesem Mann	diesem Kind	dieser Frau	diesen Männern, Kindern, …

Nomen im Nominativ, Akkusativ, Dativ

Nomen haben verschiedene Funktionen im Satz, z. B. Subjekt (Nominativ) oder Ergänzung. Es gibt verschiedene Ergänzungen. Das Verb bestimmt die Art der Ergänzung.

Nominativ: Wo ist der Arzt?
Akkusativ: Bitte holen Sie den Arzt / ihn.　　　　　(jemanden holen: holen + A)
Dativ: Der Arzt hilft der Patientin / ihr.　　　　　(jemandem helfen: helfen + D)
D + A: Der Arzt gibt der Patientin / ihr ein Rezept.　　(jemandem etwas geben: geben + D + A)

Artikelwörter im Nominativ

	maskulin (m)	neutral (n)	feminin (f)	Plural (m, n, f)
bestimmter Artikel	der Sohn	das Kind	die Tochter	die Söhne, Kinder, …
unbestimmter Artikel	ein Sohn	ein Kind	eine Tochter	Söhne, Kinder, …
Negativartikel	kein Sohn	kein Kind	keine Tochter	keine Söhne, Kinder, …
Possessivartikel	mein Sohn	mein Kind	meine Tochter	meine Söhne, Kinder, …

Artikelwörter im Akkusativ

	maskulin (m)	neutral (n)	feminin (f)	Plural (m, n, f)
bestimmter Artikel	den Sohn	das Kind	die Tochter	die Söhne, Kinder, …
unbestimmter Artikel	einen Sohn	ein Kind	eine Tochter	Söhne, Kinder, …
Negativartikel	keinen Sohn	kein Kind	keine Tochter	keine Söhne, Kinder, …
Possessivartikel	meinen Sohn	mein Kind	meine Tochter	meine Söhne, Kinder, …

Artikelwörter im Dativ

	maskulin (m)	neutral (n)	feminin (f)	Plural (m, n, f)
bestimmter Artikel	dem Sohn	dem Kind	der Tochter	den Söhnen, Kindern, …
unbestimmter Artikel	einem Sohn	einem Kind	einer Tochter	Söhnen, Kindern, …
Negativartikel	keinem Sohn	keinem Kind	keiner Tochter	keinen Söhnen, Kindern, …
Possessivartikel	meinem Sohn	meinem Kind	meiner Tochter	meinen Söhnen, Kindern, …

Worauf muss ich beim Dativ aufpassen?

Nomen im Plural bekommen im Dativ ein -n (Ausnahme: Nomen mit der Endung -s im Plural: in unseren Kinos).

Plural

der Apfel – drei Äpfel – 1 Kilo Äpfel

-n / -en	Schulen, Kisten, Kollegen, Familien, Schwestern, Studenten, Türen, Zeichnungen, …
-e / ⸚e	Tage, Tiere, Filme, Kurse, Freunde, Söhne, Plätze, Züge, Bahnhöfe, …
-er / ⸚er	Kinder, Fahrräder, Länder, Schwimmbäder, …
- / ⸚	Lehrer, Computer, Kugelschreiber, Kuchen, Lebensmittel, Äpfel, Brüder, Väter, Kindergärten, …
-s	Taxis, Autos, Fotos, Handys, Babys, Partys, DVDs, iPods, Notebooks, …
-nen	Lehrerinnen, Psychologinnen, Studentinnen, Lernpartnerinnen, Schwägerinnen, …

Manche Nomen haben nur Singular, z. B. das Salz, das Gemüse, der Sport, die Polizei, …
Manche Nomen haben nur Plural, z. B. die Leute, die Geschwister, die Möbel, …

4 Pronomen

Personalpronomen

Das Personalpronomen steht für (= pro) Personen und Nomen.

Nominativ	ich	du	er	es	sie	wir	ihr	sie	Sie
Akkusativ	mich	dich	ihn	es	sie	uns	euch	sie	Sie
Dativ	mir	dir	ihm	ihm	ihr	uns	euch	ihnen	Ihnen

Für Personen:
Ich mag ihn und er mag mich auch. Er will mit mir zusammen sein.
Das ist Peter. Kennst du ihn schon? Kommt er auch? Hast du ihm eine Einladung geschickt?
Frau Moor, wann kommen Sie? Soll ich Ihnen helfen?

Für Nomen:
Wo ist der Leergutautomat? – Er ist dort hinten.
Kaufen Sie Gemüse! Es ist ganz frisch!
Die Leute lachen. Der Film gefällt ihnen.

Unpersönliches Pronomen *man*

Generelle Aussage: In der Volkshochschule kann man viele verschiedene Kurse besuchen.
Allgemeine Regel (Erlaubnis / Verbot): Hier darf man (nicht) rauchen.

Unpersönliches Pronomen *es*

Aussagen über das Wetter:
Verben: Es regnet.   Es schneit.   (Es hat geregnet. / Es hat geschneit.)
Adjektive: Es ist sonnig.   Es ist windig.   Es ist kalt / warm.

Indefinitpronomen

Unbestimmte Personen

Alle wollen nur feiern. (die Gruppe als Ganzes: Verb im Plural)
Jeder denkt nur an sich. (jede Person in der Gruppe: Verb im Singular)
Keiner will aufräumen. (Negation: Verb im Singular)

Unbestimmte Angaben

Hast du schon etwas gegessen? – Nein, ich habe noch nichts gegessen. (Negation)
Er hat mir alles erzählt, alles. – Mir hat er leider nichts erzählt.
Er hat gestern Abend viel getrunken. – Ich habe nichts getrunken.

Demonstrativpronomen

Bestimmter Artikel → S. 192
Welcher Fernseher gefällt Ihnen? – Der hier, aber auch der da.
Welchen wollen Sie nehmen? Ich glaube, den da, der ist nicht so teuer.
Welche Kamera empfehlen Sie mir? Die da, die ist sehr gut getestet.

5 Negation

Bei Verben: Heute Abend koche ich nicht. Wir gehen ins Restaurant. – Ich gehe nicht mit.
Bei Nomen: Sie kann keinen Kuchen backen, sie hat kein Mehl und keine Eier.
Bei Adjektiven: Er ist nicht nervös.

Mit *nicht mehr, noch nicht* kann man eine Negation differenzieren.
Er ist nicht mehr nervös. Ich habe noch nicht gekocht. Sie hat kein Mehl mehr.

6 Adjektive

Wenn das Adjektiv rechts vom Nomen steht, hat es keine Endung.
Die Schuhe sind neu. Das Kleid ist teuer.
Wenn das Adjektiv links vom Nomen steht, hat es eine Endung.
Tolles Auto! Ist es neu?

Wenn es kein Artikelwort gibt, hat das Adjektiv die Signalendung.

	maskulin (m)	neutral (n)	feminin (f)	Plural (m, n, f)
Signalendung	R	S	E	E
Nominativ	schicker Rock	schönes Kleid	coole Jeans	elegante Stiefel

7 Präpositionen

Präpositionen stehen vor einem Nomen (mit oder ohne Artikelwort) oder vor einem Pronomen.
Die Präposition bestimmt den Kasus.

Präpositionen mit Akkusativ	Präpositionen mit Dativ	Präpositionen mit Akkusativ oder Dativ (Wechselpräpositionen)
gegen, für, ohne	mit, nach, aus, zu, von, bei, seit	an, auf, in, neben, vor, hinter, über, unter, zwischen

Gülnur kommt aus der Türkei, aber sie lebt seit einem Jahr mit ihrem Mann in Deutschland.
Angelika träumt von einem Job beim Fernsehen.
Spartak Moskau spielt heute gegen den FC Werder Bremen. Es steht 1:0 für Spartak.
Der Teppich liegt im Wohnzimmer vor dem Bett. Bettina legt ihre Schulsachen auf den Schreib-
tisch, die Schuhe stellt sie unter den Schrank.

Einige Präpositionen bilden zusammen mit dem bestimmten Artikel eine Kurzform.

in dem = im, an dem = am, von dem = vom, bei dem = beim, zu dem = zum, zu der = zur,
in das = ins, an das = ans, auf das = aufs

8 Lokalangaben

Mit Wechselpräpositionen

	Akkusativ: Wohin stellt / legt / kommt / gehört…?	Dativ: Wo ist / steht / liegt / hängt…?
in	Der Kühlschrank gehört in die Küche.	Der Kühlschrank ist in der Küche.
an	Wir hängen das Bild an die Wand.	Das Bild hängt an der Wand.
auf	Der Fernseher kommt auf den Schrank.	Der Fernseher steht auf dem Schrank.
neben	Das Regal hängen wir neben das Fenster.	Das Regal hängt neben dem Fenster.
über	Der Poster gehört über das Bett.	Der Poster hängt über dem Bett.
unter	Wir stellen die Schuhe unter den Tisch.	Die Schuhe sind unter dem Tisch.
vor	Der Tisch gehört vor das Regal.	Der Tisch steht vor dem Regal.
hinter	Der Papierkorb kommt hinter den Schrank.	Der Papierkorb ist hinter dem Schrank.
zwischen	Die Zeitung kommt zwischen die Bücher.	Die Zeitung ist zwischen den Büchern.

Mit anderen Präpositionen

nach + Ortsname	Wohin?	Wir fahren im Sommer nach Spanien.
zu + D	Wohin?	Geh doch bitte zum Arzt.
bei + D	Wo?	Warst du beim Frisör?
aus + D	Woher?	Lars kommt um 12 aus der Schule.
von + D	Woher?	Wann kommen Sie von der Arbeit nach Hause?

Geografische Angaben

	Präposition	mit Artikel	ohne Artikel	
Woher? (Dativ)	aus von	Aus dem Iran. (m) Aus der Türkei. (f) Von der Insel Usedom. (f) Vom Gardasee. (m)	Aus Polen. Von Rügen.	Land Meer, See Insel
Wo? (Dativ)	in	Im Kosovo. (m) In der Schweiz. (f) In den USA. (Pl.)	In Deutschland. In Berlin	Land Stadt
	an	Am Atlantik. (m) Am Meer. (n) An der Nordsee. (f) Am Rhein. (m) An der Donau. (f)		Meer Fluss
	auf	Auf der Insel Kreta. Auf den Malediven. Auf den Balearen.	Auf Mauritius. Auf Sylt.	Insel (Sg.) Insel (Pl.)
Wohin?	nach		Nach Deutschland. Nach Berlin.	Land Stadt
Wohin? (Akkusativ)	in	In den Kosovo. (m) In die Ukraine. (f)		Land
	an	Ans Mittelmeer. (n) An die Nordsee. (f) An die Donau. (f) An den Neckar. (m) An den Baikalsee. (m)		Meer Fluss See
	auf	Auf das Matterhorn. (n) Auf die Zugspitze. (f) Auf die Kanarischen Inseln.		Berg Insel (Pl.)

Lokalangaben mit Adverbien ➥ S. 198

9 Temporalangaben

Zeitpunkt

um + A	genaue Uhrzeit	Ich stehe um halb acht auf.
gegen + A	ungenaue Uhrzeit	Wir kommen erst gegen Abend. Das Fest beginnt so gegen 9.
an + D	Tag	Wir fahren am Donnerstag nach Berlin.
	Tageszeit	Ich habe am Nachmittag Zeit. aber: In der Nacht hat es geregnet.
	Datum	Silke ist am 12. Januar geboren.
	Feiertag	An Weihnachten kommt die ganze Familie zusammen.
in + D	Woche	In der nächsten Woche schreiben wir einen Test.
	Monat	Im August habe ich Urlaub.
	Jahreszeit	Ostern ist im Frühling.
nach + D		Nach dem Abendessen sieht er oft fern.
vor + D		Wasch deine Hände vor dem Essen. Wir sind vor einem Jahr nach München gekommen.
zwischen + D		Man soll zwischen den Mahlzeiten nichts essen.
– + A		Einen Vormittag / Einen Tag / Eine Woche / Einen Monat vor dem Urlaub. Diese Woche. Letztes Jahr.

Zeitdauer

ab + D	Beginn in der Gegenwart / Zukunft	Ab morgen gelten andere Regeln.
seit + D	Beginn in der Vergangenheit	Wir wohnen seit einem halben Jahr in der Mozartstraße.
von + D … bis (zu) + D		Von neun bis eins. Vom Frühstück bis zum Mittagessen. Von Mittwoch bis Freitag. Von Januar bis März.
bei + D		Beim Joggen höre ich iPod.
– + A		Einen Tag / Eine Woche / Einen Monat (lang).

Temporalangaben mit Adverbien → S. 198

10 Adverbien

Lokale Adverbien

hier	rechts	oben	vorn
dort	links	unten	hinten
da			

Temporale Adverbien

Zeitpunkt	zeitliche Abfolge	Häufigkeit	Wiederholung	zeitliche Einordnung
heute	zuerst	immer	täglich	schon
gestern	dann	oft	jährlich	noch
morgen	danach	manchmal	dienstags	erst
	zum Schluss	selten	abends	
		nie	nachmittags	

11 Fragewörter

	Nach Personen fragen:	Nach Sachen fragen:
Nominativ	Wer zieht bei Jan ein?	Was ist das?
Akkusativ	Wen ladet ihr ein?	Was brauchst du noch?
Dativ	Wem helfen die Erklärungen?	

Nach Angaben fragen:

Lokalangaben	Woher kommen Sie? Wo wohnen Sie? Wohin fahren Sie im Sommer?	
Temporalangaben	Wann ist der Kurs? Wie oft hast du Kurs? Wie lange bleibst du?	Wie viel Uhr ist es? Wie spät ist es? Von wann bis wann bleibst du?
Name, Alter	Wie heißt du?	Wie alt bist du?
Grund	Warum lernst du Deutsch?	
Ziel	Wozu machst du diesen Job?	
Art und Weise	Wie findest du die Musik?	

Menge	Wie viel Geld haben Sie dabei?
Typ, Art (nach unbekannten Sachen / Personen fragen)	Was für ein Buch würden Sie gern lesen? Was für Filme mögen Sie am liebsten?
Auswahl (genauer fragen)	Welche Band gefällt Ihnen besser, die „Beatles" oder die „Scorpions"? Welches Land besuchen Sie im Sommer?

Das Fragewort *was für (ein/e)* dekliniert man wie den unbestimmten Artikel.
Was für einen Fernseher möchtest du dir kaufen?

Das Fragewort *welche/r/s* dekliniert man wie den bestimmten Artikel.
Welches Handy können Sie mir empfehlen?

12 Wortbildung

Zusammengesetzte Nomen

Nomen + Nomen	die Arbeit + das Zimmer = das Arbeitszimmer
	die Sprache + der Kurs + der Teilnehmer = der Sprachkursteilnehmer
Verb + Nomen	wickeln + der Raum = der Wickelraum
Adjektiv + Nomen	klein + das Kind = das Kleinkind
Präposition + Nomen	neben + die Kosten = die Nebenkosten

Nomen aus Verben

schwimmen – das Schwimmen, lesen – das Lesen
teilnehmen – die Teilnahme, anfragen – die Anfrage
wünschen – der Wunsch, besuchen – der Besuch
besichtigen – die Besichtigung, führen – die Führung

Wortbildung mit Präfixen

Adjektive: -un   unsympathisch, unmodern, unpraktisch, …

Wortbildung mit Suffixen

Nomen: -in   die Mitarbeiterin, die Lehrerin, die Kursteilnehmerin, die Studentin, …
Adjektive: -bar   verstellbar, lieferbar, essbar, ausklappbar, …
          -frei   barrierefrei, alkoholfrei, …

Die Wortliste enthält alle Wörter und Ausdrücke der Basisaufgaben in *Aussichten A2.1* (bei Lese- und Hörtexten nur die Wörter, die für das Lösen der Aufgaben wichtig sind).

Die Worteinträge enthalten folgende Informationen:

▪ Nomen

Bluse, die, -n

Wortakzent (lang) Artikel Pluralform

Armut, die *(nur Sg.)*

Wortakzent (kurz)   kein Plural

▪ Verben

bedeuten

Infinitiv

abfahren, fährt ab

bei trennbaren und unregelmäßigen Verben auch 3. Person Singular

interessieren, sich, für + A

bei Verben mit Präpositionalergänzung Hinweis auf Präposition und Kasus

Rock, der, ⸚e *(Kleidungsstück)*

bei Wörtern mit mehreren Bedeutungen Hinweis zur Unterscheidung

Die Zahl hinter dem Wort zeigt, auf welcher Seite das Wort zum ersten Mal vorkommt.
Wörter für die Prüfung *Start Deutsch 1* und *Start Deutsch 2* sind mit einem Punkt markiert.

Abkürzungen:
Sg. = Singular
Pl. = Plural
jmdn. = jemanden
jmdm. = jemandem
A = Akkusativ
D = Dativ

A   Abitur, das *(nur Sg.)* 58
Abschlussprüfung, die, -en 60
• abstellen, stellt ab 79
Abstellplatz, der, ⸚e 34
abtrocknen, sich, trocknet sich ab 45
• Achtung! 49
alkoholfrei 39
alle sein 52
Allergie, die, -n 81
Alles klar! 71
allgemein bildende Schule 69
alltagstauglich 64
Ambulanz, die, -en 81
• andere/r/s 14
• Anfang, der, ⸚e
am Anfang 64
anfeuern, feuert an 42
Anfrage, die, -n 39
Angabe, die, -n 39
• Angst, die, ⸚e (vor + D) 21
Anhang, der, ⸚e 68
• anmelden, sich, meldet sich an für + A 67
anpfeifen, pfeift an 42
Anrede, die, -n 39
Anschreiben, das, - 68
ansprechen, spricht an (jmdn.) 20
Anspruch, der, ⸚e
Anspruch haben auf + A 83
• anziehen, sich, zieht sich an 45
• Anzug, der, ⸚e 22
Arbeitgeber, der, - 83
Arbeitnehmer, der, - 83
Arbeitsklima, das, -s 37
• arbeitslos 58
Arbeitsstelle, die, -n 58
Arbeitszeit, die, -en 86
Argument, das, -e 33
Armut, die *(nur Sg.)* 46
• Aufenthalt, der, -e 16
aufhängen, hängt auf 51
aufstellbar 32
aufteilen, teilt auf 83
Aufteilung, die, -en 83
aufwachsen, wächst auf 59
Ausbildung, die, -en 16
ausdrücken, drückt aus (sich) 64
ausklappbar 32
• Ausländer, der, - 46
• ausländisch 46
Auslandsaufenthalt, der, -e 16
ausprobieren, probiert aus 49
ausruhen, sich, ruht sich aus 82
ausverkauft 53

auswandern, wandert aus 64
ausziehbar 32
Automechaniker, der, - 71
Automobilmuseum, das, -museen 36
Axt, die, ⁼e 65

B Babysitten, das (*nur Sg.*) 18
• Bäckerei, die, -en 68
BAföG, das (*Kurzwort für* Bundes-ausbildungsförderungsgesetz) 15
Ballett, das (*nur Sg.*) 47
Band, die, -s (*Musik*) 12
barrierefrei 39
Baseball, der (*Sport, nur Sg.*) 42
Baumarkt, der, ⁼e 53
• bedeuten 17
Bedingung, die, -en 83
• beeilen, sich 45
befürchten 22
Behinderung, die, -en 26
• beide 45
• Beispiel, das, -e
   zum Beispiel 16
Bereich, der, -e 54
berichten über + A / von + D 42
Berufserfahrung, die, -en 69
berufstätig 83
beschäftigen 83
beschimpfen 46
Besichtigung, die, -en 38
besondere/r/s 69
• besonders 67
besorgen 77
beste/r/s 62
Besteck, das, -e 39
Bestellung, die, -en 52
betont 70
Betreff, der, -s 68
• Betrieb, der, -e 38
   außer Betrieb sein 28
Betriebsausflug, der, ⁼e 37
Bewegung, die (*hier nur Sg.*) 42
bewerben, sich, bewirbt sich bei + D um + A 67
Bewerber, der, - 70
• Bewerbung, die, -en 68
beziehen (*Geld*) 83
Bilderrahmen, der, - 34
bisher 70
Blasmusik, die (*nur Sg.*) 13
blass 80
blubbern 50
• Bluse, die, -n 23
Blutdruckmessgerät, das, -e 51

Bluthochdruck, der (*nur Sg.*) 81
Bohrmaschine, die, -n 51
Boxen, das (*nur Sg.*) 48
Boxer, der, - 49
brummen 50
Brust, die, ⁼e 82
brutal 48
Bücherregal, das, -e 33
• Buchstabe, der, -n 49
bunt 32

C Cappuccino, der, -(s) 63
Cello, das, Cellos / Celli 11
charmant 23
Chor, der, ⁼e 69
chronisch 70
Clown, der, -s 55
• Creme, die, -s 82

D • dagegen 46
• Dame, die, -n 39
damit (*Konnektor*) 55
• dass 15
Daten, die (*nur Pl.*) 69
Datenbank, die, -en 15
• Dauer, die (*nur Sg.*) 83
• dauern 60
dauernd 83
Decke, die, -n 34
• denken 64
Depression, die, -en 81
Design, das, -s 32
deutschstämmig 64
Dialog, der, -e 62
• dick 23
Dienstjubiläum, das, -jubiläen 74
• diese/r/s (*Artikel*) 60
Diktat, das, -e 60
• Ding, das, -e / *ugs.* -er 23
Dings / Dingsda / Dingsbums, der / das / die 76
Diplom, das, -e 59
Diskussion, die, -en 62
• draußen 48
Dübel, der, - 51
• durch 38
• Dusche, die, -n 45
• duschen, sich 45

E ebenfalls 83
echt (*Partikel*) 33
Ehrenamt, das, ⁼er 54
ehrenamtlich 54
Eimer, der, - 53
• einfallen, fällt ein jmdm. etw. 65
einige 44
Einkommen, das, - 83

Einlass, der (*nur Sg.*) 14
Einrichtungsberaterin, die, -nen 34
einrosten, rostet ein 65
einschreiben, sich, schreibt sich ein 67
einverstanden sein 61
Einweihungsfest, das, -e 74
Einzelsport, der (*nur Sg.*) 49
Eishockey, das (*nur Sg.*) 42
Elterngeld, das (*nur Sg.*) 83
Elternzeit, die (*nur Sg.*) 83
emotional 64
Engagement, das, -s 55
engagieren, sich 54
engagiert 62
entspannen 14
entspannen, sich 48
entsprechen, entspricht 60
entwickeln, sich 65
erfahren 38
• Erfahrung, die, -en 58
erholsam 48
ermöglichen 60
Ersatzteil, das, -e 50
• erzählen 20
Erziehung, die (*nur Sg.*) 65
Esstisch, der, -e 32
etwa 29
EU-Bürger, der, - 15
EU-Bürgerin, die, -nen 15
Europameisterin, die, -nen 46
extravagant 46

F Fach, das, ⁼er 16
Fado, der, -s 13
• Fahrer, der, - 19
Fall, der, ⁼e
   auf jeden Fall 75
• auf keinen Fall 36
   für alle Fälle 81
Familienmitglied, das, -er 79
Fanartikel, der, - 42
Farbe, die, -n (*zum Malen*) 51
farbenfroh 32
Fasching, der, -s 78
Faschingsumzug, der, ⁼e 74
• fast 32
faszinierend 65
fehlen 64
• Feier, die, -n 75
feierlich 12
Feld, das, -er 38
Fensterbank, die, ⁼e 34
Fernsehen, das (*nur Sg.*) 49
Fernsehsessel, der, - 32
• fertig 45

festlegen, legt fest 83
Figur, die, -en 23
finanziell 16
finanzieren 16
Finanzierung, die, -en 16
Fischfilet, das, -s 80
flexibel 19
fliehen 46
flirten 63
Flöte, die, -n 11
Flüchtling, der, -e 46
föhnen (sich) 45
• Förderung, die, -en 16
• Formular, das, -e 16
Fortbildung, die, -en 69
• freiwillig 54
• freuen, sich, auf + A / über + A 67
Frisur, die, -en 22
• früher 44
• fühlen 64
führen zu + D 60
Führung, die, -en 38
Fußballspielerin, die, -nen 42

G Galerie, die, -n 38
gar nicht 13
Gardine, die, -n 33
Gebet, das, -e 64
gebraucht 32
• Gebühr, die, -en 16
Geburt, die, -en 83
Geburtsdatum, das, -en 46
Geburtsort, der, -e 46
geeignet 38
Gegenstand, der, ⸚e AB 107
Geheimsprache, die, -n 65
• gehören jmdm. 50
gehören zu + D 46
Geige, die, -n 11
Geländewagen, der, - 50
• Gesamtschule, die, -n 60
Gesetz, das, -e 17
• Gespräch, das, -e 70
• Gewerkschaft, die, -en 54
Gitarre, die, -n 11
Glas, das (*Material, nur Sg.*) 32
gleichzeitig 60
Gong, der, -s 49
Grammatik, die, -en 65
Grill, der, -s 77
Grund, der, ⸚e 39
gründen 55
• Grundschule, die, -n 60
• Gymnasium, das, Gymnasien 60

H halbtags 70

Hälfte, die, -n 16
Halle, die, -n 45
Haltestelle, die, -n 26
Hammer, der, - 51
Handball, der (*Sport, nur Sg.*) 48
Händler, der, - 53
handwerklich 60
hängen 34
harmonisch 12
• Hauptschule, die, -n 60
Hausschuh, der, -e 35
heimlich 46
• Hemd, das, -en 23
herrlich 13
herstellen, stellt her (Kontakt) 19
hervorragend 68
• hinter 34
Hip-Hop, der (*nur Sg.*) 12
hoch 82
• Hochzeit, die, -en 75
Hocker, der, - 33
Hof, der, ⸚e (Bio-Hof) 38
Holz, das (*nur Sg.*) 32
Hose, die, -n 23
Hut, der, ⸚e 23

I Identität, die, -en 65
im Voraus 39
Image, das, -s 46
individuell 60
Instrument, das, -e 12
integrieren, sich 46
interessieren jmdn. 42
interessieren, sich, für + A 67
interessiert 62
Iran, der 65

J Jazz, der (*nur Sg.*) 12
Jeans, die, - 23
Jobsuche, die (*nur Sg.*) 67
Joggen, das (*nur Sg.*) 48

K Kakao, der (*nur Sg.*) 80
kämmen, sich 45
Kellnern, das (*nur Sg.*) 18
• Kenntnis, die, -se 69
Kerze, die, -n 75
Ketschup, der/das (*nur Sg.*) 80
• Kette, die, -n 23
Kindheit, die, -en 46
Kirschtorte, die, -n 80
    Schwarzwälder Kirschtorte,
    die, -n 76
Kissen, das, - 34
klappern 50
Klarinette, die, -n 11
Klasse! 33
Klassik, die (*nur Sg.*) 12

Klavier, das, -e 11
• Kleid, das, -er 22
Kleiderschrank, der, ⸚e 32
Kleidungsstück, das, -e 23
Klimaanlage, die, -n 39
klirren 50
knacken 50
knallen 50
Knie, das, - 81
knirschen 50
Kommode, die, -n 34
kompetent 70
Kompliment, das, -e 22
Konditor, der, -en 68
Konditorin, die, -nen 68
Konditorei, die, -en 68
Konfirmation, die, -en 74
Konzept, das, -e 70
Kopfhörer, der, - 14
Krankenwagen, der, - 82
Kratzer, der, - 32
Krisendienst, der, -e 81
Küchenschrank, der, ⸚e 33
• kümmern, sich, um + A 83
• Kündigung, die, -en 83
Kündigungsschutz, der (*nur Sg.*) 83
Kunst, die, ⸚e 38
Kunstwerk, das, -e 38
Kursfest, das, -e 77
kuscheln 87

L • Laden, der, ⸚ 38
• Lager, das, - 52
Landsleute, die (*nur Pl.*) 65
Langeweile, die (*nur Sg.*) 18
langweilen, sich 45
lassen
    es sein lassen 37
Laune, die, -n
    gute Laune 13
lebenslang 62
Lebenslauf, der, ⸚e 68
• legen 34
Leistung, die, -en 46
Leselampe, die, -n 33
Lichtmaschine, die, -n 50
• Lied, das, -er 25
lieferbar 32
• liefern 52
Liefertermin, der, -e 53
Lieferung, die, -en 52
Linie, die, -n 29
Liste, die, -n 78
logisch 65
los sein (etwas, z.B. den Gips, *ugs.*)
    28

M machen, sich, aus + D 13
malen 60
Mannschaft, die, -en 42
Mannschaftssport, der (nur Sg.) 49
• Mantel, der, ⸚ 23
Marmorkuchen, der, - 76
Maskenbildner, der, - 67
mehrere 63
mehrsprachig 63
Mehrsprachigkeit, die (nur Sg.) 63
• meinen 18
melancholisch 12
Melodie, die, -n 70
• Menge, die, -n 53
Mensa, die, Mensen 15
• Metall, das (nur Sg.) 32
Mikroskop, das, -e 51
Minderheit, die, -en 64
• mindestens 60
Minijob, der, -s 18
Missverständnis, das, -se 78
Mitarbeiter, der, - 37
Mitarbeiterin, die, -nen 78
• mitbringen, bringt mit 52
miteinander 37
• Mitteilung, die, -en 60
mobil 28
Möglichkeit, die, -en 16
Mundharmonika, die, -s 11
Museum, das, Museen 36
Musikerin, die, -nen 12
Muslima, die, -s 46
Mut, der (nur Sg.) 37
Mutter, die, -n (Werkzeug) 51
Mutterschutz, der (nur Sg.) 83
Muttersprache, die, -n 64
N Nachteil, der, -e 85
Nagel, der, ⸚ 51
Nationalmannschaft, die, -en 46
Nationalsport, der (nur Sg.) 42
• neben 34
Nebenverdienst, der, -e 18
• negativ 36
nicken 86
noch nicht 52
Notdienst, der, -e 80
Notdienstpraxis, die, -praxen 81
Note, die, -n (Schule) 61
Nudelsalat, der, -e 76
nun 45
nur noch 52
nützen jmdm. / etw. 47
nützlich 18
O Obdachlose, der/die, -n 55

öffentlich 74
Orchesterprobe, die, -n 11
orientieren, sich 59
originell 32
P Paprika, die/der, -s 80
• parken 26
Parkplatz, der, ⸚e 26
• Partei, die, -en 54
• Partner, der, - 16
peinlich 79
perfekt 22
Personalleiter, der, - 67
pfeifen 50
Pflanze, die, -n 34
pflegeleicht 32
Pflicht, die, -en 37
phänomenal 23
Physik, die (nur Sg.) 67
Pilot, der, -en 71
Pinsel, der, - 51
planen 77
Pop, der (nur Sg.) /
Popmusik, die 12
• positiv 36
Postersammlung, die, -en 34
Praktikum, das, Praktika 58
Präsentation, die, -en 78
Projekt, das, -e 77
Prozent, das, -e 63
prüfen 52
• Prüfung, die, -en 60
• Pullover, der, - 23
Q • Qualität, die, -en 33
quietschen 50
R Radiosendung, die, -en 18
Rassismus, der (nur Sg.) 46
Rat, der (nur Sg.) 55
Ratschlag, der, ⸚e 82
räumen 34
• Realschule, die, -n 60
rechtzeitig 83
Rede, die, -n 75
reden 37
Regel, die, -n 48
regelmäßig 48
Reggae, der (nur Sg.) 13
Region, die, -en 38
Reisebus, der, -se 39
rennen 30
Rentner, der, - 18
Reporter, der, - 42
Respekt, der (nur Sg.) 46
rhythmisch 12
Richtung, die, -en 29

Ring, der, -e 23
Rock, der (Musikstil, nur Sg.) 12
• Rock, der, ⸚e (Kleidungsstück) 23
Rollenbild, das, -er 85
Rollstuhl, der, ⸚e 26
Rollstuhlfahrer, der, - 26
Rolltreppe, die, -n 28
Rückfahrtzeit, die, -en 39
Rudern, das (nur Sg.) 48
rufen 82
Rumänien 64
Runde, die, -n 49
S Säge, die, -n 51
Salami, die, - 80
Samba, die, -s 13
• sammeln 58
Sammlung, die, -en 34
sauer 80
schaffen 30
Schal, der, -s 23
schauen 23
Schaukel, die, -n 64
Schiedsrichter, der, - 42
schießen (Tor) 42
Schiffbauer, der, - 71
• Schild, das, -er 26
schimpfen 64
Schimpfwort, das, ⸚er 64
• Schirm, der, -e 23
schlagen, schlägt 48
Schläger, der, - 48
Schlagzeug, das, -e 11
• schlecht werden jmdm. 80
• schlimm 79
Schlittschuhlaufen, das (nur Sg.) 48
Schloss, das, ⸚er (Gebäude) 38
schminken, sich 46
schmücken 77
Schraube, die, -n 51
Schraubenschlüssel, der, - 51
Schraubenzieher, der, - 51
Schulabschluss, der, ⸚e
der mittlere Schulabschluss 60
• Schüler, der, - 16
Schulform, die, -en 60
Schultyp, der, -en 60
Schulwechsel, der, - 60
Schüssel, die, -n 76
• schwanger 82
schwierig 65
Schwimmbrille, die, -n 48
Sektempfang, der, ⸚e 78
selbst genäht 34
Semester, das, - 58

Senf, der (*nur Sg.*) 80
Seniorenheim, das, -e 26
Sessel, der, - 31
setzen, sich 21
singen 65
Socke, die, -n 23
• sollen 77
Soße, die, -n 80
• sozial 54
• Spaß machen 15
spät dran sein 45
• später 47
• Spaziergang, der, ⸚e 38
Spezialität, die, -en 77
Spieler, der, - 42
Spielfeld, das, -er 46
Spielstraße, die, -n 26
Sportart, die, -en 48
Sportreporter, der, - 42
Sportveranstaltung, die, -en 49
Sportverein, der, -e 46
Sprachkurs, der, -e 58
staatlich 16
Stadion, das, Stadien 49
Stall, der, ⸚e 38
stärken 37
Statistik, die, -en 54
Stau, der, -s 22
stehen jmdm. etw. 22
Stehlampe, die, -n 32
steigen (Zahl) 85
steigen (Treppen) 30
Stelle, die, -n 68
stellen 34
• Steuer, die, -n 18
Stil, der, -e (Musikstil) 12
Stimme, die, -n 70
Stimmung, die, -en 20
Stipendium, das, Stipendien 15
Straßenfest, das, -e 75
streichen 51
streng 48
Strumpf, der, ⸚e 23
Strumpfhose, die, -n 25
Studentenwerk, das, -e 16
Studienabschluss, der, ⸚e 16
Studienberatung, die, -en 15
Studiengebühr, die, -en 16
Studium, das, Studien 15
Suche, die (*nur Sg.*) 67
summen 50
T tabellarisch 69
Talent, das, -e 46
Teamgefühl, das, -e 37

Technik, die (*hier nur Sg.*) 38
• Teil, der, -e 64
Teilnahme, die, -n 38
• Teilzeit, die (*nur Sg.*) 83
• Tennis, das (*nur Sg.*) 48
• Teppich, der, -e 33
Thema, das, Themen 65
Tierarzt, der, ⸚e 71
• Tipp, der, -s 15
Tischtennis, das (*nur Sg.*) 48
• toll 13
Tor, das, -e (schießen) 42
Torte, die, -n 69
traditionell 68
Trainer, der, - 42
trainieren 42
träumen von + D 67
• treffen, sich, trifft sich mit + D 48
trennen 37
Trennung, die, -en 65
Trompete, die, -n 11
Tuch, das, ⸚er 23
U • überall 37
• übersetzen 65
Übersetzung, die, -en 19
Umfeld, das (*nur Sg.*) 65
umgekehrt 64
Umschulung, die, -en 58
umsonst 54
Umwelttechnik, die (*nur Sg.*) 67
• umziehen, sich, zieht sich um 45
Unbekannte, der/die, -n 21
unbürokratisch 18
ungeduldig 86
unhöflich 62
unmodern 22
unnötig 37
Unsinn, der (*nur Sg.*) 61
unterbrechen, sich, unterbricht sich 62
Unterführung, die, -en 26
• unterhalten, sich, unterhält sich über + A / mit + D 60
• Unterricht, der (*nur Sg.*) 60
• Unterschrift, die, -en 39
unterstützen 54
Unterstützung, die, -en 17
Ursache, die, -n
   Keine Ursache! 29
V verbinden 38
vergeben, vergibt 16
Vergissmeinnicht, das, - 22
verkleiden, sich 79
Verkleidung, die, -en 75
Verletzung, die, -en 81

vermutlich 81
verpassen 28
verschicken 52
verstellbar 31
verwechseln mit + D 65
Verzeihung! 79
viele 44
Virus, der/das, Viren 80
Visagist, der, -en 67
Vitamin, das, -e 82
Volksfest, das, -e 36
Volksmusik, die (*nur Sg.*) 12
vollautomatisch 31
Volleyball, der (*Sport, nur Sg.*) 48
vor (Ort) 34
Vorbild, das, -er 46
vorkommen, kommt vor 64
vorlesen, liest vor 55
• vorschlagen, schlägt vor 36
vorstellen, sich, stellt sich vor (etwas) 62
Vorstellungsgespräch, das, -e 58
Vorteil, der, -e 46
Vorurteil, das, -e 46
W• wahrscheinlich 81
• Wald, der, ⸚er 36
Wanderung, die, -en 36
warmlaufen, sich, läuft sich warm 45
• was für (ein/e) 12
• waschen, sich, wäscht sich 45
wegen 52
Wehe, die, -n 82
Weiblichkeit, die (*nur Sg.*) 46
Weihnachtsfeier, die, -n 75
• Welt, die, -en 63
Weltmeisterin, die, -nen 46
weltweit 63
• wenn 64
• werden, wird 71
werfen, wirft 34
werktags 55
• Werkzeug, das, -e 51
Werkzeugkiste, die, -n 51
Wickelraum, der, ⸚e 26
widersprechen, widerspricht 61
• wie 32
Wiese, die, -n 38
• Wirtschaft, die (*nur Sg.*) 62
wundervoll 23
Würstchen, das, - 77
Z • Zahn, der, ⸚e 81
Zahnschmerzen, die (*nur Pl.*) 81
Zange, die, -n 51

Lektion 11

1 a 1. das Schlagzeug; 2. das Klavier; 3. die Gitarre; 4. die Geige; 5. die Mundharmonika

2 a Trompete (deutsch); trumpet (englisch); trompette (französisch); trompeta (spanisch); tromba (italienisch); trompet (Afrikaans, dänisch, niederländisch, türkisch); trumpetti (finnisch)

3 a 1. Einen fröhlichen Charakter. 2. Klassik; 3. Kreative Leute. 4. Eine herzliche Person.

Fokus Das Fragewort was für ein / eine dekliniert man wie den unbestimmten Artikel.

3 c Was für Musik …? Was für ein Konzert …? Was für ein Musikstil …? Was für eine CD …? Was für Lieder …? Was für eine Person …?

4 2. Welche; 3. Welches; 4. Was für eine, Welcher; 5. Welchen; 6. Was für ein

5 a

Sie nehmen an.	Sie wissen es noch nicht.	Sie lehnen ab.
Da komme ich gern mit. Oh ja, toll! Ich bin dabei.	Mal sehen. Hmm, weiß nicht …	Nein, das geht leider nicht. Schade, aber ich … Leider kann ich nicht mitkommen. Ach nein!

6 a das Rockmusikkonzert: der Rock + die Musik + das Konzert; Universitätsstadtzentrum: die Universität + die Stadt + das Zentrum

6 b Kindertagesstätte, Studentenwohnheimzimmer, Sprachkursteilnehmer, Mundharmonikaorchester

7

2. Sie findet,	dass	ein Studium lange	dauert.
3. Sie hat gehört,	dass	Studieren sehr theoretisch	sein kann.
4. Sie glaubt,	dass	eine Ausbildung sehr gut zu ihr	passt.

8 a 2. Doka meint, dass viele Studenten mit einem Job Probleme an der Uni bekommen. 3. Rea113 schreibt, dass sie von wenig Geld lebt und dafür einen guten Abschluss macht. 4. Stupsi glaubt, dass viele Leute neben dem Studium arbeiten, weil sie das Geld brauchen. 5. Karl denkt, dass arbeiten und studieren nur stressig ist.

9 a einen Job – Was suche ich? in den Semesterferien – Wann? mindestens 7 € pro Stunde – Wie viel Geld?

9 b Anzeige 1 passt zur Situation. Dies ergibt sich aus den Antworten auf die Frage Wann? – der Job in Anzeige 2 ist nur im Semester, Sie möchten aber in den Semesterferien arbeiten.

10 1. X; 2. A; 3. D

11 Jan: Was? Ich verstehe dich nicht. Markus: Ich habe eine Frau getroffen. Jan: Wie? Ich habe dich noch nicht verstanden. Markus: Im Bus habe ich eine Frau getroffen.

12 1. C; 2. A; 3. B; 4. D

14 a Person 1 und 4.

14 b das Hemd, -en; der Schal, -s; der Hut, ¨e; der Mantel, ¨; der Anzug, ¨e; die Socke, -n; die Bluse, -n; der Rock, ¨e

15 *Zum Beispiel:* der Mantel, die Tasche, der Schal, das Hemd, die Kette, der Ring, der Rock, die Hose, der Hut, das Tuch, die Mütze, das Kleid

16 a Rote Haare, alte Schuhe, große Wohnung, weißes Pferd, langer Strumpf!

16 b

Adjektiv + Nomen	langer Strumpf	weißes Pferd	große Wohnung	rote Haare

16 c Lange Haare, große Hände, blau-weiße Hose, schwerer Stein auf dem Rücken und freundliches Gesicht.

Grammatik
dass-Satz: Welche Verben stehen im Hauptsatz? Notieren Sie: finden, denken, sagen, glauben.

Film ab!
2 Yoko, Japan, Berlin, Kreuzberg, Hasenheide 12, 1984, Sängerin, YOKO, Deutsch, Japanisch, Tempura

3 a C, D, A, B

3 b 1. und 2. Teil 3; 3. Teil 2; 4. Teil 5

4 Yokos Vater hat seine Frau auf einer Japanreise kennen gelernt. Er findet immer noch Neues an ihr.

5 Mütze, T-Shirt, Jeans, Rock, Schal, Kleid, Lederjacke, Hose, Schürze, Sonnenbrille, Stiefel

6 In Japan feiert man einmal im Jahr das so genannte Jungenfest.

Lektion 12

1 a, b das Bürogebäude, die Bürogebäude; das Kaufhaus, die Kaufhäuser; der Spielplatz, die Spielplätze; das Kinderheim, die Kinderheime; der Kindergarten, die Kindergärten; das Kinderhaus, die Kinderhäuser; das Krankenhaus, die Krankenhäuser; der Parkplatz, die Parkplätze; das Parkhaus, die Parkhäuser; der Bahnhof, die Bahnhöfe; das Seniorenheim, die Seniorenheime; die Bushaltestelle, die Bushaltestellen; das

Rathaus, die Rathäuser; der Flughafen, die Flughä-fen; der Flugplatz, die Flugplätze

2 Liebe Frau Rogalski, (…) Nehmen Sie vom Flughafen die S4 S8 und fahren Sie Richtung Marienplatz. Es sind acht zwölf Stationen. Steigen Sie am Ode-onsplatz Marienplatz um in die U6. Fahren Sie mit der U6 Richtung Klinikum Großhadern Garching-Forschungszentrum. (…) Am besten kaufen Sie sich eine Single-Tageskarte für 11, 10,40 Euro.

3 a 1. mit einem Computer, mit Bleistiften; 2. mit einem Fahrrad, mit S-Bahnen, mit einem Rollstuhl; 3. mit einem Computer, mit einem iPod, mit einem Handy; 4. mit einer Kamera, mit einem Handy; 5. mit einem Computer, mit Bleistiften, mit einem Kugelschreiber; 6. mit einem Computer, mit einem Ball, mit einem Saxofon; 7. mit 5 Euro, mit einer Bankkarte

4 a 2. mit einem Aufzug; 3. in einer Spielstraße; 4. mit ihrem Auto; 5. vor einem Wickelraum; 6. mit einer Straßenbahn; 7. mit einem Taxi

Fokus maskulin: -em, neutral: -em, feminin: -r, Plural: -n

4 b

unbe-stimmter Artikel	auf einem Parkplatz	vor einem Haus	vor einer Kirche	mit Freun-den
Possessiv-artikel	mit seinem Fußball	mit seinem Fahrrad	mit ihrem Gepäck	mit ihren Taschen

5 a 1. der Sessel; 2. die Lampe; 3. der Schrank; 4. das Bett; 5. der Teppich; 6. der Tisch

6 2. Nein, das Schild ist nicht lesbar. 3. Ja, das Wasser ist trinkbar. 4. Nein, das Sofa ist nicht bezahlbar. 5. Nein, die Aufgabe ist nicht lösbar.

7 lang: das Regal; die Leselampe; der Spiegel, die Gardinen; das Sofa; der Stuhl; die Möbel; das Bücherregal kurz: der Schrank, die Lampe; das Bett, der Sessel, der Teppich; der Tisch, das Bild; der Hocker; der Suppenteller; der Löffel; der Küchenschrank

8 a Andrea Berger: Die Stimme klingt positiv. Er / Sie verwendet positive Wörter *(schön, toll, …)*. Johann Kleinmeier: Die Stimme klingt negativ. Er / Sie verwendet negative Wörter *(nichts, nicht, …)*.

8 b Andrea Berger findet gebrauchte Möbel oft gut und schön. Johann Kleinmeier mag keine alten Möbel. Johann Kleinmeier findet neue Möbel-Trends interessant. Andrea Berger kauft nicht gerne in Billig-Möbelläden ein. Johann Kleinmeier kauft sich Möbel in großen Möbelhäusern, weil es dort nicht teuer ist.

9 a Die Postersammlung ist unter der Kommode. Die Pflanzen stehen auf der Kommode. Die Lampe hängt über der Kommode. Der Bilderrahmen ist hinter der Kommode. Die Schuhe stehen zwischen dem Bett

und der Kommode. Die Zeitschriften liegen unter dem Tisch. Der Computer steht neben dem Tisch. Die Decke liegt vor dem Bett. Ein Poster hängt an der Wand. Der Wecker ist in der Kommode.

9 b in: in der Kommode; auf: auf der Kommode; hinter: hinter der Kommode; vor: vor dem Bett; neben: neben dem Tisch; über: über der Kommode; unter: unter dem Tisch; zwischen: zwischen dem Bett und der Kommode

11 a Wir legen den Teppich neben das Bett. Nein, den Teppich legen wir besser vor die Eingangstür. (…) Die Vase stellen wir aufs Bücherregal, oder? Ja, warum nicht. Und das Bild hängen wir im Wohnzimmer an die Wand. Nein, das Bild gefällt mir nicht. Ich finde, wir legen es unter den Schrank.

12 *Zum Beispiel:* hängen: der Mantel, das Kleid, die Jacke; liegen / legen: das T-Shirt, das Hemd, der Pullover, die Strümpfe; stehen / stellen: die Schuhe, der Schirm

13 a liegen, steht, stehen, gestellt, legen, stell, hängt

13 b im, neben der, in den, auf dem, im, über dem, in die

Fokus Standort ⊗: Präposition + Dativ (hängen, liegen, stehen). Richtung ↗: Präposition + Akkusativ (hängen, legen, stellen).

15 a 1. der Spaziergang; 2. die Besichtigung; 3. der Besuch; 4. die Sammlung; 5. die Führung; 6. die Teilnahme

15 b Führung mit dem Bus durch die Innenstadt. Besuch im Mercedes-Benz-Museum. Spaziergang im Stadtpark mit anschließender Kaffeepause. Teilnahme an einer Weinprobe.

Film ab!

1 b Foto 2: Frau Sauerstein wohnt in Leipzig. Foto 3: Sie hatte einen Fahrradunfall und konnte danach nicht gut laufen. Foto 4: Sie hat die Demonstration im Oktober 1989 miterlebt.

2 Elfriede, Sauerstein, Leipzig, ein Einfamilienhaus, 72, Beruf, 1998, Hobby von Alexander, kochen, waschen, bügeln, Enkelkinder zur Tagesmutter und zum Kanusport fahren, Operation nach Fahrradunfall, Probleme beim Laufen, Fahrrad und Auto

3 a Oper, Nikolaischule, Glockenturm, Thomaskirche

3 b richtig: Unser Büro war in der 9. Etage im Glockenturm. Die Oper war das erste Gebäude, bei dem ich mitgearbeitet habe. Da habe ich speziell die Heizungstechnik gemacht. In der DDR-Zeit haben wir viele berühmte Gebäude renoviert. falsch: Ich war bei der Bauplanungsfirma „Leipzig Projekt" als technische Zeichnerin angestellt. Mein letztes Projekt war die Thomaskirche.

4   *Zum Beispiel*: Liebe Helga, 2004 hatte ich einen schlimmen Fahrradunfall. Eine Frau ist in mein Fahrrad gefahren und ich bin gestürzt. Ich hatte große Schmerzen und musste ins Krankenhaus. Das Kniegelenk und mein Sprunggelenk waren gebrochen. Die Ärzte mussten Schrauben und eine Schiene in mein Bein operieren. Ich konnte lange nicht laufen und musste mit Krücken gehen oder mit einem Rollstuhl fahren. Jetzt geht es mir zum Glück wieder ganz gut. Und wie geht es dir? Viele Grüße, deine Elfriede

5   Sanct Georg Krankenhaus (im Teil 2)

Das kann ich schon! | Lektion 11 – 12

1   1. Elegante Schuhe! Die passen perfekt zu deinem Kleid! 2. Wow, tolles Kleid! Wo hast du es gekauft? 3. Mensch Markus, schicker Anzug! Steht dir wirklich gut!

2   Person 1: Contra; Person 2: Pro; Person 3: Contra

3   1. Entschuldigung, bedeutet; 2. Frage, ist; 3. heißt, erklären

4   1 – D; 2 – C; 3 – E

5   *Zum Beispiel:* Suche Nebenjob als Babysitter. Ich bin 21 Jahre alt und studiere Pädagogik im 3. Semester. Vor dem Studium habe ich ein Jahr in einem Kindergarten gearbeitet. Ich bin sehr freundlich, viele Kinder mögen mich und ich arbeite sehr gern abends.

Lektion 13

1 a   1. Der Schiedsrichter pfeift das Spiel an. 2. Die Fans feuern die Mannschaft an. 3. Der Spieler schießt ein Tor. 4. Der Reporter macht ein Interview mit dem Spieler.

2 a   1. gegen; 2. gegen, Für, für, für; 3. für, gegen, für, gegen

Fokus Die Präpositionen *für* und *gegen* stehen immer mit Akkusativ.

4 a   1. sich; 2. dich; 3. mich; 4. sich; 5. uns; 6. euch

4 b

mich	dich	sich	sich	sich	uns	euch	sich	sich
mich	dich	ihn	es	sie	uns	euch	sie	Sie

5 a, b Ich muss mir noch die Haare föhnen. Ich muss mich noch anziehen. Ich muss mir noch die Hände waschen. Ich muss mich noch kämmen. Ich möchte mich noch schminken. Und ich möchte mich nicht beeilen.

5 c   1. du; 2. sich; 3. uns; 4. ihr; 5. Sie

Fokus In Sätzen mit Akkusativ-Ergänzung steht das Reflexivpronomen im Dativ.

7 a   Die Handballspielerin Anne Ulbricht und ihre gesundheitlichen Probleme.

7 b   Alter: 24 Jahre; Sportart: Handball; Verein: HC Leipzig; gesundheitliche Probleme: zwei schwere Verletzungen, konnte fast nicht mehr Handball spielen

9 a   sie macht Ausflüge, manchmal entspannt sie und liest, sie war bei einem Fußballspiel, sie hat die Mannschaft angefeuert, sie geht vielleicht einkaufen

9 b   Essen, Entspannen, Lesen, Anfeuern, Lachen, Spielen, Einkaufen

9 c   *Zum Beispiel:* Ich esse gern Schokolade. Das Essen im Hotel war nicht gut. Liest du gern Krimis? Manchmal schlafe ich beim Lesen ein. Ich hab meine Kollegin angefeuert. Nach dem Anfeuern konnte ich nicht mehr sprechen. Unser Chef lacht immer sehr laut. Das finde ich nicht zum Lachen. Spielst du ein Instrument? Beim Spielen mache ich oft noch Fehler. Wir kaufen heute auf dem Markt ein. Gehst du mit zum Einkaufen.

Fokus Man schreibt sie dann groß.

11   (…) Ja, gern. Wann und wo treffen wir uns? (…) Nein, das ist okay. (…) Tschüss.

12 a   1. C; 2. B; 3. D; 4. A

12 b   summt, klappern, knallt, pfeift

13 a   <u>Au</u>toschlüssel, Gel<u>ä</u>ndewagen, Ger<u>äu</u>sch, Ers<u>a</u>tzteil, L<u>ie</u>ferung, W<u>e</u>rkstatt, Gl<u>ü</u>ck

13 b   Werkstatt, Geräusch, Lieferung, Glück, Ersatzteil, Geländewagen, Autoschlüssel

14 a   2. Hast du schon alle Pinsel gekauft? 3. Hast du deine Bohrmaschine schon gefunden? 4. Haben Sie die großen Dübel schon gezählt? 5. Haben Sie die Bestellung schon gemacht? 6. Hast du den Eimer schon geholt?

14 b   5: Nein, die muss ich noch machen! 4: Nein, erst die kleinen. 6: Nein, noch nicht. Ich hole ihn morgen. 3: Nein, ich suche immer noch! 1: Nein, das mache ich erst zum Schluss. 2: Nein, ich habe noch nicht alle gefunden.

15   1. c; 2. a; 3. c

16   *Zum Beispiel:* Kannst du mir bitte den Hammer geben? Ich hätte gerne meine Lieferung. Ich möchte bitte die Bohrmaschine. Entschuldigung, wo ist meine Bestellung? Können Sie das bitte prüfen?

17 a   von oben nach unten: 7, 4, 2, 8, 6, 5, 3, 1

18 a,b Damit ich dich besser hören kann. Damit ich dich besser sehen kann. Damit ich dich besser schlagen kann.

Fokus Das Verb steht am Satzende.

Lust auf mehr
Werkzeug in Wendungen
Bild A – 1. Sie hat ihren Job an den Nagel gehängt. (= Sie hat ihren Job aufgegeben. Sie hat gekündigt.)
Bild B – 3. Bei dir ist doch eine Schraube locker! (= Du bist verrückt! Du spinnst!)
Bild C – 5. Die haben mich ganz schön in die Zange genommen. (= Sie haben mich sehr intensiv befragt und unter Druck gesetzt.)

Film ab!
1 b klettern

2 Constantin bzw. Coco, Fitz, Ammersee, München, See, Werkstatt, 52, Schreiner, Möbelrestaurator, eigene Werkstatt, Ingrid, Hebamme, zwei, Alexander und Sebastian, Hotelfachmann und Produktdesigner, Klettern, Slacklining, Bergsteigen, Bergführer im deutschen Alpenverein, Mercedes

3 1. Wenn wir beide Zeit haben, dann machen wir etwas zusammen. 2. Ich nehme dich in die Sicherung. 3. Slackline ist eine tolle Übung für die Balance. 4. Treffen wir uns am Maibaum? 5. Heute ist Muttertag, da gehen wir in den Biergarten, weil wir keine Lust haben, zu kochen.

4 *Zum Beispiel*: Hallo Coco, hier ist Ingrid. (…) Frau Obermayer hat ihr Kind schon geboren. / Das Kind von Frau Obermayer ist schon da. (…) Ja. Du auch? (…) Super Idee. Und wo? (…) Okay, ich komme. / Ich bin gleich da. (…) Tschüss, bis gleich.

5 Säge, Hammer, Schraubenzieher, Zangen, Hobel, Bohrer, Schraubzwinge, Pinsel

6 in Teil 5, vor dem Eissalon

Lektion 14

1 1. Die Abiturientin macht das Abitur. 2. Der Auszubildende macht eine Ausbildung. 3. Die Praktikantin macht ein Praktikum. 4. Der Arbeitslose sucht eine Arbeitsstelle. 5. Die Studentin studiert. 6. Der Umschüler macht eine Umschulung.

2 Liebe; gerne; Ihnen; unterhalten; am; um; passen; bitte; anrufen; freundlichen Grüßen

3 b

der Marker	das Lineal	die Maus	die Schuhe
dieser Marker	dieses Lineal	diese Maus	diese Schuhe

Fokus Den Demonstrativartikel dekliniert man wie den bestimmten Artikel.

4 an dieser Schule; diesen Schultyp; diesem Tanz; diesen Wochen; Dieses Schulhaus; diese Schule

6 1. Nein, das stimmt nicht. 2. Genau. 3. Da haben Sie Recht. 4. So ein Unsinn!

7 a 1. Tania spricht sehr gut Deutsch, wenn sie fröhlich ist. 2. Wei spricht Chinesisch, wenn er mit seiner Frau telefoniert. 3. Anna antwortet auf Deutsch, wenn ihre Tochter etwas auf Polnisch fragt. 4. Mercedes lacht viel, wenn sie Spanisch spricht.

7 b 1. Wenn sie fröhlich ist, spricht Tania sehr gut Deutsch. 2. Wenn er mit seiner Frau telefoniert, spricht Wei Chinesisch. 3. Wenn ihre Tochter etwas auf Polnisch fragt, antwortet Anna auf Deutsch. 4. Wenn sie Spanisch spricht, lacht Mercedes viel.

7 c

Wenn	sie fröhlich	ist,	spricht	Tania sehr gut Deutsch.
Wenn	ihre Tochter etwas auf Polnisch	fragt,	antwortet	Anna auf Deutsch.

9 a Luu, Mariam, Ivanka, Mustafa

9 b 1. Ø; 2. Ø, auf; 3. kein; 4. auf

10 a 1. von; 2. für; 3. mit; 4. für; 5. mit; 6. für

Fokus Sie haben manchmal mehrere Präpositionen.

10 b 1. über die Blumen, auf den Urlaub; 2. bei Lunalux, um eine Stelle; 3. über das Wetter, mit der Nachbarin

11 1. Worauf freust du dich? Auf das Wochenende. Auf wen freust du dich? Auf meine Eltern. 2. Wovon hat Frau Haag geträumt? Von Erdbeerkuchen mit Sahne. Von wem hat Frau Haag geträumt? Von ihren Kindern. 3. Für wen interessiert sich Sandra? Für den neuen Kollegen. Wofür interessiert sich Sandra? Für Umwelttechnik. 4. Worüber sprechen die Kollegen? Über das Projekt. Über wen sprechen die Kollegen? Über den Chef.

Fokus Sie fragen nach Personen: Präposition + wen / wem: von wem? auf wen?
Sie fragen nach Sachen: wo(r) + Präposition: wovon? worauf?

12 denken, an etwas bzw. jmdn. – Präposition: an, Kasus: Akkusativ; unterhalten, sich mit jmdm. über etwas / jmdn. – Präpositionen: mit und über, Kasus: Dativ und Akkusativ

13 a 3, 4, 1, 5, 2

14 richtig: Familienstand – verheiratet, zwei Kinder (15, 10); Hobbys und Interessen – Tauchen; Fortbildung – Deutschkurse am Goethe-Institut, Athen und Berlin; Schul- und Ausbildung – Ausbildung mit Abschluss zur Physiotherapeutin, Berlin

15 1. b; 2. a; 3. a; 4. a; 5. a; 6. a; 7. a

16 1. wird, wird, werden; 2. werdet, werden; 3. wirst, werden, werde

17a,b Ich werde Pil<u>o</u>t. (Dir wird ja schon in der Achterbahn schlecht.) Ich werde K<u>o</u>ch. (Du kannst ja nicht mal eine Tütensuppe kochen.) Ich werde <u>Ä</u>rztin. (Du kannst doch kein Blut sehen.) Ich werde Verk<u>äu</u>ferin. (Du weißt ja nicht mal, was zwei plus zwei ist.) Ich werde M<u>a</u>ler. (Du kannst ja nicht mal rot und blau unterscheiden.) Ich werde B<u>ä</u>cker. (Du schläfst doch immer bis mittags.) Ich werde M<u>u</u>sikerin. (Du singst höchstens in der Badewanne gut.) Ich werde Cl<u>o</u>wn im Zirkus. (Du lachst doch nie.)

Lust auf mehr

a Sushi vegetarisch: Japan; Chilli con Carne: Mexico; Curryhuhn: Indien; Pizza Margherita: Italien; Hamburger mit Pommes Frites: USA; Döner Kebab im Fladenbrot: Türkei; Couscous mit Lamm und Gemüse: Algerien; Wiener Schnitzel mit Kartoffelsalat: Österreich; Espresso / Cappuccino: Italien

b Sushi, Couscous, Chili con Carne

Grammatik

Demonstrativartikel: Auch beim Demonstrativartikel endet das Nomen im Dativ Plural meistens auf *-n*. Verben mit Präposition: Sie fragen nach Sachen: zwischen *wo-* und Präposition steht vor einem Vokal ein *r*.

Film ab!

1 c Tim will Banker werden.

2 Tim, Ryan-Fernández, Frankfurt-Nordend, 19, Abitur, Banker, Stuttgart, ausziehen und sein eigenes Ding machen, Nationalität: Spanisch und Englisch, Sprachen: Deutsch, Englisch und Spanisch

3 a 1. Tim kann nicht die Krawatte binden. 2. Tim ist dreisprachig aufgewachsen. 3. Tim macht ein Bewerbungsfoto.

4 a Seien Sie natürlich. Informieren Sie sich über den Konzern.

4 c Börse, Goethe-Denkmal / Goethe-Platz, Mainufer, Bankenviertel, Nordend

5 Johann Wolfgang von Goethe, Dichter

Das kann ich schon! | Lektion 13 – 14

1 Fußball, Handball, Radsport, Tennis, Boxen, Eishockey

2 Mit zwei Jahren war er zum ersten Mal in den USA. Als Kind wollte er schon Schauspieler werden. Als Jugendlicher war er ein Jahr lang in den USA. Nach der Schule hat er in einem Wirtshaus gearbeitet. Nach der Ausbildung ist er nach Berlin gezogen. In Zukunft möchte er gern nach Hollywood.

3 Sie sagen: 2, 3, 5; Sie sagen nicht: 1, 4, 6

4 Anzeige; Interesse; bewerbe; als; arbeite; als; seit; Über; freue

5 Viele Leute nehmen samsta**gs** mit ihren vollen Einkaufstaschen Taxi**s**. Ma**x** frühstückt sonnta**gs** immer se**chs** Kek**se**.

Lektion 15

1 a 1. Geburtstag; 2. Fasching; 3. Weihnachten; 4. Dienstjubiläum; 5. Hochzeit

1 b Herzliches Beileid

1 c Gratuliere! zum Geburtstag, zu einem Jubiläum, zur Hochzeit; Viel Spaß! an Fasching, bei einem Straßenfest; Frohes Fest! an Weihnachten, bei einer Konfirmation; Herzlichen Glückwunsch! zum Geburtstag, bei einem Jubiläum, zur Hochzeit, bei einer Konfirmation; Alles Gute! zur Hochzeit, zum Geburtstag, bei einem Einweihungsfest

2 1. Apfelsaft; 2. Marmorkuchen; 3. Kartoffelsalat; 4. Bratwürstchen

3 a 1. Cello; 2. Krawatte; 3. Dübel; 4. Kommode

3 b Wie heißt das gleich? Du weißt schon. Dingsbums. So …; Moment!

4 a 1. mitbringen, d; 2. besorgen, b; 3. organisieren, e; 4. bleiben, a; 5. machen, c

4 b Soll; sollen

Fokus Wollen Sie / Willst du, dass ich einen Kuchen mitbringe? Mit *sollen* fragt man also nach einem Auftrag.

5 a privat: Geburtstag, 32 Jahre, am Samstag, 2.10., ab 19 Uhr, bei mir zu Hause, Bescheid geben; beruflich: Dienstjubiläum, schon 10 Jahre, am Montag, 4.10., ab 16 Uhr, in der Kantine, Bescheid geben

6 a Entschuldigung: Das ist mir jetzt aber peinlich. Verzeihung, ich habe nicht gewusst, dass … Es tut mir leid, aber … Das ist ein Missverständnis. Reaktion: Kein Problem. Das ist doch nicht schlimm. Das macht doch nichts. Das ist mir auch schon passiert.

7 2. Sie ist heute plötzlich krank geworden. 3. …, aber plötzlich ist das Wetter schlecht geworden. 4. Ich bin total rot geworden. 5. Kurz vor 5 ist es plötzlich dunkel geworden.

8 a Ich weiß es nicht: vielleicht; Ich glaube es: bestimmt, vermutlich, wahrscheinlich; Ich bin davon überzeugt: sicher

8 b Die Fotos zeigen: Creme, ein Knie, einen Zahn, ein Virus

9 1. Ein Kellner./ Eine Kellnerin. 2. Ein Beamter./ Eine Beamtin. 3. Ein Arzt./ Eine Ärztin. 4. Der Vater./ Die Mutter.

10 a 2. sollen; 3. sollt; 4. sollen; 5. sollst; 6. soll

10 b

ich	du	er / es / sie	wir	ihr	sie / Sie
soll	sollst	soll	sollen	sollt	sollen

11 a 1. Herr Diashvili hat gesagt, dass wir über das neue Projekt sprechen sollen. 2. Ich finde, wir können darüber noch nicht sprechen. 3. Ich fürchte, dass das noch nicht sinnvoll ist. 4. Ich glaube, das Layout ist kein Problem. 5. Ich hoffe, er ist nicht sauer.

11 b Dann sage ich Herrn Diashvili, dass wir noch mehr Informationen brauchen.
Dann sage ich Herrn Diashvilli, wir brauchen noch mehr Informationen.

13 Wie lange dauert die Elternzeit? – Zeitangabe (Monate, Jahre); Wie oft kann man Elternzeit nehmen? – Häufigkeit (1x, 2x, …); Wie viel Geld bekommt man? – Geldbetrag (Euro); Ist Elternzeit nur für Frauen? – Personen

14 Arbeitnehmer – arbeitet in einer Firma; Arbeitgeber – hat eine Firma, ist Chef; berufstätig – ist in Arbeit; Dauer – Zeit von Anfang bis Ende; Aufteilung – wenn man etwas teilt; Anspruch – Recht auf etwas; Geburt – wenn das Baby auf die Welt kommt; Kündigungsschutz – man kann die Arbeit nicht verlieren

15 1. ab; 2. im; 3. nach; 4. seit; 5. zwischen; 6. bis zum

16 wenn; weil; dass; Damit

17 1. Überraschung; 2. neutral; 3. kritische Haltung; 4. Zustimmung; 5. kritische Haltung

18 a 1. Hm? – Warum denn? 2. Hm … – Ich weiß auch nicht … Ich bin ratlos. 3. Hmhm. – Ja, natürlich! 4. Hmhm. – Nein.

19 a Ein Jahr, in dem man nicht arbeitet.

19 c Ich bin Krankenschwester und arbeite in einer Notdienstpraxis. Die Arbeit macht mir Spaß, sie ist aber auch sehr anstrengend. Vor drei Jahren war ich immer müde, weil ich sehr viel gearbeitet habe. Damit

ich einmal richtig entspannen kann, habe ich dann ein Sabbatjahr genommen. Ich habe nicht gearbeitet und bin viel gereist. Ich war in Südamerika, Indien und Australien. Das war super. Nach einem Jahr war ich zurück und auch sehr froh über meinen Job und meine Freunde und mein Bett. Seit dem Sabbatjahr werde ich nicht mehr so schnell müde. Wenn ich einmal wieder so kaputt bin, mache ich das wieder.

Grammatik
werden + Adjektiv = Veränderungen

Film ab!
1 c lesen, Kassette hören, an der Tafel schreiben und rechnen, Schlitten fahren, Schneemann bauen, Schi fahren, Fahrrad fahren, mit der Katze spielen

2 Luzern, Schweiz, sieben, Schweizerdeutsch, Deutsch, Reinhard, Berufsmilitär, Susi, näht, kocht, Pirat, Eisenbahn, Marionetten, Katze, Brille, Gokart, Fahrradanhänger, Trottinett, Velo (Fahrrad), Graszecke, Bücher, Etui, Hausaufgabenheft, Trinkflasche

3 a 3, 4, 2, 1

3 b Leg das Besteck auf den Tisch! Leg die Servietten auf den Tisch! Stell die Flasche auf den Tisch! Stell den Kuchen auf den Tisch!

4 Umzug, Musik, Masken, Verkleidung

5 Grüezi = Guten Tag, Schultheke = Schulranzen, Velo = Fahrrad, Trottinett = Tretroller

6 in Teil 4, die Gruppe heißt „Guggenmusik Rotseemöven Littau"

Wiederholungsspiel | Lektion 11 – 15

Getränkemarkt: Morgen regnet es bestimmt. Vielleicht scheint morgen die Sonne. Wahrscheinlich ist es morgen bewölkt. *Baumarkt:* Hammer, Zange, Schraubenzieher, Schraubenschlüssel, Bohrmaschine; *Möbelgeschäft:* Die Kommode steht zwischen dem Schrank und der Tür. Ich stelle eine Vase auf die Kommode. *Käsegeschäft:* Ich beeile mich, damit ich nicht zu spät komme. …, damit ich noch einkaufen kann. …, damit ich den Bus nicht verpasse. *Bäckerei:* Er wird Bäcker. Sie wird Konditorin. Ich werde Verkäuferin. *Blumengeschäft:* Geburtstag, Hochzeit, Jubiläum; *CD-Laden:* Popmusik, Rockmusik, Musikinstrument; *Drogeriemarkt:* Ich wasche meine T-Shirts. Er wäscht sich morgens und abends. Sie waschen sich täglich die Haare. *Kaufhaus:* Haben Sie das schon gemacht? Haben wir noch Schrauben? *Zeitschriftenladen:* Einen Tag vor Weihnachten noch ohne Geschenke für die Familie? Bis 16 Uhr sind die Geschäfte morgen auf. *Apotheke:* Man soll viel trinken. Man soll regelmäßig Sport machen. Man soll viel Gemüse essen. *Obst- und Gemüseladen:* Kein Problem. Das ist doch nicht schlimm. Das macht doch nichts.

Bildquellennachweis

Cover iStockphoto (Justin Horrocks), Calgary, Alberta; **10.1** Fotolia LLC (Dmitri MIkitenko), New York; **10.2** Getty Images (Photo disc), München; **10.3** shutterstock (Tatiana Popova), New York, NY; **10.4** getty images/photodisc; **11.1** Getty Images RF (Photo Disc), München; **11.2** shutterstock (Tan Wei Ming), New York, NY; **11.3** Getty Images RF, München; **11.4**; **11.5** getty images/photodisc; **11.6** Fotolia LLC (Evgeny Rannev), New York; **12.1** Gestaltung und Fotografie: Ralf Athen, www.grafikdesign-athen.de; **12.2** Lingua Loca, Tübingen; **12.3** Bauer Studios GmbH, Ludwigsburg; **13.1** Bauer Studios GmbH (Blaskapelle Lublaska), Ludwigsburg; **13.2** Bauer Studios GmbH (Nachtspaziergang/Jan Harnisch), Ludwigsburg; **13.3** Bauer Studios GmbH, Ludwigsburg; **21.1**; **21.2**; **21.3** Klett-Archiv (Stephan Klonk), Stuttgart; **22.1**; **22.2**; **22.3**; **22.4**; **22.5**; **22.6** Klett-Archiv (Stephan Klonk), Stuttgart; **24** Wissenschaft Weltoffen; **25** Klett-Archiv (Anna Broermann), Stuttgart; **26.1** shutterstock (E.G.Pors), New York, NY; **26.2** shutterstock (Robert J. Beyers II), New York, NY; **26.3** Fotolia LLC (Helmut Niklas), New York; **26.4** URW, Hamburg; **27.1**; **27.3** URW, Hamburg; **27.2** Ingram Publishing, Tattenhall Chester; **27.4** shutterstock (Harijs A.), New York, NY; **27.5** iStockphoto (linearcurves), Calgary, Alberta; **29** MVV-Münchner Verkehrs- und Tarifverbund GmbH, München; **32.1** Fotolia LLC (Stockcity), New York; **32.2** iStockphoto (Onur Döngel), Calgary, Alberta; **32.3** shutterstock (Simon Krzic), New York, NY; **32.4** shutterstock (Dan70), New York, NY; **32.5** Fotolia LLC (hazelmouse), New York; **32.6** Hugo Honsel GmbH, Arnsberg; **32.7** Fotolia LLC (Michael Kempf), New York; **38.1** Fotolia LLC (Joe.Gockel), New York; **38.2** Zeppelin Museum (r.späth, zündstoff), Friedrichshafen; **38.3** Chiemsee Tourismus, www.chiemsee.de, Bernau a. Chiemsee; **41.1**; **41.3** Klett-Archiv (Stephan Klonk), Stuttgart; **41.2** Fotolia LLC (R.-Andreas Klein), New York; **41.4** Klett-Archiv (Renate Weber), Stuttgart; **42.1** Imago (Ulmer/Cremer), Berlin; **42.2** Thinkstock (BananaStock), München; **42.3** Ullstein Bild GmbH (Malzkorn), Berlin; **43.1** Imago (Pius Koller), Berlin; **43.2** shutterstock (paul prescott), New York, NY; **43.3** Fotosearch Stock Photography (Stockbyte), Waukesha, WI; **43.4** iStockphoto (Phil Augustavo), Calgary, Alberta; **46** Imago (Oliver Schneider), Berlin; **53** Klett-Archiv (Stephan Klonk), Stuttgart; **54** Picture-Alliance (Globus Infografik), Frankfurt; **56.1** Picture-Alliance (Globus Infografik), Frankfurt; **56.2** Fotolia LLC (www.fzd.it), New York; **56.3** shutterstock (Mike Liu), New York, NY; **58.1** Fotolia LLC (Gali Anikeyev), New York; **58.2** Fotolia LLC (contrastwerkstatt), New York; **58.3** Klett-Archiv (Katja Schüch), Stuttgart; **58.4** Fotolia LLC (Bilderbox), New York; **59.1** Avenue Images GmbH RF (Fancy), Hamburg; **59.2** Klett-Archiv (Thomas Weccard), Stuttgart; **59.3** Fotolia LLC (AVAVA), New York; **62** Klett-Archiv (Stephan Klonk), Stuttgart; **64.1** Klett-Archiv (Andrea Marton, München), Stuttgart; **64.2** Klett-Archiv (Evguenia Rauscher, München), Stuttgart; **65.1** Klett-Archiv (Mehtap Demir-Cabut, München), Stuttgart; **65.2** Klett-Archiv (Roberta Basilico, München), Stuttgart; **65.3** Klett-Archiv (Abbas Âkbari, München), Stuttgart; **67.1** iStockphoto (Andrew Rich), Calgary, Alberta; **67.2** iStockphoto (Kevin Russ), Calgary, Alberta; **67.3** iStockphoto (Rich Legg), Calgary, Alberta; **69** Fotolia LLC (Gina Smith), New York; **72.1**; **72.2** Klett-Archiv (Stephan Klonk), Stuttgart; **74.1** Fotolia LLC (12foto.de), New York; **74.2** shutterstock (ruzanna), New York, NY; **74.3** Klett-Archiv (Stephan Klonk), Stuttgart; **74.4** shutterstock (n.fraiz), New York, NY; **74.5** Ullstein Bild GmbH (CARO/Bastian), Berlin; **75.1** Thinkstock (Maria Teijeiro), München; **75.2** Klett-Archiv (Andreas Kunz), Stuttgart; **75.3** Klett-Archiv (Renate Weber), Stuttgart; **77** Klett-Archiv (Stephan Klonk), Stuttgart; **82.1**; **82.2**; **82.3**; **82.4** Klett-Archiv (Stephan Klonk), Stuttgart; **86** Klett-Archiv (Stephan Klonk), Stuttgart; **88.1** shutterstock (Carole Castelli), New York, NY; **88.2** iStockphoto (Tom Hahn), Calgary, Alberta; **89.1** Ullstein Bild GmbH (Sylent-Press), Berlin; **89.2** Thinkstock (Digital Vision.), München; **89.3** Fotolia LLC (Günter Menzl), New York; **96** EDITION NAUTILUS, Hamburg; **103** Thinkstock (Hemera), München; **108.1** Keystone (Röhnert), Hamburg; **108.2** Picture-Alliance (AFP), Frankfurt; **112** Klett-Archiv, Stuttgart; **113.1**; **113.2**; **113.3**; **113.4**; **113.5** Klett-Archiv, Stuttgart; **116** MVV-Münchner Verkehrs- und Tarifverbund GmbH, München; **118.1** iStockphoto (Lidian Neeleman), Calgary, Alberta; **118.2** Fotolia LLC (ChinKS), New York; **118.3** iStockphoto (clu), Calgary, Alberta; **118.4** Fotolia LLC (Spectral-Design), New York; **118.5** shutterstock (Anna Merzlyakova), New York, NY; **118.6** shutterstock (Mike Flippo), New York, NY; **121.1** iStockphoto (zts), Calgary, Alberta; **121.2** shutterstock (Marjan Veljanoski), New York, NY; **121.3** Fotolia LLC (Tamara Kulikova), New York; **121.4** Fotolia LLC (Mat Hayward), New York; **121.5** Fotolia LLC (henrkt), New York; **121.6** Fotolia LLC (_KUBA_), New York; **121.7** Fotolia LLC (Thomas Reimer), New York; **128.1**; **128.2**; **128.3**; **128.4** Klett-Archiv, Stuttgart; **129.1**; **129.2**; **129.3**; **129.4**; **129.5** Klett-Archiv, Stuttgart; **136.1** Ullstein Bild GmbH (Sylent-Press), Berlin; **136.2** Imago (Oliver Schneider), Berlin; **137** Imago (Picture Point), Berlin; **146** Klett-Archiv, Stuttgart; **147.1**; **147.2**; **147.3**; **147.4**; **147.5** Klett-Archiv, Stuttgart; **151** Ullstein Bild GmbH (Imagebroker.net), Berlin; **154.1** iStockphoto (Juanmonino), Calgary, Alberta; **154.2** Thinkstock (iStockphoto), München; **154.3** Thinkstock (BananaStock), München; **154.4** iStockphoto (quavondo), Calgary, Alberta; **157** iStockphoto (Juanmonino), Calgary, Alberta; **158** Klett-Archiv, Stuttgart; **159.1** Thinkstock (iStockphoto), München; **159.2**; **159.3** Thinkstock (iStockphoto), München; **162** Klett-Archiv, Stuttgart; **163.1**; **163.2**; **163.3**; **163.4** Klett-Archiv, Stuttgart; **171.1** Thinkstock (BananaStock), München; **171.2** Thinkstock (George Doyle), München; **171.3** Thinkstock (iStockphoto), München; **171.4** Corbis (Charles Smith), Düsseldorf; **172.1** Fotolia LLC (Christoph Hähnel), New York; **172.2** Thinkstock (Thinkstock Images), München; **172.3** Thinkstock (Jupiterimages), München; **172.4** iStockphoto (Mark Rose), Calgary, Alberta; **177.1** Keystone (Jochen Zick), Hamburg; **177.2** Thinkstock (PhotoObjects.net), München; **177.3** Jungmann, Nicole, Saarwellingen; **180** Klett-Archiv, Stuttgart; **181.1**; **181.2**; **181.3**; **181.4**; **181.5** Klett-Archiv, Stuttgart; **182** Klett-Archiv (Koma Amok), Stuttgart

Ein herzliches Dankeschön an die Mitarbeiter/innen des bfz München für das Zurverfügungstellen der Privatfotos auf den Seiten 64 und 65.

Textquellen

KB 11/Ausklang, S. 25: Song „Louie"/Band YOKO, Text: Sigmund Kiesant/Yoko, Musik: Sigmund Kiesant; **KB 12/Ausklang, S. 41:** Der „Poäng"-Sessel - mein Lieblingsmöbelstück, aus: Woistwalter, jetzt.de http://sueddeutsche.de/jetztpages/ Woistwalter (gekürzt und vereinfacht); **KB 13/6, S. 46:** Das Tor ins Leben, aus: Süddeutsche Zeitung, 15.10.2009, Interview: Andreas Thieme (gekürzt und vereinfacht); **KB 13/20, Text 1, S. 55:** http://www.stern.de/wirtschaft/arbeit-karriere/arbeit/ engagement-run-aufs-ehrenamt-502810.html, Titel: Engagement: Run aufs Ehrenamt, aus: Stern, 17.1.2003; **KB 13/20, Text 2 und 3, S. 55** http://www.stern.de/wirtschaft/arbeit-karriere/arbeit/soziales-engagement-ehrenamt-statt-ruhestand-56, Titel: Soziales Engagement: Ehrenamt statt Ruhestand, aus: Stern vom 19.7.2006, Autorin: Brigitte Zander; **KB 13/Ausklang, S. 57:** Alltag von Robert Gernhardt © Nachlass Robert Gernhardt, durch Agentur Schlück. Alle Rechte vorbehalten; **KB 14/9, S. 63:** Textauszug zu Mehrsprachigkeit aus: Herbert Günther/Britta Jung: Erstsprache, Zweitsprache, Fremdsprache. © 2. Auflage 2007, Beltz Verlag, Weinheim/Basel (gekürzt und vereinfacht); **KB 14/10, S. 64, 65:** Sprache - eine Schaukel in eine andere Welt. Texte von Andrea Marton, Genia Rauscher, Mehtap Demir-Cabut, Roberta Basilico, Abbas Akbari (alle Mitarbeiter/innen des bfz München); **KB 14/Ausklang, S. 73:** meine heimat ist meine sprache von Gabriela Hofmann La Torre, aus: Karl Esselborn (Hg.): Über Grenzen. Berichte, Erzählungen, Gedichte von Ausländern; **KB 15/15, S. 84:** Elternzeit, Quelle: http://www.eltern.de/beruf-und-geld/job/elternzeit (gekürzt und vereinfacht); **Strategierezepte 11-15, S. 96:** Meine Leidenschaft ist das Lesen. Ein Interview mit Abbas Khider von Ulrike Gasser, Quelle (stark gekürzt und bearbeitet) http:// www.zenithonline.de/kultur/interview/?article=552&pageb=2&cHash=63498172cb © Deutscher Levante-Verlag GmbH, Berlin; **Strategierezepte 11-15, S. 96:** Abbas Khider: Der falsche Inder (stark gekürzt und bearbeitet) http://www.abbask-hider.com/seiten/b%C3%BCcher.html © Ediition Nautilus, Hamburg; **Strategierezepte 11-15, S. 97:** Jeder Vierte liest keine Bücher, Quelle: Lesen in Deutschland 2008. Eine Studie der Stiftung Lesen, gefördert vom Bundesministerium für Bildung und Forschung. Hrsg. Heinrich Kreibich; **Strategierezepte 11-15, S. 97:** Leserbrief, Quelle: http://eltern.t-online.de/lesen-so-begeistern-sie-ihr-kind-fuer-buecher-/id_18218810/index (Elternportal von t-online.de); **Strategierezepte 11-15, S. 97:** Vorlese-Tandem, Quelle: http://www.ruhrnachrichten.de/lokales/dortmund/sueden/Dortmunder-Sueden-Mehrsprachige-Vorleser-gesucht;art2575,892444 (stark gekürzt); **AB 13/7, S. 137:** Oma mit 24 von Ullrich Kroemer, aus: Spiegel online, 10.5.2010, http://www.spiegel.de/sport/sonst/0,1518,693164,00.html; **AB 13/Lust auf mehr, S. 143:** ping pong © Eugen Gomringer, Rehau; **AB/Das kann ich schon, S. 164:** turus.net Magazin: Interview mit dem Schauspieler Marc Hodapp von Marco Bertram, 18.1.2010, aus: turus.net Online-Magazin, http://www.turus.net/interview/5051-interview-mit-dem-schauspieler-marc-hodapp.html (gekürzt und vereinfacht); **AB 15/Lust auf mehr, S. 177:** Textauszug aus: Doris Dörrie: Das blaue Kleid, Copyright © 2004 Diogenes Verlag AG Zürich

Audio-CD Impressum

Sprecherinnen und Sprecher: Hede Beck, Christian Büsen, Heike Denkinger, Muriel Hahn, Lukas Holtmann, Odine Johne, Stela Katic, Andrej Kritenko, Regina Lebherz, Stephan Moos, Leon Pfannenmüller, Francesca Pisu, Mario Pitz, Lena Reinheimer, Felix Rick, Fridolin Sandmeyer, Benno Schulz, Kais Setti, Helge Sidow, Barbara Stoll, Luu Truong

Regie: Hede Beck
Tontechnik: Michael Vermathen
Produktion: Bauer Studios GmbH, Ludwigsburg
Presswerk: optimal media production GmbH, Röbel / Müritz

DVD Impressum

Konzept, Drehbuch und Sprachregie: Angelika Lundquist-Mog, Angelika Reicherter
Redaktion: Renate Weber

DVD Produktion: Akademie der media GmbH, Stuttgart
Geschäftsführer: Dr. Tamara Huhle und Jörg Schmidt M.A., MBA
Produktionsleitung & Regie: Jørn Precht
Kamera: Eva Tamaskovics, Karl-Friedrich Hausen
Ton: Karl-Friedrich Hausen, Bernhard Hestner, Manuel Sosnowski
Schnitt: Bernhard Hestner, Angelika Reicherter
Bildbearbeitung: Steffen Kayser
Sounddesign: H. Bernhard Geiler
DVD-Authoring, Untertitel: Claudio Loverso
Musik: Matthias Rieber
Gesamtspielzeit: 34 Min.

Audio-CD zum Kursbuch

Track	Lektion / Aufgabe	Titel
1	Vogels & Co.	Was bis jetzt passiert ist
2	11 / 1	Orchesterprobe
3	11 / 2	Klassik, Pop oder Rock?
4	11 / 4	Wirklich begeistert?
5	11 / 5 a	Ein bisschen laut?
6	11 / 5 b	
7	11 / 7	Lust auf einen Kaffee?
8	11 / 11	Eine Radiosendung über Minijobs
9	11 / 13	Ich verstehe dich nicht!
10	11 / 14	Keine Angst vor Unbekannten
11	11 / 16	Komplimente
12	11 / 18 a	Kleidungsstücke und gereimte Komplimente
13	11 / 18 c	
14	11 / Ausklang	Ein Lied von Yoko
15	12 / 2	Gleich bin ich ihn los!
16	12 / 3	Nehmen Sie die Linie …
17	12 / 6	Ach Mensch!
18	12 / 7	Endlich! Ich bin so froh!
19	12 / 9 a	So schöne Möbel!
20	12 / 9 b	
21	12 / 9 d	
22	12 / 10	Secondhand-Möbel: pro und contra
23	12 / 11	Das Schlafzimmer – ein Abstellplatz?
24	12 / 12	Im Rhythmus durch die Wohnung
25	12 / 14	Ein guter Vorschlag?!
26	12 / 15	Meinungen

Track	Lektion / Aufgabe	Titel
27	12 / Ausklang a	Wer hat Lust wozu?
28	12 / Ausklang b	
29	13 / 2	Guck mal!
30	13 / 5	Sorgen am Morgen: Wasch dich, zieh dich an, …!
31	13 / 9	X wie in Boxen
32	13 / 11 b	Komische Geräusche
33	13 / 11 d	
34	13 / 14	Die Schrauben sind alle!
35	13 / 15	Können Sie das bitte prüfen?
36	13 / 18	Umsonst
37	14 / 4	Die richtige Schule
38	14 / 6 a	Wer darf sprechen?
39	14 / 6 b	
40	14 / 8	Cappuccino & Co.
41	14 / 17	Ist die Stelle noch frei?
42	14 / 18	Wie klinge ich?
43	14 / 19	Alles klar!
44	14 / Ausklang	Ein Gedicht. meine heimat ist meine sprache
45	15 / 2	Was fehlt denn?
46	15 / 4	Was sollen wir mitbringen?
47	15 / 7	Verzeihung, ich habe nicht gewusst …
48	15 / 8	Kirschtorte mit Würstchen
49	15 / 9	Schmeckt denn das?
50	15 / 11	Was sagt die Notfallpraxis?
51	15 / 13	Du sollst doch …! – gut gemeinte Ratschläge
52	15 / 14	Freust du dich?
53	15 / 18	Im Gespräch mit der Vorgesetzten

Gesamtlänge: 75:09 Min.

Audio-CD zum Arbeitsbuch

Track	Lektion / Aufgabe	Titel
1	11 / 11 a	Was hören Sie (nicht)?
2	11 / 11 b	
3	11 / 14	Kleidungsstücke
4	11 / 17	Achtung, gut zuhören und nicht verwechseln!
5	12 / 7	Wohnungseinrichtung
6	12 / 8	Secondhand-Möbel: pro und contra
7	12 / 10	Nein, das stimmt doch nicht!
8	Das kann ich schon!	Meinungen erkennen
9	13 / 11	Treffen wir uns?
10	13 / 12	Hören Sie mal!
11	13 / 13 a	Gesummte Wörter
12	13 / 13 b	
13	14 / 9	Mehrere Sprachen im Alltag
14	14 / 17 a	Nie im Leben!
15	14 / 17 c	
16	Das kann ich schon!	Sportnachrichten verstehen
17	15 / 3	Dingsbums
18	15 / 11	Er hat gesagt, wir sollen …
19	15 / 12 a	Du sollst glücklich sein im Leben! – Geburtstagswünsche
20	15 / 12 b	
21	15 / 17	Ach so! Höreraktivitäten
22	15 / 18	Hmhm – Antworten am Telefon
23	15 / 19	Rekonstruieren Sie den Text.

Gesamtlänge: 22:03 Min.